U0145809

我与
前面的未来
在一起

冯博一
策展往事

冯
博
一
著

目录

自序

这本书是我策展工作的往事与回顾。我所见并非你所见。

我挑选了我以为重要的、具有实验性和代表性的十一个编辑、策展个案，通过叙述策展思路的形成、策展过程和展览背后鲜为人知的故事，包括其中的图片、文献资料（图片除注明出处者，均为作者本人提供），梳理出我的策展实践中相对丰富与多样的经历。同时，在每一篇往事之后，又附以我当时撰写的策展文章，互为对应、补充地构成了本书的主要内容。

一代人的经验和感受，其中相当重要的部分是记忆，代际的经验和感受的区别，在一定程度上是记忆的区别。回顾我的策展经历，是试图将已获得的经验保存下来，以便抗拒丧失的想象。与其说这是我个人策展的案例，不如说是时代和社会塑造了我们集体共同的经验和记忆。因此，这本书或许可以反映中国当代艺术进程的一个侧面，抑或还为这一阶段的展览史提供了一些可供参考的文献资料。

现在，回忆我与他们之间过去的一些片段，好像只有过去的才是可以进行确认的东西。“过去”即“异域”，开始便是一种丧失。

1993年，我第一次在“世纪末中国画人物画邀请展”上以“策展人”的身份参与策展，同年又与徐冰、曾小俊等人一起编辑《黑皮书》，使我开始进入中国当代艺术的“江湖”。不经意的二次机遇，却成为我以后的主要工作。何谓“江湖”？它潜隐于我们的社会之中，与看得见的世界平行，却又在我们视角之外。这样一个世界，恰是实现自我的一个倒影。

1998年初，我策划的“生存痕迹——’98中国当代艺术内部观摩展”，可以说是我有意识地以独立策展人身份进行“在地性”实践的真正开始；2000年，我们在上海策划的“不合作方式”展览，确立了我在“民间搅局”的基本态度和立场；2001年，在北京图书大厦策划的“知识就是力量”展览，是我将当代艺术介入并利用公共系统的尝试；2003年，“蓝天不设防”是我针对社会公共事件应急的一次艺术行动；2002年，参与策划的“首届广州当代艺术三年展——重新解读：中国实验艺术十年（1990—2000）”，锻炼了我策划大型展览的组织能力；同年，我为日本东京画廊在北京798艺术区开业展策划的“北京‘浮世绘’”是798艺术区首次当代艺术展；2003年，策划的“左手与右手——中德当代艺术联展”，也是798艺术区第一次完全由独立策展人自主策划的最大规模的国际性展览；2004年，我在东京画廊+BTAP策划的“东亚生活样式”，是我在策展方式上与日常生活结合的营造；2009年，在北京陈绫蕙当代空间策划的“空间的多米诺计划”，是我规定性、递进式、强策展的实验；2010—2014年，我连续五届主策展的“海峡两岸与香港、澳门地区艺术交流计划”，则是我试图逐步建立“四地”在地缘文化意义上的当代艺术交流机制。

许多时候，人一转身可能就是一辈子。

在近三十年的策展工作中，我始终认为，策展本身是对当代文化艺术生态关注、思考和认知、判断的一种结果，通过具有现实文化针对性的展览策划，实现自我表达。因此，每一次展览其实就是策展人“创作”的作品，而这个展览“作品”，又是由策展人根据不同展览主题，挑选若干位艺术家作品所构成的。这就意味着策展人对当代文明程度和问题意识的敏感与觉知，以及如何利用社会聚集的能量并转化为每一次的策展实践，也牵涉策展人的学识、写作、编辑、协调、组织和处理各方面工作关系的综合能力。在我看来，策展人更多的是实践性工作者的身份，而实践本身具有一定问题意识的发现、提示、转换和建构的功能属性。

回顾多年策展实践，我强调当代艺术策展的在地性、探索性和批判性，关注所谓主流之外或之间“边缘地带”另类的艺术家群体和由迭代所形成的区隔，以及“生存空间位移”导致艺术创作变异的新趋向。所以，我的策展更多的是对社会现实和现存艺术系统的批判，对传统审美、表达方式和视觉语言的重新定义，推崇和倡导具有实验性价值意义的艺术家创作。同时，我尝试着在全球化语境中寻求和建立一种自为、独立的中国当代艺术经验，在喧哗与骚动的变异时空中，进行“就地创作，就地展示”等策展方式的即时调整，使艺术家获得了一种释放与表现认知、智性、幽默等潜能的机会，以呈现具有现实依存性的个体与社会之间的视觉文化样本。

尽管面对不同时代的现实环境和已经形成均质化的策展模式，但我依然相信可以通过富于想象力的策展实践，穿透社会现实问题，寻找还未被弥合的边界藩篱。策展人最主要的工作职能，就是把界限、限制转化为一种可以用来表现策展人、艺术家态度与立场的资源，以不同的策展理念、方式进行多元表达的自由对话与交流，在自我认定有意义的工作中，不断承受来自各方的压力和焦虑，甚至失败的经验教训。策展的“边界”是不断移动的，“限制”也并非牢不可破，“无界”的策展实验与实践才是策展人追求的目标。这不是简单的公立机构与民间实践在接纳当代艺术元素冲突中所产生的一种距离的显现，而是中国当代艺术不断连接、发声和突围的过程。

世事变迁总是快于时序的更替，沧海桑田往往就在一刹那间。

今日世界永远不会是你昨天所想象的模样。不用说未来尚在不确定性中晃动，即便是“此在”，也总是处于不可把握的“未知”里。“天行有常”的概念在当下的社会局势和现实生活中，已经开始隐退，改变命运的每一个契机都变得偶然、难以捉摸，人的命运只是这个复杂方程式中的一个变数而已，却足以令我们唏嘘一世。命运中的每一个个体，无论是落魄还是腾达，都无法真正地把握自己，甚至超凡脱俗。我们只能将内在的感受和体验，心领于命运中的无常与变态。对于无常的敬畏，实际上是对人类自信力的挑战，是孤独中无助的个体在心灵深处的战栗，是失重且无处安放的纠结与焦虑。卡夫卡曾说，人从“阻碍”这个意识中，推知自己是活着的。设置障碍和跨越障碍，正是我作为策展人要干的事儿，也是我的一种工作方式。

做你感兴趣的事情，并留下你认为重要的，且有一定社会作用的痕迹，足矣。

特别感谢北京大学出版社张丽娉认真负责地编辑，感谢在本书写作过程中王晓松提出的建议和无私帮助，感谢设计师谭达徽不厌其烦地调整。

还要感谢在本书写作过程中，咨询、核实一些细节问题和提供图片资料的各位同仁、艺术家朋友和相关机构。他们是：蔡青、程大鹏、迟丽萍、丁乙、方立华、费大为、冯锋、丰静帆、苟娴煦、姜雪、李适嬿、梁洁、刘家瑜、刘景活、胡斌、胡宇清、钱志坚、渠东东、荣荣＆映里、邵珊、舒阳、宋冬、隋建国、孙琦、王鲁炎、吴秀华、徐冰、徐勇、杨卫、杨阳、杨扬、尤永、展望、郑刚、张凡、张小涛、朱金石、朱岩，以及何香凝美术馆、广东美术馆、OCAT 深圳馆、UCCA 尤伦斯当代艺术中心、东京画廊+BTAP 等。

2023 年 11 月 20 日于京西北旺

1

黑皮书

1994

记忆，不仅仅是黑白
——在编辑《黑皮书》的前后

1

《黑皮书》是1993年开始，由艺术家徐冰、曾小俊等人独立策划、编辑的关于中国现代艺术的学术性、文献性交流资料。1994年秋季，在北京完成。

经徐冰推荐，我以执行编辑的身份参与其中，主要负责全书的文字编辑工作，联系、征集艺术家作品资料和采编“艺讯”栏目的图文内容等。在《黑皮书》最后一页的“稿约”中，留的是我当时居住的中国文联宿舍的座机电话，BP机是为了工作方便，临时借用的。

《黑皮书》封面

那时，我是中国美术家协会（以下简称“中国美协”）《美术家通讯》的编辑，谨慎起见，我临时起了个笔名叫“梓工”。记得有人还笑话我的笔名与“子宫”谐音。

《黑皮书》并不是一个正儿八经的书名。

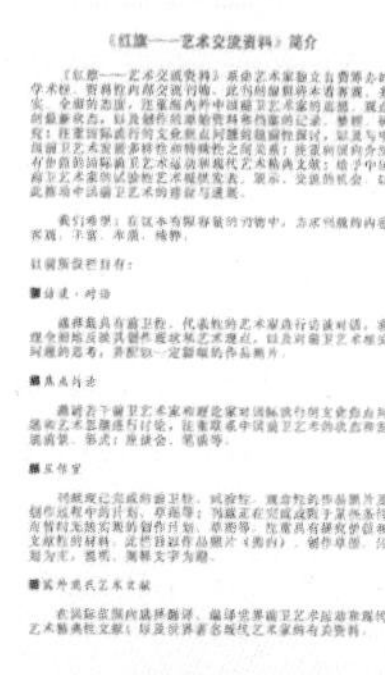
《红旗——艺术交流资料》简介

征稿函原件

最初，有人提议书名叫《红旗》，并且装帧设计完全拷贝“文革”时期《红旗》杂志的样式。所以，在1993年印发的征稿函上，就是以《红旗——艺术交流计划资料简介》的形式群发的。1994年夏，开印前，徐冰和我觉得有些不妥，一是中国当代艺术圈正流行“政治波普”，有迎合的嫌疑；二是“红旗”一词太敏感，担心被封杀。这一分歧由于各自的坚持而没有达成共识，最后的印刷品上并没有名字。

《黑皮书》扉页上，盖的“红旗”印章

因为“书皮儿”是纯黑色的设计，推出后坊间就将错就错地俗称为《黑皮书》了，并作为正式书名延续至今。书印好后，刻了一枚毛体“红旗”二字的印章，盖在扉页上。好像有五十本的限量版，我存留了一本，编号是00007。

1995、1997年，曾小俊和作为执行编辑的艺术家庄辉，又陆续编辑、推出了《白皮书》《灰皮书》。徐冰和我都没有再参与。

2

《黑皮书》实际上是20世纪90年代初，第一本有关中国前卫艺术家作品、方案、草图，且仅供艺术圈内部交流的文献资料集。全书共160页，图片都是黑白印刷，繁体字排版，在深圳共印了2000册。那时，中国的美术馆只有公立的，没有现在这么多的类型，更没有艺术中心、画廊、艺术区之类的展览空间。中国前卫艺术在没有公开展览和发表渠道的情况下，《黑皮书》具有纸上展览的作用。这种“杂志书”加“纸上展览”的功能，应该是一种新的传播与交流方式，发挥了有效的影响和作用。

同时期，王鲁炎、王友身、陈少平、汪建伟也在编辑一本类似性质的出版物，叫《中国当代艺术家工作计划（1994）》，这本是“由中国有影响的当代艺术家发起筹划的艺术活动，该画册的出版将对中国当代艺术产生有益的影响，并对国际艺术界了解中国当代艺术及相互交流起到积极的作用”。[1]其中主要刊载了一些中国艺术家暂时难以实施的作品计划、方案和草图等。按编者之一王鲁炎的说法，以“小组署名，按姓氏笔画排序；经费是艺术家汪建伟寻求的赞助，以四川国际文化发展公司的名义给予支持和合作。后来因为赞助断档而难以为继”。（我在写此文时，向王鲁炎核实有关这本书的情况，王鲁炎通过微信提供了上述说明）。

《中国当代艺术家工作计划（1994）》封面

可见那时的有识之士都有着共同的认识与行动。而我们私下都说，《黑皮书》一定要赶在他们之前完成。

---

1. 《中国当代艺术家工作计划（1994）》，北京，1994年，第87页。

3

1989年初，中国美协在北京召开了一次青年艺术家创作题材座谈会，徐冰是受邀的十位艺术家之一。我参与了会议的组织工作。座谈会开得不怎么样，我却因此认识了徐冰。同年4月，徐冰作为第七届全国美展版画展区的评委，我作为中国美协《美术家通讯》的记者，一起从北京到贵阳、昆明参加版画展区的评选工作。结束后，云南美协又招待我们去了一趟西双版纳采风。一路下来，有两个星期的时间天天混在一起，又同住一个酒店的房间。我为了及时提供版画评选的报道和工作简报，连续几天起早赶稿。也许徐冰觉得我工作比较认真，而我岳父母在北大生物学系任教，与徐冰同在北大历史学系、图书馆学系工作的父母都认识，又平添了一些亲近，所以，后来关系一直不错。

1990年，徐冰完成作品《鬼打墙》之后，应邀去了美国。我一直与他保持着联系。1991年12月，徐冰在美国威斯康星州的艾维翰美术馆（Elvehjem Museum of Art），现在改名叫查森美术馆（Chazen Museum of Art）举办了他在美国的首次个展——"徐冰的三个装置"，展出了《天书》《鬼打墙》《五个复数系列》，开始引起美国艺术界的关注。

徐冰说："展览开幕第二天，谢德庆和朋友开了一辆皮卡，从纽约横穿半个美国来看我的展览。这让我很感动，但又不知道怎么表示，因为两人都是我第一次见面。"[2] 而谢德庆和他的朋友都挺惊讶于国内还能有这么有力量的作品。

曾小俊1954年生于北京，既是艺术家，也是收藏家。据介绍说，他毕业于中央工艺美术学院（现清华大学美术学院），参与过1979年首都国际机场壁画的创作工作。后移居美国波士顿，他是当时美国最牛的中国古典家具收藏家和鉴赏家之一。当然，他也

---

2. 徐冰，《东村7街52号地下室》，《今天》，2014年，夏季号。

最有钱。他于1997年回到了中国，2018年5月在苏州博物馆举办过“与造物者游——曾小俊艺术展”。

4

1993年冬的某一天，徐冰在北京给我电话，介绍了他们的编辑计划，并推荐了我，希望我作为《黑皮书》的执行编辑参与工作。从此，我开始比较多地介入民间的前卫艺术活动中。

1993年初冬，旅居日本的“星星美展”创办人之一黄锐，在一位艺术家朋友的两间房里，举办了有着“公寓艺术”展览方式的“毛主席诞辰100周年——黄锐展”。展出的作品是黄锐手绘拷贝放大的《毛泽东选集》封面，或白底红字或白底黑字。极简、冷峻的构成，体现着那一代人才有的政治情结。

开幕时，来的都是圈内人，包括“星星美展”的芒克、欧阳江河、薄云，还有陈文骥、马晓光夫妇，隋建国、李艾东夫妇，汪建伟、王鲁炎、廖雯、徐冰和我等。还有一位是现任中国美术家协会主席、中央美院院长范迪安，记得他始终有点不自在。

“毛主席诞辰100周年——黄锐展”。

5

那时的北京，整个社会很沉寂。1989 年在中国美术馆举行的“中国现代艺术展”，可以说是对中国当代艺术中“85 美术运动”的一个回顾和总结，意味着以启蒙、理性的人文关怀为文化情势的艺术表现和以绘画语言方式实验为主的“85 美术思潮”的终结，中国前卫艺术处在一个蓄势待发的过渡阶段。

1990 年代初，一批被边缘、被视为另类的年轻艺术家开始利用多媒介方式寻求新的表达，其行为、装置等艺术创作具有一种朴素的激情和原始的爆发力，在他们身上可以看到青春生命不可预测的能量。“前卫”的意义在于社会批判性和对未定性艺术的实验，因此，这种追求也赋予了中国前卫艺术一种悲壮的气质。因其生存的状态、介入社会现实的独特表现，以及在意识形态上与既定的社会秩序、道德规范的冲突，使那时中国的前卫艺术处于地下、半地下的状态。

艺术家徐冰在圆明园画家村的岳敏君工作室，1992 年

他们漂泊的生存状况被当时的新闻媒体称为“盲流艺术家”。这一称谓多少带有贬损和歧视的意味。他们主要集中在北京海淀区的圆明园和朝阳区的东村，以及后来的通州宋庄。所谓“盲流艺术家”是指一些从艺术院校毕业的学生和来自各地的“北漂”文青，他们摆脱国家定点的工作分配或户籍限制，自愿流浪到北京的城乡接合部从事艺术创作。他们的现实境遇可谓举步维艰，生存没有着落，作品无法发表，更没有机会参加展览和交流，带着何去何从的困惑，似乎没了方向。

刚从美国归来的徐冰、曾小俊等人，非常敏锐地意识到时代所赋予的某种使命、责任和机遇。其实，1993 年他们在纽约就已经开始酝酿、策划《黑皮书》的事宜了。

1994年春，我们开始在北京，多次商量、讨论《黑皮书》编辑的定位、栏目内容和体例结构，最终由我按照他们的思路起草了“编者的话”和“稿约”两篇短文。之后，我又传真给在纽约的徐冰征询意见。1994年4月30日，徐冰认真、具体地谈了他的看法，包括封面、内文设计等，并再传真回来。

这两篇短文，简明扼要地说明了编辑、出版《黑皮书》的基本态度、目的和方式是：“为中国现代艺术家的实验艺术提供发表、解释、交流的机会。通过这种相互参与、交流和探讨，为中国现代艺术创造生存环境，并促进其发展。”为了显示其纯粹性，特别强调了《黑皮书》“不公开发行，不标价出售，仅供内部交流”的原则。[3] 因此，《黑皮书》不仅仅是一本书刊，确切地说是给那些活跃的“盲流艺术家”提供了创作、表达和发表作品的机会。

《黑皮书》的编辑思路，主要是徐冰和另一位策展人的主意。只是后者一贯偏重于政治性、社会性的作用，前者更注重视觉文化和艺术本身的属性。

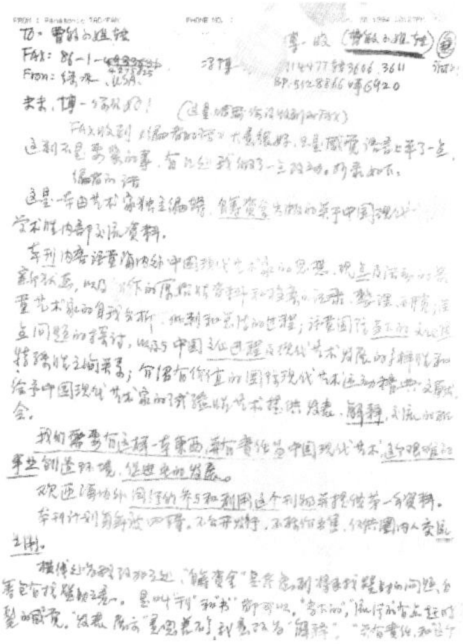

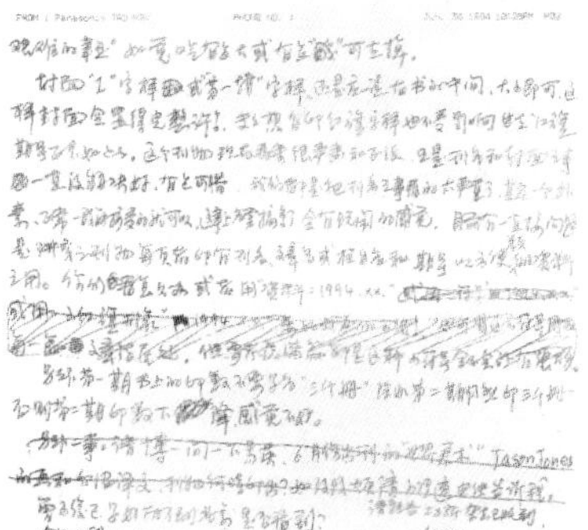

徐冰对《黑皮书》编辑意见的传真

3. 曾小俊、徐冰等人编，梓工执行编辑：《黑皮书》，北京，1994年，第159、160页。

1994年6月6日，冯博一就《黑皮书》编辑情况，给徐冰发的传真

6

《黑皮书》在选编的内容上，“注重海内外中国现代艺术家的思想、观念及活动的最新状态；创作的原始性资料和档案的记录、整理、研究；注重艺术家的自我分析、批判、总结的过程；注重国际文化焦点问题的讨论，以及与中国文化进程、现代艺术发展的多样性和特殊性的关系；介绍有价值的国际现代艺术运动经典文献”。[4]

“访谈”栏目是《黑皮书》最重要的内容之一，计划每期比较充分地介绍一位艺术家的创作观念及代表作品。徐冰在纽约时，与旅居纽约的艺术家谢德庆走得特近，对谢德庆一系列行为艺术的纯粹与极限很是赞叹，但国内从来没有介绍过他的艺术。所以《黑皮书》的“访谈”栏目首先安排了徐冰等人于1993年10月25日在纽约与谢德庆的一篇“对话”，还刊登了他为期一年的《服刑》《打卡》和《仍在服刑》的行为艺术代表作。可以说《黑

4. 《黑皮书》，第159页。

皮书》出版后，谢德庆和他的作品直接对中国行为艺术起到了启蒙性作用。

7 在编辑《黑皮书》的后期，我们已经开始考虑第二辑的编辑内容了。“访谈”栏目，徐冰推荐、介绍了年轻行为艺术家齐立。

齐立 1969 年生于北京，1988 年考入中央戏剧学院舞美系后，一直尝试着行为艺术创作。但他的行为艺术，当时不被人理解。后来，齐立给徐冰写信，倾诉了他做艺术的困境和内心的疑惑。1990 年 12 月，徐冰在美国给他回信，谈及了他刚刚完成《鬼打墙》作品的实践经验，鼓励他坚持创作。信中说：“不管个人看法如何，你信上的思考倒是触碰到一些关键的、值得去费脑子的问题。事情到了一定火候，说是去分析，不如说是去体验，你的信像是在帮助我一起来体验。”[5]

齐立 1992 年 12 月 19 日在家中自缢身亡。没有遗书，差 4 天才满 23 岁。他的墓地在北京房山区良乡烈士陵园附近，那里成为齐立最后的归宿。

1996 年导演王小帅根据齐立的素材，拍摄了故事片《极度寒冷》，1996 年上映，由贾宏声、马晓晴领衔主演。电影讲述了行为艺术家齐雷用“火葬”“土葬”“水葬”“冰葬”的形式来体验死亡，并结束自己生命的故事。

8 以“工作室”来命名栏目和刊载艺术家作品资料，好像是在中国艺术书刊中头一次设定。《黑皮书》关注那些名不见经传的、年轻的边缘艺术家；为了体现《黑皮书》的纯粹性和文献性，艺术家一定要提供第一手资料，强调创

5. 徐冰：《分析与体验——写给齐立的信》，《我的真文字》，北京：中信出版社，2015 年，第 39 页。

作时的基本想法和过程，而不是简单地提交和刊登已经完成的作品图片。徐冰则认为，既然是由艺术家发起、编辑的《黑皮书》，就要避免以往这类书刊偏重理论性的问题，应该有艺术家创作的鲜活感、生动性，以及具有文献档案的价值。

因此，“工作室”栏目主要挑选了年轻、活跃、边缘艺术家的实验性、挑战性的作品，注重创作的过程和方案、草图、文字说明等原始的文献资料；也包括了黄永砯、张培力、耿建翌、汪建伟等已经比较成熟的艺术家的作品。旅居海外的艺术家张健君、赵穗康、胡冰、顾雄等，国内艺术界对他们在海外的创作并不熟悉，也是通过《黑皮书》的介绍而了解到他们最新的创作动态。

《黑皮书》的“工作室”栏目，共刊登了28位艺术家的作品资料，尤其是如张洹、马六明、朱发东、宋冬、黄岩、庄辉等。他们基本上是被排除在当时比较流行的“新生代”“政治波普”和“玩世现实主义”等架上绘画之外的艺术家，其装置、行为、影像等多媒介作品，大部分出现在《黑皮书》中的也都是第一次对外发表。

朱发东作品《此人出售，价格面议》，朱发东提供

9

《黑皮书》中的作品包括徐冰在北京刚刚完成的《文化动物》的展示，以及张洹的《拾贰平方米》、马六明的《芬·马六明》、朱发东的《此人出售，价格面议》等作品，这些作品都很有代表性和争议性，比较生猛、惊悚。

1993 年徐冰为创作《文化动物》，出国后第一次从美国回来。他在北京郊区的永丰良种猪场，经过细致的考察、研究、实验和控制猪的发情与交配，把伪英文、伪汉字印在一对公猪和母猪身上，计划在北京翰墨艺术中心实施和呈现。

翰墨艺术中心是北京最早的画廊之一，由林朴、林松兄弟俩经营的翰墨电子文化公司于 1993 年底创立，设在北京王府井大街北京饭店后面的红霞公寓内。

先生：

徐　冰

试　验　展　示

时间：1994年1月22日下午2:00——4:00

地点：北京王府井大街霞公府5号翰墨艺术工作室（北京饭店后红霞旅馆内）（见示意图）。

此次试验展仅限于部分圈内人内部观摩，不对外公开展示。因场地有限，请柬请勿转让、扩散，谢谢！

一九九四年一月

“徐冰试验展示”请柬

1994 年 1 月 7 日，徐冰在翰墨艺术中心展厅的木地板上，用 800 公斤的各种书籍、杂志等印刷品垫出了一个 40 平方米的猪圈。开幕前一天的半夜，当受到惊吓的两头发情的猪被运到王府井大街时，差点挣脱了绳索逃之夭夭。当时，我一直帮助着张罗，艺术家张洹负责现场“赶猪”。第二天下午，这对肥猪兴高采烈地进行“交配”。“人改变并安排了猪的环境，却使人处在一个尴尬的境地之中。环境倒错的结果，暴露的不是猪的不适应，而是人的不适应。”[6] 这件作品是在《黑皮书》中第一次完整披露，作品题目也由最初的《一个转换个案的研究》改为《文化动物》了。

作品一改徐冰以往的书卷气，而显得异常地“动物凶猛”。徐冰针对当代艺术系统自说自话的无聊与缺失现象，试图通过动物本身的能量来带动当代艺术创造性的能量。“配猪”的表演给北京

6.　徐冰：《“养猪”问答》，《黑皮书》，第 86 页。

的艺术家和圈内观众提供的不仅仅是“个案的转换研究”，而是在观念和方法上提供了一个新的视觉样本。记得在开幕现场，我亲耳听到有年轻艺术家发出“艺术还可以这样搞”的惊叹！

2018年，我和田霏宇（Philip Tinari）在798艺术区的北京尤伦斯当代艺术中心策划“徐冰：思想与方法”大型个展时，再次复现了这件作品。遗憾的是在尤伦斯偌大的展厅里，两头猪却都怂了，“交配”没有成功。

10

在我收集《黑皮书》的艺术家资料期间，正好宋冬在中央美院画廊做了一个题为“又一堂课，你愿意跟我玩吗？”的个展。但展览开幕半小时被叫停了，理由是“展览不严肃”。[7] 而这正是我们《黑皮书》想关注和收集的展览资料。

关于艺术
艺术能唤醒我们认识我们自己的真实生活
———约翰·凯奇
———宋冬
了解宋冬
1966年12月生于北京
作品说明：

宋冬提供的作品说明

我是在1988年上海首届“中国油画展”上认识宋冬的，他当时是北京师范学院美术系大三的本科生，应该是最年轻的参展艺术家了。没想到他后来也开始做实验艺术，我很兴奋地又联系了他，请他提供有关资料。那时宋冬已毕业，成为北京41中学的美术老师。

展览布置成教室的样子，他根据教学经验艺术地转化为他与学生互动的一场表演，有着明确的质疑、批判中国教育体系的针对性。沉浸式场面的丰富、生动构成了一个超前的、综合的多媒介作品。后来，他将现实生活实感与经验的“在地化”作为一种创作方法，并一直贯穿在他的艺术实践之中。

7. 《黑皮书》，第59页。

宋冬个展“又一堂课，你愿意跟我玩吗？”展览现场，宋冬提供

11

为了收集艺术家作品资料，我们在1994年春季编印了一份《红旗——艺术交流资料》简介，也是征稿函，复印了几百份，到处散发。收件地址是北京“木林森广告策划有限公司”，是李野夫帮忙提供的。为了寻找更多的资料，我还去中央美院找过易英老师。他给了我一包各地艺术家寄给他的作品图片等，包括洛阳的庄辉、长春的黄岩、武汉的叶双贵、黄石的华继明和大连的石峰、董枫、祝锡琨的“绿媒介小组”等。

旅居海外的中国艺术家资料的征集，主要依靠的是已回美国的徐冰，他联系了旅居美国的张健君、赵穗康、胡冰，旅居加拿大的顾雄，旅居法国的黄永砅，旅居澳大利亚的阿仙等海外华人艺术家，并收集了一些国际艺讯资料，发给我安排编辑和翻译。

1994年5月2日—4日，正赶上评论家王林主持的“中国当代艺术研究文献（资料）第三回展”暨“转型期的中国美术”学术研讨会在上海华东师范大学图书馆举行，我特意去了趟上海，希望利用这一机会收集到更多艺术家的资料。记得有五十多位来自各地的各路艺术家、评论家参加。

我像上海报童一样，手握一摞征稿函在会议现场分发给与会者。有些艺术家比较感兴趣，有些却不以为然。征集工作并不是很顺利。特别记得邱志杰拿着简介，看到“红旗”二字，隔着眼镜片，瞪着眼睛说：“这个也太政治波普了吧！”而在广州，陈劭雄、张海儿却对我说：“你们都是很重要的人！”

12 《黑皮书》刊载了《闭馆》《告示》《录音》三件作品。《闭馆》是拍摄了一张中国美术馆的外景图片，附上了包租全部场地的计划书和租赁中国美术馆场地的所有规定等文件；《告示》和《录音》作品则是根据北京市政府颁布并将于1993年12月1日开始执行的“关于禁止燃放烟花爆竹的规定”而设计的海报，以及在1994年2月9日23时30分至2月10日0时30分——中国大年三十和正月初一之间录制的北京市区环境的声音。

《黑皮书》里还编辑拍摄了路青的《六月》。路青、赵半狄、荣荣等人的作品，没有在“工作室”栏目刊载，但他们的作品，如路青的摄影作品《我是荡妇》、赵半狄的行为摄影《月光号——赵半狄》、荣荣拍摄张洹的行为艺术作品《拾贰平方米》等，是《黑皮书》的隔页设计图。有些图片下面还附有署名“诅—咒”的诗歌。“诅—咒”就是摇滚歌手左小祖咒，诗歌是他1994年录制的第一首录音室歌曲《无解》的歌词。

13 在“现代艺术文献”栏目中，翻译介绍了马塞尔·杜尚（Marcel Duchamp）、安迪·沃霍尔（Andy Warhol）、杰夫·库恩斯（Jeff Koons，现通译为“杰夫·昆斯”）艺术观念的经典作品等。杜尚、安迪·沃霍尔都是徐冰推崇的艺术家，或者说他的艺术，不同程度地都受到这两位的影响。杰夫·库恩斯是20世纪80年代中期在美国开始当红的艺术家之一，被认为是继安迪·沃霍尔之后最重要的波普艺术家。这也是《黑皮书》介绍他的理由。杰夫·库恩斯的艺术可以说直接影响了栗宪庭对1990年代中国“艳俗艺术”的命名。

《黑皮书》最后的栏目是“艺讯”，主要报道国内外当代艺术的前沿资讯。记得徐冰很兴奋地提供了当时克里斯托（Christo Vladimirov Javacheff）包裹德国帝国大厦的议案刚刚被通过的消息。国内部分主要是由我收集和编写的。陈侗当时还提供了一篇访谈文章《“大尾象”及其第三次活动——向林一林、陈劭雄、梁钜辉、徐坦提问》，但因为不适合《黑皮书》的编辑体例，我处理成了一则“艺讯”。

《黑皮书》的英文翻译，我找的是钱志坚。他本科毕业于北京师范大学外语系，后考入中央美院美术史系，成为孙美兰教授的研究生，毕业分配到《美术》杂志当编辑。他既是我的同事，也是朋友。但他一般不轻易做文字翻译，也考虑到他的工作身份，就以“野水”的笔名落款。有人说：“钱志坚翻译得很好！”后来《不合作方式》的展览画册，我又请钱志坚帮助翻译。

14

《黑皮书》是通过一家在香港注册，实际是在深圳承揽业务的香港大地出版印刷公司印刷完成的。具体与我们联系的人叫陈晓伟，四川人，一直在深圳打拼。

1994年6月底，深圳出奇地热。

我和路青等人一起来到深圳，在深圳上步工业区的长城大厦酒店住了两个星期，进行设计、排版和校对工作。之前，我曾请我的朋友周铮帮助设计了初稿，他是《当代电影》杂志的美编。其实，我们对《黑皮书》的装帧设计已经有了想法：纯黑色亚光封面，没有书名，只有一个反白的五角星和“中国·北京”“一九九四年第一辑”两排居中的文字；扉页则是白纸黑字。极简而明确。当时电脑排版刚刚开始，我们不熟悉操作，就在深圳现买版式纸、尺子和笔等工具。天热，我们在酒店房间光着膀子，纯手工完成了《黑皮书》的设计排版工作。

工作之余闲逛时，我们在路边看到一算命的，特别兴奋地算了一卦，抽了个上签！花了20元人民币。我们还在深圳文物商店买了一件汉代的带勾，价钱是360元人民币，我当时觉得挺贵的，现在看是太便宜了！因为包浆太厚，又买了一把工具刀，边工作边剔除带勾上的包浆，逐渐露出错金错银图案，非常好看。路青在深圳国贸大厦看上了一盘麦当娜的音乐磁带，售货员声称是原版，300元，我们觉得很贵，路青却执意买下。

那年，正赶上深圳的荔枝大丰收，满街都是卖荔枝的商贩。这对于我们北方人来说是一次大快朵颐的机会。记得我们一下买了五斤荔枝，商贩善意地提醒说："荔枝不能多吃，容易上火！"回到酒店，一会儿，我们就全给吃光了，都没流鼻血。

15

《黑皮书》在深圳完成设计排版，开始印刷，该交钱了。我和路青等人来到酒店马路边的一家公用电话摊，给在美国的曾小俊打了个越洋电话，电话费136.40元人民币。我们向曾小俊介绍了《黑皮书》的编辑情况，说马上要下厂开印了，希望他帮助解决所有的费用。之前，我们大概算了一下，编辑、制版、印刷的费用，包括我们往返深圳的差旅费等，共计8000美元。我在旁边清楚地记得在报完价之后，电话那头的曾小俊沉默了好一会儿。最后曾小俊非常慷慨地说，可以承担这次《黑皮书》的所有费用，但希望编辑出版第二本时，能够拉到其他的赞助。所以，在《黑皮书》编者的排名上，把曾小俊列为第一。

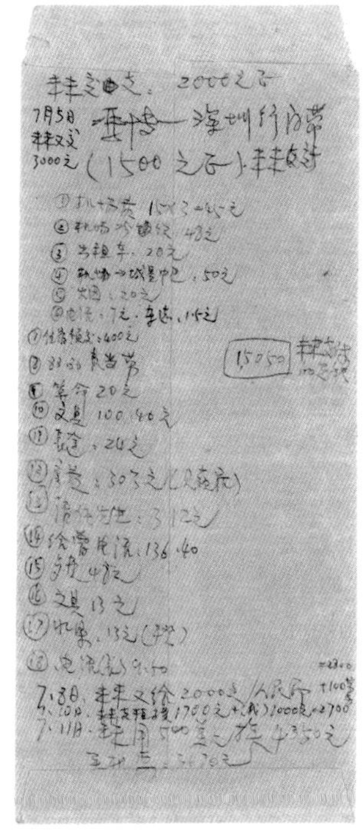

1994年《黑皮书》在深圳印刷花费账目，冯博一提供

后来，我们为了能够按期出版第二辑，到处拉赞助，还特意起草、打印了多份寻求经费资助的中英文信函，随《黑皮书》的赠送而群发了。策展人欧宁对《黑皮书》很感兴趣，希望我给他邮寄一箱，拿到香港分发。我说，一本 60 元人民币，希望他购买。他就再也没有搭理我。由于经费窘迫，我们也开始打破“不标价出售”的原则。

16

《黑皮书》印制完成后，除了分发给这些刊登的艺术家和在编辑过程中提供帮助的相关人士之外，主要在国内前卫艺术界和海外华人艺术家圈，以及一些驻华使馆、文化机构等传播。在王功新、林天苗家里，我给过意大利驻华使馆文化处的汤荻（Tang Di）、西班牙驻华使馆文化专员易玛（Inma Gonzalez Puy）等人。1994 年冬季，我去武汉出差，还特意背了一箱《黑皮书》，交给了武汉艺术家叶双贵，请他帮助在湖北分发。

我还听说，有艺术家将《黑皮书》送给栗宪庭时，他连翻都没有翻，把书甩在了床上。不知道真假！但老栗当时是中国当代艺术江湖的“教父”，而我们又是江湖之人，可能有另立江湖的“嫌疑”，这中间暗中较劲也就在所难免了。

1994 年 9 月 22 日，旅居法国的黄永砯特地给我写信说：“第一辑（《黑皮书》）编印得很好，内容纯粹，形式简洁，朴素和实在。这是在中国当代文化中开一种风气。我想你们的工作是很有意义的”，并给我推荐了杨诘苍和沈远。其他各地艺术家，包括那些刚开始对《黑皮书》不屑的艺术家，纷纷主动约见我和提供丰富的个人资料。那真是一种“守株待兔”般的满足之感。

黄永砯来信

现在看来，《黑皮书》的影响力还是蛮大的，尤其是让这些在艺术江湖中的“盲流艺术家”获得了认可、接受和鼓励，对于他们创作意识的形成和自信力的增强，起到了助动作用。

现如今，刊登在《黑皮书》中的大部分艺术家都成了艺术界的腕级人物了。而《黑皮书》，以及1995、1997年，曾小俊和庄辉等人陆续编辑的《白皮书》《灰皮书》，既是20世纪90年代中期中国前卫艺术最有影响的印刷品，也成为记录那时中国当代艺术发展的重要文献资料之一。

据查，现在黑、白、灰“三皮”书在“孔夫子旧书网”上，已经标价到30000元人民币一套了，平均一本10000元。

17

在《黑皮书》编辑期间，徐坦好意地把我们介绍给戴汉志（Hans Van Dijk）。戴汉志出生于荷兰，1986年就来到南京了，后长期旅居北京，“戴汉志”是他的中文名字，熟悉他的圈内人都叫他汉斯。他是一位学者、策展人和艺术经纪人，1993年创立“新阿姆斯特丹艺术咨询公司”（New Amsterdam Art Consultancy，简称NAAC），为中国艺术家、国际艺术收藏家和策展人建立了国际沟通的平台。

1994年夏季的一天的中午，徐坦带我们一起去团结湖中路南三条居民小区的一座五层楼房的公寓里，见到了戴汉志。

房间挺小的，一张圆桌和几把椅子，还有一个大床垫顶在墙边。床垫上坐着一个人，始终黑着脸，不说话。戴汉志没有给我们介绍，气氛挺尴尬的。我们喝着燕京啤酒，有一搭无一搭地闲聊着。出来后，我有点奇怪地询问徐坦，那位是谁？徐坦说他也不知道，头一次见！后来才知道是艺术家李永斌，这间公寓就是他的家。李永斌前些年退出江湖，隐居在云南腾冲，我倒觉得一点不奇怪。诧异的是他1994年初在这间屋子里，创作出了作品《温暖家庭》。

1997年，我们开始与戴汉志合作，还有比利时收藏家弗兰克

（Frank Uytterhaegen），他们一起创办了非营利艺术机构“艺术文件仓库”（China Art Archive and Warehouse，简称 CAAW）。最初，他们在北京南城的龙爪树村租用了一栋旧厂房，作为办公室和展览空间，1999 年 2 月做了开幕展。之后又搬到了草场地的一栋灰色建筑中，成为北京有名的独立艺术空间。

戴汉志不远万里来到中国，不计名利地默默做了大量的中国当代艺术的基础工作，是很值得尊敬的一位外国人。不幸的是，2002 年 4 月 29 日，戴汉志在北京病逝，享年 56 岁。

2003 年 9 月，弗兰克与朋友组织了一场纪念展览“戴汉志和他的一百零七张照片”，展出戴汉志遗物中的 107 张宝丽来照片。展览前言写道：“照片里面的内容轻松、随意、平淡，宝丽来的即时性和瞬间性与汉斯的一生相映，光影恍惚，形影难分，转瞬即逝。艺术文件仓库将这些珍贵的照片部分展示并印刷成册，以纪念这个与我们一路同行的人。”这次展览，成为戴汉志——这位客死北京的荷兰人——沉默寡言却又不乏戏剧性的人生的一次显影。

2009 年，我生病了，不久后，弗兰克也生病了。我最后一次见弗兰克是 2011 年的夏季，在 798 东八区的咖啡厅，我们俩同病相怜地互道珍重。弗兰克于 2011 年 12 月 27 日在北京病逝，享年 57 岁。

18

在编辑《黑皮书》的后期，一位参与编辑的艺术家对徐冰已颇有微词，因为徐冰远在美国，没有过多地参与编辑工作。其中，有一个插曲。

《黑皮书》出版后，徐冰因刚刚在北京创作完成了《文化动物》的展示，台湾《雄狮美术》的发行人、总编辑李贤文为《文化动物》的作品在北京灯市口的国际艺苑皇冠假日酒店采访徐冰。徐冰顺便也提及了《黑皮书》，并说正在筹集经费，准备第二辑的编辑。李贤文对《黑皮书》很感兴趣，当场以私人名义赞助了 200 美元。访毕，我们一起从酒店走到了北京王府井大街霞公府 5 号，去翰墨艺术中心看徐冰的展览。路上，徐冰还特别叮嘱李贤文，一定要在他的报道中刊登那位艺术家的两幅作品（后来李贤文刊登了作品《录音》），因为徐冰担心对方会有什么想法。我当时还感叹徐冰考虑周全。李贤文最后给我们俩拍了张合影。

公開藝術《黑皮書》

北京採訪／李賢文 整理／黃雷

美術新看

冯博一和徐冰在北京王府井红霞公寓翰墨艺术中心，摄影：李贤文

回台后，李贤文将他介绍《黑皮书》的文章刊登在了《雄狮美术》上。[8] 那位艺术家看到杂志之后，果然有些不悦，当着我的面说：“徐冰既不出力，也不出钱，还下山摘桃子。李贤文赞助的200美元，也没有交出来。”由此，加深了两人之间的隔阂。其实，徐冰马上就将200美元转给我了，因为2000本《黑皮书》从深圳到北京的运输费是1500元人民币，是我垫付的，200美元正好够。这实在是应该澄清的一个误会！

19 那位艺术家与徐冰都对现实社会及文化艺术的变化非常敏锐，而他们的敏感导致了他们在适当的时机，做出了恰当的反应，不论是在艺术上，还是在具体的行动中。只是他们的出身、经历、处境、品性各有不同。这些年，随着我对他们的了解，反观他们的所作所为，更可能是“道不同，不相为谋”。当然，这只是我的揣度而已。

若干年后，他俩都私下同我聊起了对对方的评价。那位艺术家说：徐冰的艺术总是披着沉重的文化外衣；徐冰说：对方的艺术是延续着冷战和后冷战的思维方式。我觉得他们的相互评价，

8. 《公开艺术〈黑皮书〉》，《雄狮美术》，1994年，第11期。

都很到位和准确，眼光毒辣。

2011年，徐冰在接受《纽约客》采访时说道，不是每个人都可以像那位艺术家那样，因为都那样中国也无法发展。但是，如果不允许像那位艺术家这样的人存在，那将是一个问题。徐冰还跟我说，对方的贡献是把政治引入艺术，比德国著名艺术家约瑟夫·博伊斯（Joseph Beuys）走得更远。

2000年2月25日，在我的撮合之下，我们想再次合作。徐冰、我和路青等人来到曾小俊在京城的大宅子商量，看看能否再做点什么事儿。我们在客厅中围桌而坐，确定策划一个叫"怎么弄都行"的主题展览。但已全然没有了1990年代初合作编辑《黑皮书》的那种氛围与感觉，展览的事儿也就不了了之了。"怎么弄都行"，"不弄"也是"怎么弄都行"的一种吧。

而我依旧与徐冰他们一直保持着密切联系。从1990年代徐冰在美国，以及2007年回国担任中央美院副院长前后，我始终与徐冰有各种展览的合作。2000年夏季，我刚从日本福冈亚洲美术馆驻馆回到北京，在Tom.com网站的"美术同盟"担任内容总监，那位艺术家去北京东二环的华润大厦的公司办公室找我，并于11月4日在上海又一起策划了"不合作方式"展览。画册的编辑、设计，延续了《黑皮书》的风格样式。

20

这是我作为执行编辑参与《黑皮书》编辑过程中的一些记忆，并在疫情期间，翻检出保留的有关的部分文献资料。

《黑皮书》的编辑是中国当代艺术领域在1990年代初期发生的一件事儿，我通过这些琐碎的回忆，过往的碎片也许在不经意中连接在一起并变得重要起来，人生多少也体现在这些具体的细节之中。

如果这些情况不能被后人了解和认知，历史也就难以成为一种活着的过去。我们既不应将历史割断成不客观，也不能以不知为不有，让失忆尘封在已经过去了的真相之外。因为，即使在历史上已经不知或在历史记忆中一度隐去的过去，依然会影响着我们对历史真实的重新判断与经验思考。

《黑皮书》编者的话

这是一本由艺术家独立编辑、自筹资金出版的关于中国现代艺术的学术性内部交流资料。

本刊选编的内容注重海内外中国现代艺术家思想、观念及活动的最新状态；创作的原始性资料和档案的记录、整理、研究；注重艺术家的自我分析、批判、总结的过程；注重国际当下文化焦点问题的讨论，以及与中国文化进程、现代艺术发展的多样性和特殊性关系；介绍有价值的国际现代艺术运动经典文献。

以此媒介为中国现代艺术家的实验性艺术提供发表、解释、交流的机会。通过这种相互参与、交流和探讨，为中国现代艺术创造生存环境，并促进其发展。

编者：曾小俊　徐冰等

执行编辑：梓工

《黑皮书》稿约

本书组稿范围包括世界各地的中国现代艺术家。欢迎艺术家提供第一手资料。

其中包括：

新近完成的现代艺术作品图片、创作草图、计划及艺术家的文字陈述等资料。

正在完成的现代艺术作品计划、草图及其完成过程中的图片数据。

要求提供的作品照片为6寸以上黑白片或彩色片，图像清晰；提供的作品计划、草图、文字资料清楚。

并请提供作者艺术简历。简历内容包括：姓名、出生年月、现居住何地等。

本书每年度4辑，不公开发行，不标价出售，仅供内部交流。

电话：（010）62040471

BP机：（010）5128866呼6920

2

生存痕迹

1998

界限两边，都是世界
——有关“生存痕迹”展览的记事

1 1998 年 1 月 2 日，我和旅德艺术家蔡青在北京朝阳区姚家园村北的一家私人公司仓库内，策划了“生存痕迹——’98 中国当代艺术内部观摩展”。这是我第一个独立策划的当代艺术展览项目。

蔡青作为联合策展人，个人慷慨地承担了展览的费用，并提供了场地。他也是参展艺术家之一。

我是通过湖北美术理论家祝斌认识蔡青的。1988 年夏季，我作为中国美术家协会《美术家通讯》的编辑去武汉出差，了解第七届全国美展的筹备情况。湖北美协负责接待我，认识了当时任湖北美协副秘书长的祝斌，并一直保持着朋友和工作关系。蔡青 1984 年毕业于浙江美术学院（现为中国美术学院）版画系，先后在湖北黄石和海南生活、工作过，1989 年底去往德国，1997 年春季开始往来于中国、德国之间。

蔡青很自信地希望在北京力所能及地做些推动中国当代艺术的事项。我们在北京第一次见面后，可以说是一拍即合，开始踌躇满志地策划一个有关中国当代艺术的展览。同时，为了长期形成一种展览、驻场、交流等多功能的机构，我们还一起商量建立一个国际艺术工作室的计划。

蔡青的理想，是“在我现有能力的前提下，为中国当代艺术提供一个民间的、开放的、具有良性循环的学术交流空间”。[1] 我因为1997年写过一篇文章《立足现时的文化关注》，就起了“现时艺术工作室”的名称，在起草的简介中，对工作室的定位、职能进行了设想，“旨在鼓励具有较高文化意义、社会意义和艺术品格的中国当代艺术的多元发展……创造生存环境，提供参与与表达的机会”。[2] 所以，“生存痕迹”展览的开幕，也标志着蔡青在北京“现时艺术工作室”的正式成立。

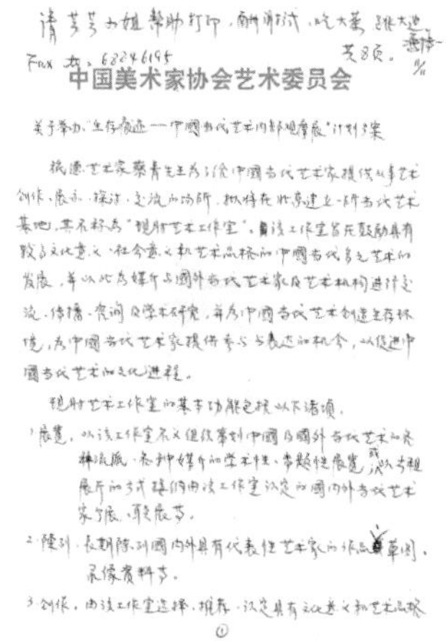
Fax 为：68246195

中国美术家协会艺术委员会

关于举办“生存痕迹——中国当代艺术内部观摩展”计划方案

旅德艺术家蔡青先生为了给中国当代艺术家提供从事艺术创作、展示、探讨、交流的场所，拟将在北京建立一所当代艺术基地，其名称为“现时艺术工作室”。该工作室旨在鼓励具有较高文化意义、社会意义和艺术品格的中国当代多元艺术的发展，并以此为媒介与国外当代艺术家及艺术机构进行交流、传播、资讯及学术研究，并为中国当代艺术创造生存环境，为中国当代艺术家提供参与与表达的机会，以促进中国当代艺术的文化进程。

现时艺术工作室的基本功能包括以下诸项：

1. 展览：以该工作室名义组织策划中国及国外当代艺术的各种流派、各种媒介的学术性、专题性展览，或以专题展厅的方式轮换由该工作室认定的国内外当代艺术家个展、联展等。
2. 陈列：长期陈列国内外具有代表性艺术家的作品、草图、录像资料等。
3. 创作：由该工作室选择、推荐、认定具有文化意义和艺术品格

①

冯博一起草的“现时艺术工作室”简介

“生存痕迹”展览之后，蔡青接着找到邱志杰、吴美纯，希望在他的场地策划第二个展览。邱志杰初定的展览题目叫“非另类”。到1998年6月底，因为展览经费问题没有解决，第二次展览计划推迟了。后来蔡青生病，这个展览项目和工作室计划也就搁浅了。[3]

蔡青建立“工作室”是出于一种乌托邦情怀，没有过多地考虑行之有效的运营模式，仅凭一己之力，其实是难以为继的。

2

20世纪90年代的中国前卫艺术还是处于地下、半地下的状态，其共同特征是具有一种强烈的自我表达愿望，表现了一种个体生存状态的实在属性。而这类叛

1. 《生存痕迹——’98中国当代艺术内部观摩展》，北京，1998年，第7页。
2. 同上书，第5页。
3. 邱志杰：《“后感性”展览始末》，参见网址 http://www.artlinkart.com/cn/article/overview/e4agzys。

逆的、挑战既有形态的艺术，必然与惯常提倡的宣喻教化的艺术功能相背离和冲突。所以，一直是处于被限制的处境。比如，中国美术馆内部曾有一项不成文的规定：装置、行为艺术绝不允许在馆内展出。而当时又没有更多可以展示的空间，只能寻找偏僻的城乡接合部、废弃的厂房，或地下室、酒吧，甚至自家公寓等作为“替代空间”。

这些展览主要是圈内人来看，展示几天之后就结束了，带有“飞行集会”的性质。因为无法公开，展览也变得神秘。越神秘，越有人好奇，形成一种奇怪的传播效应。这是 1990 年代中国前卫艺术展览的有趣现象，成为第三世界、社会主义艺术家和艺术作品在全球化、后冷战的镜像中，映照出的一份别样的突围景观，同时使欧美的当代艺术系统，包括美术馆、艺术基金会、策展人、画廊等机构对中国前卫艺术更加关注。据我统计，1990 年代在欧美等地相对频繁地举办过有关中国前卫艺术的各种展览，比较大规模的有三十多次，直接影响和激励了中国前卫艺术不断走向世界。[4] 在国际展事中的频繁亮相，打破了中国与国际文化之间的隔阂，也使中国前卫艺术逐渐成为全球艺术版图的一个组成部分。但这些体制之外的前卫艺术，在后冷战思维下又被迻译为“反体制”。艺术家之所以能参加国际展事，并非主要因为艺术成就，更多的是政治上的“独特”身份，他们的艺术或多或少地充当了后冷战对抗的一种符码。

或者说东西方非此即彼的二元对立并没有终结，而各自对对方的想象又缺乏深入了解的基础。所以，中国前卫艺术的状况也随之带出了一些值得思考的问题。其中，1990 年代最引人瞩目的文化现象之一是围绕着北京都市边缘的艺术家群落的出现。这一不断在世界各地曝光，又始终在本土保持着“匿名”的边缘艺术

4. 冯博一：《从“地下”到“地上”——关于 20 世纪 90 年代以来的中国前卫艺术》，《艺术评论》，2004 年，第 7 期。

家群落，其特定文化位置的选取与命名，有着一种艺术生存策略的考虑，也就多少带有一些现实功利的色彩。

3

从编辑《黑皮书》开始，我意识到东西方这种不正常的，甚至不对等的对话关系，也有意识地试图寻找和建立一种自为的、独立的中国当代艺术经验。按现在的说法就是关注、强调和利用中国特有的社会现实能量进行“在地性”的艺术转化及表达。因此，蔡青找我合作，正好给我提供了策展思考和实践的机会。

在筹备过程中，有一次在王功新、林天苗家里，偶遇意大利人弗兰（Francesca Dal Lago）。弗兰在中国学习和工作超过九年时间。1993 年在意大利驻华使馆文化处工作时，她直接参与和帮助孔长安、栗宪庭及中国 16 位当代艺术家参加了第 45 届威尼斯双年展主题展“艺术的基本方位”（Cardinal Points Art）中的“东方之路”部分。后来，弗兰获得了纽约大学美术学院艺术史专业博士学位，长期从事中国文化交流和中国视觉艺术领域的研究工作。弗兰现在是旅居巴黎的独立学者和研究员。

在聊天时，她说起当代艺术在文化中心与边缘地带的关系，给了我一些启发。我查询到美国学者霍米·巴巴（Homi K. Bhabha）关于“处于中心之外的非主流的文化边界的‘居间（in-between）’和‘之外（beyond）’”的理论，逐步确定了关于“生存痕迹”的策展概念。

“生存痕迹”应该是最本土化、接地气儿的一个关键词了。

4

“生存痕迹”的展览主题涉及两个问题：

是从 1980 年代末到 1990 年代，一些中国当代艺术家主要在北京“城乡接合部”寻求生存的栖居地，从北京海淀区的圆明园画家村到朝阳区的东村，再到通县的宋庄等地。这种情况，不仅仅限于前卫艺术家，地下摇滚乐队也主要集中在现在北五环肖家河桥边上的树村一带，先后出现过一百多支。

另一个是中国当代艺术难以在公立艺术机构正常展示的现状，其实与西方的一些策展人和前卫艺术家有意识地在非展览空间策展、参展的意图是不能同日而语的。他们更多的是为了摆脱美术馆展览机制的藩篱，主动边缘化或有意识地去主流化、中心化。而我们却是一种无奈的选择，我和蔡青选择混杂的北京城乡接合部作为“生存痕迹”展览场地就是如此。

5

圆明园画家村是在1989年至1995年期间，一批艺术院校的大学生毕业后，不愿意服从国家统一分配工作，和其他一些北漂到北京的外地艺术家、文青们，因为廉价的房租而集居在圆明园附近的福缘门村和圆明园村，逐渐形成的一个自由艺术家村落。1995年被海淀区取缔，甚至有个别艺术家被收容到北京昌平七里渠收容所。[5] 这些被驱散的“盲流艺术家”，一部分撤退到了北京的东村，大部分迁到了距离北京市中心更远的宋庄小堡村。

圆明园画家村

东村坐落在北京东三环和东四环之间，与圆明园和宋庄相比，东村艺术区的环境更加破败，更脏乱差。东村艺术家集体创作实施的作品《为无名山增高一米》最具有代表性。[6] 1994年6月，当艺术家马六明、张洹、朱冥等在东村

北京东村，摄影：荣荣

5. 杨卫：《我所亲历的圆明园画家村和宋庄》，《天涯》，2017年，第1期。
6. 巫鸿：《废墟的故事》，肖铁译，上海：上海人民出版社，2012年。

马六明在东村实施行为艺术，马六明提供

实施行为艺术时被围堵，马六明、朱冥遭拘留，东村艺术家群体又被驱散。[7] 2003 年东村已不复存在，东四环路横穿而过，将东村一分为二，成为如今的朝阳公园和蓝色港湾商业区。

宋庄位于北京东三环大北窑桥以东约 25 公里的通县（现改为通州区），艺术家方力钧、岳敏君、杨茂源等大约从 1993 年底，在宋庄的小堡村找到了新的落脚点。在宋庄，他们不是租借，而是购买了当地农民的闲置房作为家和工作室，形成了最初的宋庄艺术家聚落。[8] 宋庄由于远离市中心，交通不便，暂时“避难”的状态也就相对稳定和安全了。[9]

方力钧在宋庄的工作室外景

所谓“城乡接合部”是指兼具城市化和乡村特征的过渡、交错、边缘地带。作为中国社会转型时期的城市化过程而产生的地理区域，由于其特殊的地带、廉价的房租和疏松的管理，使大量外来人

7. 巫鸿：《荣荣的东村——中国实验艺术的瞬间》，毛卫东译，上海：上海人民出版社，2014 年。
8. 杨卫：《我所亲历的圆明园画家村和宋庄》，《天涯》，2017 年，第 1 期。
9. 王强主编：《宋庄艺术家群落》，2002 年。

口、打工群体无序地集聚在一起，充满着混乱、嘈杂、多样的生存样态。

所以，在此生活的一些艺术家是处于这种被边缘的“野生”境地。他们的生存状况如何？我当时认识一位艺术家，从西北到了北京，他的老婆带着孩子，为了爱，也为了他的艺术，与他一起漂着。困顿的生活迫使他老婆抱着小孩在马路边儿卖毛片光盘，经常被城管、公安抓到派出所拘留，而她原来在老家就曾是一位民警。每次被抓，也许是北京的民警同情她，也许是知道她曾经做过警察，都网开一面地罚点钱，放她一马。

6 蔡青的表妹、妹夫何石珊、刘小平开的公司，正好在朝阳区的姚家园村北有一处仓库可以利用。这家仓库距离东三环的团结湖有 4.5 公里，典型的城乡接合部，周边有些农田，没有什么特别的景点，甚至有些荒芜。现在的姚家园早已被房地产开发成各种中、高档住宅小区了。

仓库空间是四周砖墙围合的一个院落，几间房子里有仓库、职工宿舍、食堂，还有一个室外空场。我和蔡青就将此地作为“生存痕迹”的展览空间了。而这一展场的所在地，恰好可以说是这些艺术家生存、创作状态的真实写照。所以，与其说是临时展览的“替代空间”，不如说是一种中国特定的“社会空间”更为准确。这种不确定的境遇，使他们在不断流动的边缘、边界上共生、共存，并只能在临时和变迁的不稳定生活中，落脚于城市主流“之外”的地方。所以，针对 1990 年代形成的这一生存现状，以及由此形成的艺术创作形态，给予即时、恰当的关注、命名和鼓励，就显得格外重要了。

正是展览场地的地理位置，我的策展概念也就顺势地利用了空间的社会属性，并成为策展的因地制宜方式，隐喻、象征地反映出中国实验艺术的边地、边缘的现实处境。

7

在挑选参展艺术家人选时，我非常关注当时在北京比较活跃的、注重生存体验的艺术家及以往作品的“在地性”特征。他们的艺术能够在强大的权力结构下，从当代性的视觉语言里表现出复杂、多元的边缘状态。

我最先邀请到了宋冬、尹秀珍、顾德新、王功新、林天苗、汪建伟、展望、邱志杰等。当我们带艺术家来考察场地时，特别要求参展作品一定要根据这一相对闭合空间的室内外，尤其是周边的人文与自然环境关系而进行“就地创作、就地展示”，类似于现在大展流行的“委托创作”，只是承担的材料费比较少。

这种工作方式，我最早是听费大为说的。1989 年他作为中国联系人参与了由让 - 于贝尔 · 马尔丹（Jean-Hubert Martin）策展，在法国蓬皮杜艺术中心（the Centre Pompidou）和格兰德哈雷文化中心（the Grande Halle de La Villene）举办的“大地魔术师”（Magiciens de la terre）展览的筹备工作。他推荐了中国艺术家黄永砯、顾德新、杨诘苍参展。我注意到了这种创作、策展的情况，有意识地在“生存痕迹”的展览中给予“在地化”实施。这种规定性意味着参展艺术家需要根据“生存痕迹”的展览主题，将各自不同的生活、创作经历和对现实的认知、判断及想象，进行一种智性的、多媒介的“就地创作、就地展示”的艺术转化。

因此，这次展览在策展理念上具有一定的命题性和实验性。对应邀参展的艺术家来说，这种新的方式也是一次挑战。或许他们通过多媒介方式所进行的艺术表达与表现，不是远离于具体而微的生活区域之外，而是所呈现的作品就具有了现实依存的个体与社会之间的视觉文化样本的显现。

为了使这一策展理念顺利落实，蔡青给每一位参展艺术家提供了 1000 元材料费。虽然不多，但在那时还是一次很大方的个人资助，尤其是体现了我们对艺术家创作的尊重。

8 特别记得在考察场地时，顾德新有点结巴地问我说："我能，能到附近走走吗？"挨着展览场地是一家屠宰场，而顾德新对"肉"一直情有独钟，屠宰场就成为他的不二选择。他最初的方案是"用 50 公斤猪肉、2.5 公斤猪脑、1.5 公斤猪血，制作一个内有大脑的阴部"，被我给否了！主要是觉得有些直接和敏感了。顾德新后来又调整了作品方案。开幕式当天，清晨五点多，天还未亮，顾德新来到了屠宰场购置作品的猪脑、猪血。上午见到他时，他拃着双手说："猪血太稠了，我又买了 50 斤浇上了。"一块化纤的廉价红色桌布铺在长方形的桌面上，整齐堆砌了鲜亮的、血淋淋的猪脑和猪血，弥漫着腥臭的气味。

蔡青与顾德新考察屠宰场

栗宪庭（右）与顾德新在《1997 年 12 月 26 日—1998 年 1 月 2 日》展览现场

宋冬始终是一位从他过往的生活经历、记忆的经验里不断获取能量的艺术家，他也是中国最早以食物为媒介创作的艺术家之一。从1987年的《礼物》开始，他的艺术就与“吃”建立了不解之缘。也许是因为冬天，食堂里和几口大缸的现成物，勾连起他儿时的生活记忆，他毫不犹豫地挑选了职工食堂作为实施作品的空间。

宋冬作品《渍酸菜》，宋冬提供

宋冬在开幕式上烹制酸菜白肉，宋冬提供

除了对旧衣服，尹秀珍对敝屣也是钟爱有加。而室外现成的一条甬道，便成为她对“生存痕迹”主题的落脚点。

林天苗之前的作品始终和线的缠绕较劲儿。参展的作品是一个直径2.5米的大线球，她找了一个旧的地球仪，足足让在仓库

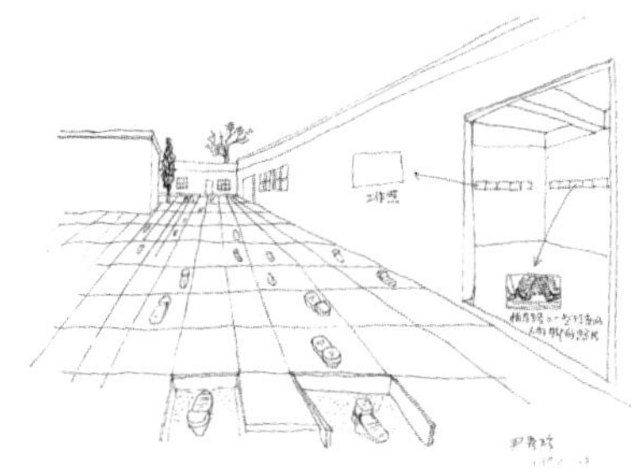

尹秀珍作品《路》草图与现场布展，尹秀珍提供

林天苗作品《没有什么好玩的》

打工的几位姑娘纠缠和紊乱了好几天，正如挂在墙上的、她绣出的文字“没有什么好玩的”一样。

那时候，邱志杰已经开始对“考古”和社会学的田野调查方法产生兴趣，室外的空场正好可以模拟出他设置的一个考古现场。

展望的《新艺术速成车间》既有他在中央美院雕塑系任教的教学经历，还有着对波普艺术中国化的调侃，抑或也有对“山寨”艺术的反讽。他在事先打印好的“速成法简介”中介绍说，“这里提供的是成为大艺术家最便捷的手段、迅速创造大师级作品的唯一途径；只需要五分钟，让你享受大师级的荣誉，创造大师的作品”。没想到在开幕式上，有众多的观众积极、热情地投入他的“速成大师”游戏之中。

展望作品《新艺术速成车间》，摄影：邹盛武

宋冬推荐了张永和，那时他刚从美国回国。这是张永和第一次以建筑师身份参加国内当代艺术的展览，我特意给他传真，邀请他参展。他的《推拉折叠平开门》的作品形态，与其他艺术家有所不同，显示了他在空间建筑设计上的功力。他以一种象征性手法，强硬地将所设计的折叠门，镶嵌在仓库的大门之间，观众只能在侧身“进与出”的不经意过程中，体验到被限制的境遇。张永和的设计草图原稿，我送给了黄专，因为黄专生病后，想在家做一个有关艺术家创作草图的档案室。而张永和之后对门的概念及著述，是否可以说是从这件作品的思考开始的？也未可知。

张永和作品《推拉折叠平开门》，左起：张永和、刘骁纯，右一为张俊

蔡青的行为艺术比较生猛，他的参展作品《耕种》仿佛是东北农村春耕现场的复现。他将400多元的硬币，种植在室外的空地儿里，他说："种瓜得瓜，种豆得豆，种钱可是一场空。"这一荒诞的行为，直接嘲讽、揶揄了中国在社会转型过程中普遍存在的对金钱的渴求和贪婪。

张德峰，我之前并不认识，他当时是中央美院雕塑系的教师，曾在德国留学时与蔡青一起混过，所以蔡青推荐了他。若干年之后，有一次我和宋冬聊天时，笑称："除了个别，大部分艺术家都'功成名就'了。"

蔡青行为艺术作品《耕种》，摄影：周铮

9 开幕前的一周，我基本上天天从北京西边颐和园附近的家中，赶到东边的姚家园，和艺术家一起布展，往返打车的路途每天要花上三四个小时，自己不堪奔波的劳顿，向顾德新抱怨其中的辛苦。顾德新却说，他多次出国参加国际展，国外的策展人都是事必躬亲，参与全程的布展工作，比艺术家还辛苦！以后，这也就成为我恪守的策展人职业操守了，边策展，边学习，边积累。

汪建伟的作品，严格说不是一件新作。他之前于1993年10月在川西平原实施了为期一年的《循环——种植》的作品，在此基础上，他将收获的小麦粘在我们事先安排运送参观展览人员乘坐的旅行车窗户的玻璃上，取名《膜》。这件作品既延展了他以往的循环系统，又成为带有流动性的接驳车。旅行车是蔡青从他的一个司机哥们儿高先生那儿租借的，展览结束后需要清洗用乳胶粘贴在车窗上的麦粒，这个费用就不能再由高先生承担了。我觉得应该包含在汪建伟的材料费里，但汪建伟就是不答应！理由是他请农民坐飞机，将一袋麦粒送到了北京，蔡青给的1000元材料费已经花完了，还不够呢。最后蔡青只好又额外地承担了这笔车辆清洁费。过于计较的艺术家，我以后就不予合作。

10 展览画册是展后册，由我朋友、艺术家任小林推荐的北京嘉世盛创企划有限公司的焦爱民和杨阳负责设计、印刷。杨阳当时刚从中央工艺美术学院工业设计系毕业，这应该是他介入当代艺术展览画册的第一个设计项目。当时我希望画册是四色印刷，但是由于各方面的条件都非常有限，印出来的是单色，图片很灰。另外，张永和的作品有印刷瑕疵，有些遗憾。现在焦爱民已经是电影制片人，杨阳也是著名平面设计师了。

英文翻译我找的是当时在四合苑画廊工作的凯伦·史密斯（Karen Smith）和皮力。我自费给了皮力1500元的翻译费，请他转交给凯伦。后来巫鸿在撰写《作品与展场——巫鸿论中国当代艺术》一书时，将这个展览作为案例。他曾询问我的文章是谁翻译成英文的，他说："翻译得太差了，简直无法阅读！我基本上又重新翻译了一遍。"所以到现在我都不知道英文到底是由谁翻译的。

当我成为资深策展人后，有多次不同的媒体记者采访我，询问"策展如何维持生存"的问题。我说："最初从事策展实践，不但没有策展费，还往里搭钱呢！"

展览开幕的现场，我请徐志伟帮助拍摄，没有额外报酬，所有照片的底片都归他所有。2019 年，"徐志伟镜头下的中国当代艺术 1992—2002"展览，先后在宋庄美术馆和武汉合美术馆举办，在"艺术家工作室与展览"单元，也有"生存痕迹"展览现场的图片。后来，徐志伟将所有展出的 254 幅图片资料都捐献给了中国国家画院当代艺术档案库。

我朋友、艺术家唐晖也去看了展览，还拍摄了一段视频，2018 年发给我存留，并惠允我用在了宋冬于 2018 年 12 月 3 日在广州扉美术馆策划的"无界艺术季（第一回）"展览。这是我第一次以"艺术家"身份参加的当代艺术展览。

现在这些图片和视频资料已是弥足珍贵了。当时的策展人普遍缺乏有意识地保留、收集、梳理这些原始文献的档案资料，造成了现在对这些艺术展览、事件、过程等在展览史研究上的匮乏或难以完整收集到的遗憾。

11 这个展览是以"内部观摩"的参观方式举办，展期为 1 月 2 日—5 日，只有四天。"内部观摩"的提法，就是不面向公众开放，仅是在北京的前卫艺术圈人士观看。其实，对这类展览一般公众也没有什么兴趣，所以开幕式时，场地大铁门是关闭的，许多村民都爬到了墙头上围观。还有，多少有着一种不得已而为之的低调、自保的策略考虑。

尽管如此，我们为了尽量多地邀请有关人士去参观展览，除了定向邮寄请柬，蔡青还租借了一辆中巴旅行车，即前面提到承载汪建伟作品的那辆，在东三环长虹桥东边的农业部大门口，分几个时间节点接送参观的观众。

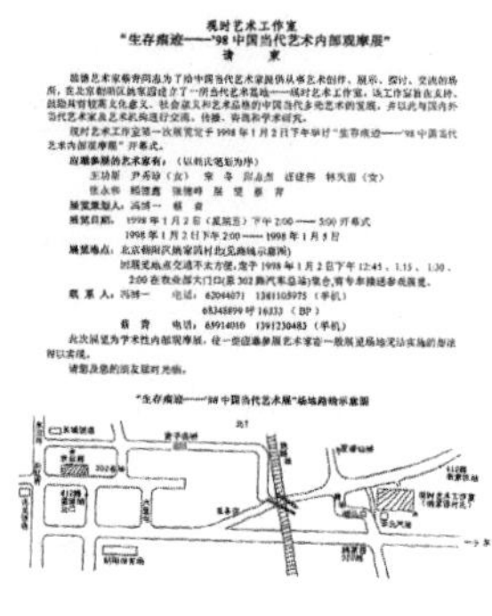

视时艺术工作室
"生存痕迹——'98中国当代艺术内部观摩展"
请　柬

旅德艺术家蔡青同志为了给中国当代艺术家提供从事艺术创作、展示、探讨、交流的场所，在北京朝阳区姚家园建立了一所当代艺术基地——视时艺术工作室。该工作室旨在支持、鼓励具有较高文化意义、社会意义和艺术品格的中国当代多元艺术的发展，并以此与国内外当代艺术家及艺术机构进行交流、传播、咨询和学术研究。

视时艺术工作室第一次展览定于1998年1月2日下午举行"生存痕迹——'98中国当代艺术内部观摩展"开幕式。

应邀参展的艺术家有：（以姓氏笔划为序）
王功新　尹秀珍（女）　宋　冬　邱志杰　汪建伟　林天苗（女）
张永和　顾德鑫　张德峰　展　望　蔡　青

展览策划人：冯博一　蔡　青
展览日期：1998年1月2日（星期五）下午2:00——5:00开幕式
1998年1月2日下午2:00——1998年1月5日
展览地点：北京朝阳区姚家园村北(见路线示意图)
因展览地点交通不太方便，定于1998年1月2日下午12:45、1:15、1:30、2:00在农业部大门口(乘302路汽车总站)集合，有专车接送参观展览。
联系人：冯博一　电话：62044071　1361105975（手机）
63348899呼16333（BP）
蔡　青　电话：65914010　1391230483（手机）

此次展览为学术性内部观摩展，使一些应邀参展艺术家在一般展览场地无法实施的想法得以实现。

请您及您的朋友届时光临。

"生存痕迹——'98中国当代艺术展"场地路线示意图

展览请柬

展览开幕时，各路人马来了有三百多。蔡青的行为作品《耕种》，两头披红带彩的骡子卖力地犁地，蔡青煞有介事地在"种钱"；顾德新的作品《1997年12月26日—1998年1月2日》散发着血腥的气味；而隔壁展厅的宋冬，正在烹制着酸菜白肉供观众品尝；王功新的影像作品《牧羊》不时传出绵羊被屠宰前的哀嚎之声；展望的《新艺术速成车间》，如同艺术院校雕塑系的教室，许多观众像学生一样忙着做雕塑作业……

蔡青在开幕式上实施行为作品《耕种》，摄影：徐志伟

开幕式现场，左起：宋冬、蔡青、高名潞、邱志杰、王功新、冯博一、吴美纯、尹秀珍，摄影：徐志伟

开幕式现场，左起：邱志杰、展望、宋冬、蔡青、冯博一、尹秀珍、顾德新、张永和、王功新、张德峰，摄影：徐志伟

开幕式现场，摄影：周铮

艺术家和策展人在展览空间门口合影，左起：蔡青、顾德新、宋冬、张德峰、尹秀珍、王功新、张永和、展望、邱志杰、冯博一、林天苗，摄影：徐志伟

观众参与展望作品，摄影：徐志伟

开幕还有个小仪式，我做了简短的展览介绍，并进行了导览。怎么介绍的，我现在都忘了。这些带有“展演性艺术”（Performativity Art）的方式，具有一种行动能力和触感视觉的表达，尤其是让圈内观众直接参与和互动的体验，应该是中国早期公共艺术的一次特别的践行。

而没有被邀请的艺术家唐城不请自到，打着一把破伞，脖子上挂着“家园是伞 举国环保”的牌子，以行为的方式在开幕式上到处溜达；艺术家刘枫华则手握一把冲锋枪的道具，一本正经地守卫在展厅门口。这些偶发的行动艺术，为展览平添了意外的戏谑效果。所以，展览场面可以说是人头攒动，热闹非凡，有点乡镇赶集过大年的感受。

12 展览的边地效应与影响，一方面在于策展思路本身具有一定的敏锐性、在地性，或者说，社会的压力和青春荷尔蒙赋予了他们可贵的能量，并通过这次展览得以释放；另一方面，参展艺术家的作品都是委托定制的，具有明确的现实针对性，从而使展览的现场感、互动性都很强。尽管展览条件十分有限，作品的展示形态甚至有些简陋、粗糙，但其背后却有着一种原初的爆发力、挑战的张力和创作的纯粹性，在1998年元旦之际，多少有着“虎年第一惊吓”的效果（尹吉男有一篇文章叫《蛇年第一惊吓》）。

艺术家李占洋正好在中央美术学院雕塑系进修，也去看了这个展览，2016年还写了一篇《生存痕迹——当代艺术的处女看》，发在他自己的微信公众号上，生动地描述了他参加开幕式的所见所闻。封神演义般的故事，令人阅后忍俊不禁！

2000年巫鸿来北京考察时，专门找我进行了访谈，将“生存痕迹”作为他的《作品与展场——巫鸿论中国当代艺术》一书“90年代的‘实验性展览’”部分中的案例之一。巫鸿写道：“策划人对这种展览的场所和组织方式进行的细致考虑使这种活动成为一种特别品牌的实验展示。这类例子是‘生存痕迹’，是1998年一个主要的中国实验艺术展。”[10]

2016年1月23日，尤伦斯当代艺术中心还举办了“生存痕迹”的群展，由馆长田霏宇（Philip Tinari）和助理策展人郭希联合策划。虽然源自和借用了我们的展览题目，但策展理念和邀请的八位参展艺术家不同。或许这是策展人对我曾经做过的展览的一种重新解读和回应吧。

尤伦斯当代艺术中心“生存痕迹”展览海报

13 2000年6月底，当我在日本福冈亚洲美术馆作为“滞在研究者”驻馆时，突然获悉祝斌因飞机失事，不幸在武汉遇难，悲痛之情难以言表。现在，所求只能是我记忆中的存留罢了。

谨以此文，纪念我与祝斌之间交往的痕迹，以便可以时常触摸到他的存在。

冯博一和祝斌（右）

10. 巫鸿：《作品与展场——巫鸿论中国当代艺术》，广州：岭南美术出版社，2005年，第211页。

"生存痕迹"的痕迹
——关于"生存痕迹——'98中国当代艺术内部观摩展"的一种描述

冯博一

跨国文化交流总是乐于去发现对方的特异之处。在东、西方新的二元对立关系中，作为东方的中国似乎还是要扮演他者的特殊形象，才会引人注目，才会因为特殊而具有存在的理由和价值。而强势文化的西方艺术在我们打开国门之后，已呈长驱直入的难遏之势，并在中国本土寻找到相对程度的认同与接受，中国已变为一种后现代文化生产的资源，一种与西方文化相异的代码，并将会成为大规模文化生产与消费的一部分。因此，中国当代艺术从总的状态与趋向上考察，仍处在那种西方式的、被动的观看之中，处在一种"俯视"或"低视"的被选择之中。尽管中国当代艺术在西方频繁亮相，但其主办者及策划者由于在意识形态上的惯性和偏见，很难达到在相似与差异中与西方之间的真正沟通和平等的对话关系。由此导致了中国当代艺术家殚精竭虑地揣摩西方人的心理，塑造并展示所谓的"当代中国艺术的形象"。虽然中国当代本土的艺术家在自己的现时的地域空间中难以充分地展示，有其众所周知的原因，但也不可否认西方的"选妃"方式也是造成"中国当代艺术形象"

符号变异了的一种因素。鉴于此，策划并于1998年伊始举办的这一展览，其初衷就是希望中国的当代艺术在其居住地及生存空间进行“生存痕迹”的呈现与播散，在“仰视”的疲惫和惶恐中得到化解，生成确认出一种自为的、独立的、稳定的中国当代艺术形态。

以“生存痕迹”作为学术主题，主要考虑两方面的问题。其一，人的生存留下无数的痕迹，它们漫无边际地弥散于生存空间。从某种纯粹的意义上来说，艺术的存在方式就是人的精神痕迹的存在方式，时代性给予艺术以印痕。从艺术家的生存与创作中，我们可以看到他们各自的痕迹，痕迹的产生、装置、覆盖、遮蔽等等，表现的不是一种技艺，它导致的是一种艺术观念和艺术精神的呈现。一位严格意义上的艺术家正是通过其生存的痕迹、作品中的痕迹来进行人文关怀的探寻者。痕迹是相互指涉、相互映照的，痕迹的意义是在从一些痕迹到另一些痕迹的转化与播散的过程中得到表达，其所能够表达的意义也就有了多种可能性。其二，“生存痕迹”是一个比较宽泛的名词，个人以往的生活经历、生活经验，和与现实环境的关系，以及由此而萌生的趋势性文化潮流均可以概括其中。痕迹的多种可能性表达也为艺术家的创作提供了多种选择的通道。作为策划人我们不愿让参展艺术家限定在一个狭隘的思路中，以避免他们的表达受到某种抑制或约束。

在对艺术家的选择上，我们邀请了1990年代以来在利用各种媒介进行实验的、比较活跃亦相对成熟的11位艺术家参展。虽然出于经费的原因，在选择的范围上主要集中在北京地区，但他们仍具有一定代表性，即坚持对艺术的笃诚与敏锐，坚持创作中的文化意义、社会意义、艺术品格与利用多种媒介表达语言上的同步推进，并在中国当代艺术的转化过程中显示出较强的悟性能力和创造活力。他们在观念指向和语言方式上差异较大，但偏重于以观念切入日常生活，通过发现、置疑、阐述的不同立场和工作方式，一方面显示出中国当代实验性艺术的多元与综合的特征，构成了其现存状态的一个组成部分；另一方面在充分体现每位艺术家个人取向和风格的前提下，通过观念和语言的不同去揭示深层的、隐蔽的文化统一性与相对性，并为今后的交流提供了一个基本的、平等的对话语境。

由于中国当代实验性艺术在官方性的展览组织系统中，缺乏应有的位置，难以公开和相对不受限制地进行全面展示，因此，在展览场地的安排上，我们选择了地处北京东郊的一所私人的工厂车间和库房作为展览场地，试图将这一非正式的、非公开的场地有机地转化为实验艺术创作与展示的空间。通过城市与乡村的接合部，从地理概念的都市转移到乡村，从文化概念的中心转移至边缘。这既是中国当代实验艺术生存环境和现有状态的真实写照，又是对中国当代实验艺术家“就地创作”工作方式的某种认同与利用。而这种转移或转化也恰恰对应了中国当代社会可持续性发展及人们观念上处在一种急剧转型的变化状态——多种经济成分的共存及其造成不同生活方式的并列，导致中国社会价值标准和价值取向的多样化。场地的有限选择和利用，使参展艺术家的创作与周边地理的、人文的环境形成转化并达到相对协调、默契的对话关系，即游离于中心的城市之外，以边缘化的立场进行本土性的“就地创作”。

立足原生态的文化关注是这次展览作品总的创作倾向，所呈现的创作姿态是融入了艺术家对自我生存体验和状态的叙述，是艺术家经过对现实社会的某一层面的亲身体验和主观介入，并利用行为与装置的方式所创造的一种事实与虚构相结合的综合景观，这既表现出了1990年代中国社会经济和文化变迁所导致的生存与情感的当下状态，又是对“生存痕迹”这一学术主题的个人理解、认知和回应。

宋冬利用原工厂的职工食堂作为其作品的展示空间，用2400余斤的大白菜，渍了12大缸的酸菜——一种以往北方人在冬季的主要食物，并在墙面上绘记了渍酸菜的传统方法、过程和食用的图解及文字说明。食堂的窗内架放着一台录像机和电视机，播放着宋冬渍酸菜的行为过程。开幕时，他又亲手烹制几锅酸菜白肉，供观者品尝。大白菜在北方人的生活中，尤其是在作为北京人的宋冬心目中，有着特别的意味：它是中国计划经济和农业政策的直接产物。也许北京人不会忘记几年前认购大白菜是作为一种政治性的爱国行为。如今大白菜的产销已“平静到位”，但它在百姓日常生活和个人成长的经历中，随着时代的变迁打上了不同的烙印。当社会生活的意识形态通过“表象”进入艺术的装置之中时，作为表象的艺术很难与广泛意义上的“政治”截然分开。在顾德新的装置现场，看到的是白色的帷幕、红色的台布和挂在墙上类似于旗帜的红布，200多斤鲜活的猪脑和洒在其上的绛红色猪血；嗅到的是弥散于空气中的腥臭。它仿佛在揭示出我们曾经经历或正在经历的历史中的某一个阶段、某一种存在场景。这在场的压抑、恐惧与无奈中，抑或是一次有效的令人恶心的戏拟、调侃和无节制的亵渎。在展厅里，展望真实地模拟了一间学院式雕塑教学的车间，几十尊大大小小的石膏像摆放其中。这些令人熟悉的石膏模特，不禁使人联想起中国美术教育中的记忆片段。而观众在“只需五分钟让你享受大师的荣耀，创造大师的作品”的感召与诱惑下，通过实际的操作与介入，不仅抹平了观众与艺术家之间的界限，而且使这件题为《新艺术速成车间》的作品与被接受被纳入的观众之间有了无限扩展的可能。或许真正的在场并不存在，波普式的解构主流艺术才是永恒的目的。而这种解构的结果，似乎又总是笼罩在西方文化参照系的语境中，苦苦挣扎而又在劫难逃。同样是虚置现实，蔡青的《耕种》依照原始自然的耕种方式，以极为认真投入的姿态，颇为荒诞地将几百枚钱币，播散在被犁开的土地之上，“种子”物化为金钱，种植、生长的形态转化为人对金钱的贪婪的“本相”。他所热衷表现的其实就是当今社会中人人都在为之垂涎、奋斗的欲望，看似荒诞不经的行为，恰恰是当下生存状态的现实表达。与耕种收获有关的还有汪建伟的作品《膜》，他于1993年10月在川西平原实施了为期一年的《循环——种植》的工作，作为这一实验性作品的逻辑延续，他将收获的麦粒，用乳胶粘贴在接送观看这次展览的交通工具——中巴汽车的两侧玻璃上。当观者穿过城市，从农业部门口搭乘这辆带有汪建伟作品“痕迹”的中巴时，事实上就已经构成“循环——种植”的一部分。半透明的车窗，使观者对未知事物的要求有了一种虚幻的心理补偿，化解了太多的神秘感所造成的尴尬。由于在场的模糊和不可企及，人们只能在能指的扩散与延迟中寻找一时的意义与满足。这一方面从某种角度透视出中国当代艺术的现实处境；另一方面亦将实验的范围由知识结构拓展到社会环境、规则、行为等更为开放的空间。在汪建伟的作品由城市到乡村的线性穿行和展露的过程中，张德峰也利用城市与展览场地的路线，将从农业部至姚家园村北展览场地的6.4千米路线分割成11个路段，标出长度的标牌立于路旁。当观者沿着这一路线前来参观这个展览时，就已构成了张德峰作品《距离》的一部分，也就成为了城市与乡村、中心与边缘的一种“存在距离”，由此可以阐发出一种人文主义的忧虑——城市和乡村的距离，以及这种距离感的即将消失。

作为这次参展的两位女性艺术家，尹秀珍和林天苗的作品基本上是她们以往观念的延续。尹秀珍在为这次展览提供方案时，一再强调，路是真正行走的路，鞋是曾经穿过的旧鞋。路面的行迹与旧鞋的斑驳，构成了这一作品的协调一致。她间断地撬开路面的砖头，用水泥将旧鞋底朝上，镶嵌在路面之上，使日常行为中最常见的行走痕迹固定下来。重复和凝固生存的过程，同时也就是凝固了丧失的过程。丧失的是什么？它隐藏在生存的背面，当有意识地用装置来固定这种记忆时，丧失已经转移到意识的正面。生存的经历就是痛切的、一去不复返的丧失——对坚固地面的信赖。林天苗通过缠绕一个直径为2.5米的巨大线球，与挂在墙面上的绣花绷子上绣着的“没有什么好玩”的汉字，找寻到了女性在琐碎的日常性的生活中的特殊情趣和不厌其烦的感觉，并将自己的某种心绪凝结在重复、单调的手工劳作中。她将人生诸般烦恼转化为一种“缠绕与被缠绕”“纠缠与被纠缠”的状态，在“活着，却又无可奈何”的感叹中，她更意识到这个看似温和平静的女性化行为的背后，潜藏着难以名状的胁迫感和扩张力。

邱志杰借助考古学上的名称，将作品取名为《姚家园一号坑》。作品分为两部分：一部分在露天空场挖掘一个4米×5米×0.5米的“考古遗址”，文化断层里埋放着三台电视机，播放着事先录制好的录像片段。其中有不断开放的玫瑰花、天空和飞翔的鸽子、冰场滑冰的场面等；另一部分是将挖掘出来的物件——日常生活用品的残片摆放在类似博物馆的展柜里，伴随着邱志杰自己混录的音乐。这件集物性作品带有相当程度的隐喻成分。似乎通过作者的重新编码，在后现代语境之下，这已不是历史的真实还原，而是作者在给当今的文化断层重新定义。王功新将一间6米×3.5米×2.2米的房间，布置成放映室，白色的银幕前放养着一头活羊，一架投影仪正播放着作者在展览场地旁边一座堆积如山的垃圾场上牧羊，以及手执菜刀追杀活羊的场景过程。这段可供观赏和提供想象的录像记录，只不过是作者刻意营造的一段寓言和神话。人与自然的错位，导致的不是羊的不适应，而是人的不适应。是否喻示着人对自然的侵蚀和破坏，并被人化了的自然困扰与吞食？答案可以是多种多样的，但人与自然、人与自然物种的关系应该是不言而喻的。作为一名建筑师，张永和的作品在这次展览中显得不露声色，以至于当观众进入展厅时，无不穿行于他的作品之间，而又不被察觉。这件题为《推拉折叠平开门》的作品，是与展示环境结合得最为贴切的作品之一。作者通过奇特的设计、组构，使这扇既保持了门的通行实用功能，又富有设计上的智性品格。它满足了人们出入时的种种行为要求，同时又引起了穿行者过渡性的心理感受。或许还可以作为探索与交流的一个生动意向，因为人的生存状态、几乎一切纠缠，都可以归结到“门”的存在之上。

值得一提的还有，在这次展览的开幕现场，出现了两位从事“偶发行为艺术”的艺术家。一位叫刘枫华，他装扮成肩背冲锋枪、身着军装的雷锋形象。“克隆”的活雷锋穿行于展览现场，进行“助人为乐”的行为表演。他在他撰写打印的“特大号外”中宣称：“对道德日渐沦丧、精神日渐贬值的今天，文化克隆雷锋就成了当务之急，文化克隆雷锋旨在呼唤雷锋精神永放光芒。”另一位叫唐城，手执一把破伞，胸前挂着一块写有“家园是伞 举国环保”的招牌。虽然他们不在邀请的参展艺术家之列，他们的作品也是我们事先无从知晓而临时出现的，但他们在文化上的针对性也是显而易见的。

从这次内部观摩展所展示的作品来看，更多侧重于生活经历的自然流动的状态，以及重复在他们生存印象中的记忆痕迹，并与普通百姓的日常生活融为一体，在重新“铸造”生活的同时，观众参与、对话的过程转化为某种带有机智性的装置和行为。所表现的内容与题材是现在时态所发生的事物、现象或问题。首先，它表明了艺术家对传统虚拟模式的怀疑，因为现实已远非我们以往所概括的现实；其次，还反映出艺术家对传统的经验模式的关注，甚至偏倚，因为生存的现实经验是艺术家进行创作的最直接、最及时的素材。这里，艺术家对现实生存痕迹的自觉而富有成效的考察和体验，既超越了以往画家的创作定式，又消解了传统写实主义中的典型形象的塑造，而侧重于对层面化的生存状态的整体把握。同时，作品强调了作者个人的成长经历，但并非一味地要求作品的聚焦单一化。它们所提供的信息应该是充分的，就是说作品的组构和行为语言是以

“我”来实现的，“我”既是创作者又是被塑造者。这种开放性无疑会丰富艺术表现的内涵与外延。如果说这种亲历痕迹是强调艺术家外部的亲身经历，那么主观性则更多地体现了艺术家内心的主观感受和主动介入。他们所提出和强调的艺术家对社会、历史价值的承诺，艺术家作为主体以自主的积极态度和情感，对社会变革的状态进行深刻的观察和反思，这或许才是他们追求的终极目标。这种创作倾向，与1990年代中国商品经济大潮的兴起和普遍的政治冷漠，反映在人们生活态度中，变成艺术非政治化、日常琐事化，是相协调一致的。当艺术成为生活的直接复制、拼贴、装置时，艺术创作本身与生活的距离感从此消失，实验性艺术融入了大众的话语，而在其中又不失实验性的人文品格，它表述的是被正统的主流艺术所压抑或遗弃的“记忆载体”，从而把艺术从神圣而空虚的殿堂带回生存现实，为创作者和观者开辟出一个相对独立的空间。从中看到了艺术家与观者的生存痕迹，而这种痕迹，就是本土历史性活生生的体现。当然，这些作品的呈现，虽然使观者在参与或观看中获得了某种快感，甚至对自己的生存境遇的有限性不无朦胧地认同，然而这一切却过于依赖于特定的经验背景。也就是说，作者与接受者的心理沟通只有置身于同一个时空场中才能实现，一旦失去了这些不可替代的时空，文本就显得晦涩难懂。这也是中国当代艺术系统所面临和亟待解决的问题。

作为1998年国内第一个装置行为艺术展，如果它反映了中国当代实验性艺术的现在状况，呈现了存在和面临的问题，或者能预示出当代艺术未来的某种趋势性走向，并引起圈内有关人士的关注与思考，我们是否可以说，“生存痕迹——’98中国当代艺术内部观摩展”的策划与举办，具有某种可供借鉴的价值与意义呢？

（原刊载于《美术研究》，1998年，第3期）

3

不合作方式

2000

在上海，作为立场与态度的“不合作方式”外围展

1 2000 年夏季，我刚从日本福冈亚洲美术馆驻馆三个月回到北京，正在 Tom.com 网站的“美术同盟”频道兼职内容总监，之前合作过的一位艺术家去北京东二环的华润大厦办公室找我，开始了再次合作的机缘。

这位艺术家之所以又找到我，是因为“这次活动的想法始于 2000 年初，可以最早追溯到 1994 年编辑《黑皮书》的时候”。[1]

记得在“美术同盟”的办公室，他坏笑着对我说：“咱们趁上海双年展开幕的时候，做一个展览吧，再折腾一下他们！展览题目我都起好了，中文叫‘不合作方式’，英文叫‘Fuck Off’。”我说：“展览题目中、英文不一致，行吗？”他说：“那有什么不行，意思是一样的。”

“Fuck Off”按北京俚语的说法，就是“玩儿去！”

1. 冯博一、尤永等：《关于“不合作方式”的对话》，参见网址 http://www.artlinkart.com/cn/article/overview/0a0ewy。

2

2000 年 11 月 4 日—20 日，我和这位艺术家策划的“不合作方式”展览在上海苏州河畔的旧仓库举行。他为展览起的这个题目，有两个背景。

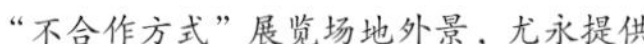

“不合作方式”展览场地外景，尤永提供

“不合作方式”展览场地外景，艺术家工作室提供

一是 2000 年 11 月 6 日第三届上海双年展“海上 · 上海：一种特殊的现代性”，在上海美术馆举办。这是上海双年展首次采用国际双年展的机制，邀请了活跃在国际当代艺术界的侯瀚如担任主策展人，这意味着上海的公立美术馆开始有限度地接受当代艺术，并在一定程度上承认了中国当代艺术的合法存在。有来自亚洲、大洋洲、欧洲、非洲、美洲的 18 个国家和地区的 67 名艺术家（36 位国内艺术家、31 位国外艺术家）的 305 件 / 组作品参展。包括当时活跃的国外艺术家马修 · 巴尼（Matthew Barney）、安塞姆 · 基弗（Anselm Kiefer）、李禹焕、威廉 · 肯特里奇（William Kentridge）、森万里子、宫岛达男等，还邀请了旅居海外的华人艺术家蔡国强、黄永砯、严培明，以及国内的梁绍基、方力钧、石冲、张培力、隋建国、展望、赵半狄等。

邀请国际策展人策展，以及将近半数的国外艺术家参展，应该说是当时国内最大规模、最具有“国际化”水准的双年展了。这当然是上海市的文化宣传策略，以显示“海派”文化传统和融合多元的开放姿态。

二是由于限制，中国当代艺术合法性一直没有被认可，导致了中国艺术家趋之若鹜地追随、迎合欧美当代艺术系统，特别是将“中国牌”“中国符号”作为卖点而融入所谓“国际化”的趋势。当时有一个现象，每当国外的策展人、美术馆、画廊主到中国考察时，国内艺术家，包括策展人都跑到他们下榻的酒店，拿着作品资料，等待和他们见面，希望能够参加在国外的展览。坊间的说法是，中国艺术家、策展人如同去医院“候诊、看病”一般。

艺术家洪浩和颜磊对这种现象做了一次“恶搞”。

1997 年，他俩分别化名“Eil Nay”和“Aoh Gnoh”（他们名字汉语拼音的倒写），以第十届德国卡塞尔文献展策展委员会之名，伪造了一百多封邀请函，托人从德国寄给当时的一些中国艺术家和策展人、评论家，还有他们自己。收到“邀请信”的这帮人，包括我，都为此兴奋不已，闹出了种种丑态而成为一时笑谈。他们的行为，狠狠地揶揄了一把中国当代艺术圈急功近利地走向“世界”的心态。

3 所以，“不合作”概念在那个时候，具有非常明确的现实针对性。

《艺术世界》记者尤永的采访写道：“‘不合作方式’是通过政治术语的抽象化来体现个体和权力的抗衡。我们关注的是这些具有独立精神的个体，如何通过个性化的语言来表达和体验属于个人的艺术存在方式。”[2]

关于“不合作方式”，我们在画册短文中做了如下表述：“艺术生存本身所具备的独立品格和批判精神”，并以一种强势且明确的姿态表明，“与任何权力话语系统的不合作是为永恒”。[3] 而我们在最初的展览方案中，也特别强调了这样的立场和态度：“不合作方式既是一种对当下现实基本生存状态做出的争取解放与自由的选择，也是对当下支离破碎的、充满功利色彩的艺术生态环境

---

2. 冯博一、尤永等：《关于“不合作方式”的对话》，参见网址 http://www.artlinkart.com/cn/article/overview/0a0ewy。
3. 冯博一等：《关于不合作方式》，《不合作方式》，2000 年，第 8 页。

的一种态度，具有排他性和疏离性的倾向。如：权力体系、时尚潮流、东西对话、异国情调、艺术市场、后现代、后殖民等诸如此类的时髦话语，以及对其迎合与依附的心态。”

冯博一起草的“不合作方式”展览策划方案

在筹备之初，我们还针对中国艺术界的媚俗现象和展览套路，规定了一些基本原则。我在2000年9月起草的“关于‘不合作方式’活动的策划方案”中，明确提出“在这次活动中，艺术家及作品，不存有世俗上的被挑选、被展示、被接受的希冀，也不存有某种规定性的限制和被谅解的祈求。对于受众来说，我们怀疑在这次活动中观者存在的必要性，以及在‘看’与‘被看’过程中的不同反应。因为我们认为参与者及他们的‘作品’不是被选择、认同、评判的对象，所以，我们不向观者发出邀请，不举行任

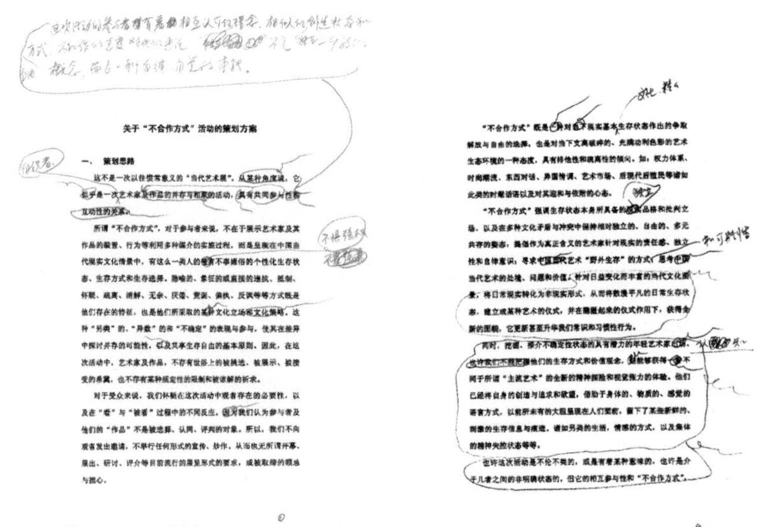

关于“不合作方式”活动的策划方案

一、 策划思路

这不是一次以往惯常意义的“当代艺术展”。从某种角度说，它似乎是一次艺术家及作品的并存与相聚的活动，具有共同参与性和互动性的关系。

所谓“不合作方式”，对于参与者来说，不在于展示艺术家及其作品的装置、行为等利用多种媒介的实施过程，而是呈现在中国当代现实文化情景中，有这么一类人的持有不事媚俗的个性化生存状态、生存方式和生存选择，隐喻的、象征的或直接的逃抗、抵制、怀疑、疏离、消解、无奈、厌倦、荒诞、偏执、反讽等等方式既是他们存在的特征，也是他们所采取的某种文化立场和文化策略。这种“另类”的、“异数”的和“不确定”的表现与参与，使其在差异中探讨并存的可能性，以及共享生存自由的基本原则。因此，在这次活动中，艺术家及作品，不存有世俗上的被挑选、被展示、被接受的希冀，也不存有某种规定性的限制和被谅解的祈求。

对于受众来说，我们怀疑在这次活动中观者存在的必要性，以及在“看”与“被看”过程中的不同反应。因为我们认为参与者及他们的“作品”不是被选择、认同、评判的对象。所以，我们不向观者发出邀请，不举行任何形式的宣传、炒作，从而也无所谓开幕、展出、研讨、评介等目前流行的展览形式的要求，或被取缔的顾虑与担心。

“不合作方式”既是一种对当下现实基本生存状态作出的争取解放与自由的选择，也是对当下支离破碎的、充满动荡色彩的艺术生态环境的一种态度，具有排他性和疏离性的倾向。如：权力体系、时尚潮流、东西对话、异国情调、艺术市场、后现代后殖民等诸如此类的时髦话语以及对其迎和与依附的心态。

“不合作方式”强调生存状态本身所具备的独立品格和批判立场，以及在多种文化矛盾与冲突中保持相对独立的、自由的、多元共存的姿态；提倡作为真正含义的艺术家针对现实的责任感、独立性和自律意识；寻求中国当代艺术“野外生存”的方式，思考中国当代艺术的处境、问题和价值；针对日益变化而丰富的当代文化现象，将日常现实转化为非现实形式，从而将散漫平凡的日常生存状态，建立成某种艺术的仪式，并在隆重起来的仪式作用下，获得全新的面貌，它更新甚至升华我们常识和习惯性行为。

同时，挖掘、推介不确定性状态的具有潜力的年轻艺术家群体，也许我们不能把握他们的生存方式和价值观念，但能够获得一些不同于所谓“主流艺术”的全新的精神探险和视觉张力的体验。他们已经将自身的创造与追求和欲望，借助于身体的、物质的、感觉的语言方式，以前所未有的大胆呈现在人们面前，留下了某些新鲜的、刺激的生存信息与痕迹，诸如另类的生活，情感的方式，以及集体的精神失控状态等等。

也许这次活动是不伦不类的，或是有着某种意味的，也许是介于几者之间的非明确状态的，但它的相互参与性和“不合作方式”。

“不合作方式”展览的策划方案

何形式的宣传、炒作。从而也无所谓开幕、展出、研讨、评介等目前流行的展览形式的要求，或被取缔的顾忌与担心。”“不合作”的反叛和抵抗姿态，由此可见一斑。

巫鸿在《2000年上海双年展：一个“历史事件”的缔造》一文中，对这次展览的评价是：“策展人拒绝把这个展览看成是外围或边缘的行动，而是强调不合作方式所代表的中国当代艺术中的另类身份，和它在这一历史时刻挑战权力话语中起的关键作用。与之相对应的是双年展则构成了同化和庸俗化的威胁：“实验艺术家收集这种官方装点门面的展览只会摧毁这些艺术家的实验精神。因而他和冯博一对这次官方展览的拒绝，也暗示着他们对一般性的改良主义观点的拒绝。”[4]

4

“不合作方式”展览是我们和上海“东廊艺术”画廊的老板李檪一起合作的。李檪是上海做画廊的第一拨人，1999年10月在上海成立了“东廊艺术”画廊。李檪当时正好租用了一座建于1920年代苏州河畔船运码头的旧仓库，打算把画廊迁过来，希望届时能策划一个开业展。双方一拍即合，“不合作方式”的展览项目和场地就这样确定了。

“不合作方式”展览开幕现场，丁乙工作室提供

展览场地面积共有2000平方米左右，坐落在上海西苏州路1133号的一、二层。挨着“东廊艺术”空间的是上海艺术家丁乙的工作室，他那时也刚刚装修完。布展时，我们发现空间不够用了，丁乙慷慨地将一墙之隔的一扇门直接打开，他新建成的工作

4. 巫鸿：《作品与展场——巫鸿论中国当代艺术》，广州：岭南美术出版社，2005年，第226页。

左起：冯博一、丁乙、朱冥在布展现场，丁乙工作室提供

“不合作方式”展览开幕当天的上海苏州河畔，艺术家工作室提供

室就成为展厅的一部分。我们又临时租用了一层旁边的库房，花了三天三夜收拾和简单装修出来作为展厅。

出了展厅是一条不宽的马路，对面紧挨着苏州河边的堤墙。开幕时，人流如织，许多人看完展览都沿墙倚靠着抽烟、聊天。

“不合作方式”展览的费用，已不像1994年初我们编辑《黑皮书》时那么拮据了。费用都是筹措的，到底花了多少钱，我至今也不知道。只是我们在起草展览方案时，规定了“为保证这次活动的顺利进行，我们将为每位参与者提供赴上海的往返路费（火车硬卧标准），住宿自行解决。装置、行为等作品需要艺术家亲临现场安装和制作。原则上不提供作品的材料及制作经费，但将根据参与者作品方案的具体情况，在经费上给予适当的资助”。

5 我们是以策展人身份参与这次展览，还专门搭了一个工作班子，主要由那时的一些参展艺术家组成。杨志超、何云昌、陈运泉、朱冥、冯卫东、孟煌、黄磊等，分别负责联络、运输、布展等具体工作。大家有条不紊地分工协作，很有效率。

与我合作策展的这位艺术家看似大大咧咧的北京顽主做派，其实是一位思维清晰、逻辑缜密、行动果敢之人。画如其人，好像也是品评艺术家的揆度常理之言，但世上偏有常理难揆之事。我与他开始熟络之后，很难把他与他的作品、行为方式统一起来。

单看表面，一副落拓不羁、不修边幅的神气，腆着个早凸的肚子，有点横着走路。但他的作品却是严谨、精制、霸气，纯粹中不乏黑色幽默，全然不是那一副玩世不恭的样子。再看看他那些年的言论、行为方式，可以窥见在他那大大咧咧外表下掩藏着的是一个执着、负重的灵魂和反思历史、观照现实的意识，浸透了他们那一代人梦想与追求历程的荒诞和扭曲。而他本身就是一位很“酷”的非纨绔之人。画不如其人，其人就是一北京老顽主。[5]

在上海的艺术家丁乙，全程帮助了展览的实施。徐震、宋涛、陈浩、郑继舜等刚崭露头角，他们的状态和作品很受我们青睐，不仅邀请他们参展，在落地布展期间，因为我们对上海不太熟悉，许多具体的细节工作，也都是他们协助来完成的。

讨论布展方案，左起：朱冥、杨志超、陈运泉、何云昌、黄磊、丁乙、冯博一、尤永等，尤永提供

6 画册的编辑和设计是在北京左家庄附近的一家公司办公室进行的，连续几个通宵完成。记得夜宵是叫的外卖，必胜客的比萨。

展览的文章是我根据合作策展艺术家的想法和在策划方案基础上起草的，经他和他弟弟修改而成。他的弟弟是作家、古玩鉴赏家，还是京城饭局“老炮儿”，也是一位神人。

画册扉页上有一张跨页、满版出血的艺术家“合影”。这么多参展艺术家和策展人不可能集中拍合影，在北京的艺术家，分别到工作室的院内拍照；我和宋冬等的合影，由艺术家白宜洛帮助拍摄；其他外地的艺术家，则由艺术家自己提供照片，然后在电脑上拼版而成。合作策展艺术家提供的是他 1980 年代在纽约的一

5. 冯博一：《品头论足》，《画廊》，2007 年，第 6 期。

参展艺术家合影

“不合作方式”展览画册封面

幅照片，一般人都看不出来。

我请中国艺术研究院美术研究所的华天雪协助画册的编辑工作；英文翻译还是钱志坚，仍以“野水”为笔名，那时，他已旅居美国。设计是以“发课（Fa Ke）”公司的名义进行的，延续了《黑皮书》的风格样式。

据合作策展艺术家后来讲，画册是他在浙江金华老家找的一家乡镇印刷厂印刷的，花费了十几万元，共印了3000本，在开幕前直接运到了上海展场。为了避免额外的麻烦，印刷一完成，所有的制版全部销毁，有种“阅后即焚”的神秘感。

7

“不合作方式”展览是一种对当代艺术态度和立场的表白，在挑选艺术家时，体现得比较明确。

邀请艺术家的过程，主要是在合作策展艺术家草场地工作室进行的。我推荐了宋冬、尹秀珍、秦玉芬等，他却说：“这些艺术家已经很有名了，不是我们展览邀请的对象，除非有特别合适的作品。”宋冬1999年正好做了一件和上海有关的影像作品《砸碎镜子》，又为“不合作方式”专门创作了有声录像作品《揉上海》，所以只邀请了宋冬参展。为此，我们又增加了一条规定：“老艺术家参展，必须是新作。”记得宋冬的作品是在一个存放杂物的空间中悬挂一张宣纸，他将《揉上海》的图像投影在上面，而被投射在宣纸上的是被他揉皱攥在手中的上海的街道和生活景象，瞬间就烟消云散了。旧仓库历史痕迹与杂物间的凌乱，使《揉上海》平添了空间环境的附加值，特别吻合我们展览的调性。

艺术家海波因为创作了《他们》系列摄影作品，受到较多的关注。我们和侯瀚如同时邀请他参展。合作策展艺术家当着我的面，明确地跟海波说："如果你要参加上海双年展，那就别参加'不合作方式'展，只能二选一"。海波露出了为难的尴尬表情，狡黠地说："那我考虑一下吧"。最终，海波还是参加了上海双年展。

我邀请了耿建翌，他拒绝了。后来有一次在上海见到他，他说："幸亏我没有参加你们的'不合作方式'展览！"个中原因，他没说，我也没问。相视一笑而已。可能这个展览不是他的菜，或他不认同我们展览的概念。

8

48位参展艺术家构成的"不合作方式"展览，或是揭露批判，或是质疑反讽，或是鄙弃现实主义，或是诟病艺术的商业成功。在处境维艰的边缘状态中，始终强化题材的尖锐性与形式的极端性，并以令人眼花缭乱，甚至瞠目结舌的方式给予表现。其目的就是希望中国的前卫艺术在与本土艺术体制和与西方艺术系统的主流及体制话语的"不合作"立场中，生成并确认出一种自为的、独立的中国当代艺术形态。

参展的艺术家及作品，大致分为几类。

一类是栗宪庭命名的"对伤害的迷恋"的"五毒"艺术家作品，当时他们最受关注与争议的作品有：朱昱的《食人》，孙原&彭禹的《连体》《人油》，琴嘎的《药浴》，萧昱的*ruan*，杨志超的《烙》，杨福东的《第一个知识分子》，何岸的《关于时尚的十五个理由》系列摄影，黄磊的《无题》，陈羚羊的《卷轴》，上海艺术家宋涛、陈浩、郑继舜的《嘀嗒嘀嗒，嘀嗒嘀嗒》等。此外，还有2000年1月刚刚自杀身亡的张盛泉（大同大张）的系列行为作品图片。

其中，最神秘的作品是朱昱的《食人》。记录行为的图片，原计划是要展出的，朱昱也将作品放在一个手提箱中，从北京坐火车拿到了展场。但最后我们还是没敢展出，只是在画册的最后一页，刊登了他的一组相关照片。我们既不能把装着作品的箱子放在展厅，也不敢放在李樑的画廊里，只好一直放在丁乙的切诺基吉普车的后备厢里，他天天开车在大上海到处溜达。展览开幕后，朱昱又悄悄地把这件作品带回了北京。

朱昱后来在一次采访时表示，他并没有真正吃，只是摆拍了一下。他说："事件是假的，我是后来才公布的。我并没有真的吃。当初网络正好开始兴起，我就想把这件事放在网络上，想看看大家对这件事的反应。但我并不知道后果会是怎样，我只是做一个实验。"[6] 但我们，以及艺术圈内很多人都相信他是真的吃了，而他当时并没有做出如后来这样的解释或说明，哪怕是一点点暗示。否则这件作品也就缺失了关于艺术伦理底线的强烈争议的意义。也许这是朱昱事后多年认知的变化，也许是现在的"自我虚构"，而并不一定都是他那时的预谋。

第二类是专门为这次展览现场创作的行为艺术作品，如杨志超、何云昌、朱冥、王楚禹等。

开幕当天，杨志超请了一位外科医生，在不打麻药的情况下，在左后背处"种植"一簇青草。为了不出声，他紧咬着一条纱布。我记得现场极其静穆，只能听见窸窸窣窣的人群走动声和医疗器械发出的碰撞声，还有杨志超偶尔发出沉闷的哼哼……王楚禹的作品是在展厅搭建了一处阁楼，他开幕前就上去了，连续三天不吃不喝，不下楼，有一部监控视频供参观者窥视他的一举一动。

---

6. 《一场疯狂的戏，而不是一个疯狂的人——朱昱采访录》，《面对面》，第 10 期（让我们疯狂吧！/Soyons fous!），法国艾克斯 - 普罗旺斯：Rouge Profond 出版社，2019 年，第 30—52 页。

三天之后他被扶下楼，人都虚脱了。顾德新的作品是将一堆生猪肉缝合在红色的皮沙发里面，不露声色地潜隐着腐烂的气息，而观众还经常坐在沙发上感受金灿灿的红色。而何云昌则在苏州河里忙着淘水，如同西西弗斯；朱冥自制一个直径 2 米的密封的透明球囊，光着身子钻进去，球在苏州河上漂浮，他在里面行走，待氧气耗光，球也就漂到了河岸。行为过程中，因为技术问题，他差点窒息。这些作品都是现场创作的，来不及收录到画册中。

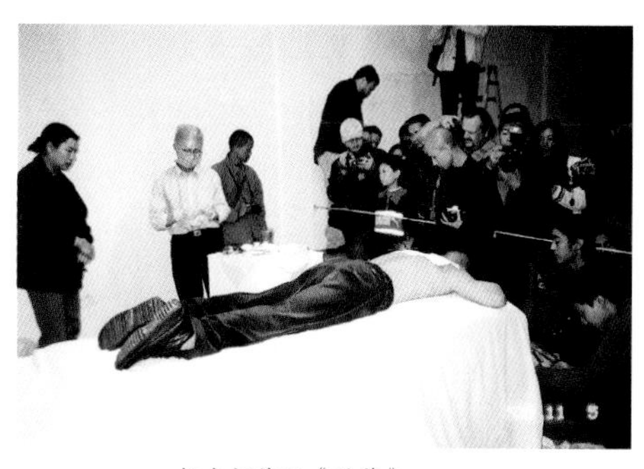

杨志超作品《种草》

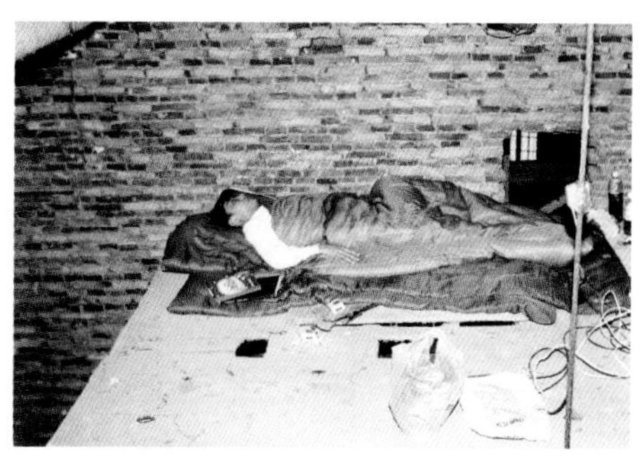

王楚禹作品《我的梦》，王楚禹提供

顾德新装置作品《2000.11.4》

朱冥行为作品《2000 年 11 月 4 日》，朱冥提供

除此之外，还包括当时一些已经很活跃的艺术家，如荣荣、曹斐、路青、黄岩、陈劭雄、林一林、张大力、杨振忠、杨茂源、郑国谷等。也有一些创作绘画类作品的艺术家，如丁乙、王兴伟、王音、孟煌等。

9

李志旺是合作策展艺术家推荐的云南艺术家，他兴奋地介绍说：“李志旺在云南安宁监狱工作，画了一批犯人蹲小号时的油画作品，特有意思。”还神秘地告诉我，艺术家荣荣发现了原来邻居搬家后丢弃在垃圾桶的一些已经被剪碎了的底片，都是裸体的相片儿，冲洗后的碎片可以作为作品参展。

合作策展艺术家的作品也是新作，一件是将法国摄影家布列松（Henri Captier-Bresson）1948 年底在上海拍摄的抢购黄金风潮的老照片直接复制放大并挂到墙上，取名 *F.U.C.K*，并印刷了几千张，垛成了一摞，观众可以随意拿取；另一件是把他创办的“发课公司”的 Logo，做成霓虹灯，在一层展厅中，散发着幽微的红蓝光影。

作品 *F.U.C.K*，丁乙工作室提供

艺术家颜磊没有参加“不合作方式”展览，他参加的是顾振清策划的外围展“日常与异常”。开幕之际，他拿了一堆旧衣服在“不合作方式”展览的现场进行吆喝、兜售，延续他一贯“搅局”的方式。后来，有一段时间，他天天在草场地的工作室泡着。

其实“不合作方式”展览，更多的是对 1990 年代中期以来实验性艺术某些方面的一个总结，尤其是汇集了 1990 年代末中国当代艺术生态中比较极端的艺术家创作，并非都是专为展览的新作品。但展览的有效性影响和作用，正如合作策展艺术家所言：“文化要通过文化事件来体现，展览是视觉艺术自身体现的重要方式。我们提供了一个平台，把问题呈现出来。”[7] 这就足以和上海双年展进行直接地抗衡了，也成为当时众多“外围展”的代表。

如今，参展艺术家中，彭东会、陈劭雄、靳勒、黄磊已经病逝，冯卫东出家，顾德新早已不做艺术了……

10

我作为策展人之一，到现在都不太明白为什么“不合作方式”展览会有那么大的影响。因为当时形形色色的“外围展”有十四个之多，参展艺术家人数有一百多位。栗宪庭、顾振清等都策划了规模较大的外围展。

但有一个基本的事实是，中国当代艺术的实践，首先从艺术家基于民间立场的个体创作开始，一方面说明了中国当代艺术从“农村包围城市”的渗透与扩延过程；另一方面也标志着中国改革开放的逐渐深化和文化全球化的蔓延。民间空间日渐扩大，使以边缘艺术家为主体的群落，在一定的社会条件下，按自己的愿望去生存和从事艺术创作成为了可能，这些艺术家改变自身命运的激情和对于新生活的渴望，显示了来自民间的中国当代艺术的活力。

由于种种制约，这种“实验”的开放程度有限，其根本问题在于艺术生产，特别是当代艺术创作的文化在民间的自发、自治、自主与自由，并没有真正的机制保障。所以，实验艺术与艺术实验仍然在路上，而和环境的相互博弈，已然成为具有开创性、批判性与建设性的艺术“实验”了，其意

左起：冯博一、舟越桂、宫岛达男、蔡国强在“不合作方式”展览现场

7. 冯博一、尤永等：《关于“不合作方式”的对话》，参见网址 http://www.artlinkart.com/cn/article/overview/0a0ewy。

义在于见证了中国历史的现代转型和确认了当代艺术身份合法的逐渐转变。

11 由于“不合作方式”展览内容让上海双年展组委会等机构大为恼火。开幕后，我们已经陆续返回北京，不知道展览的具体情况。据后来丁乙跟我讲，展览期间，上海《新民晚报》的一位记者看了展览，并写了一份报告，引起了有关部门的注意，几次到展厅查看。最后将杨福东、徐坦、何岸、张盛泉（大同大张）的作品撤下，并责令整顿。展览被迫关闭了三天，之后才又重新开放。

丁乙作品《一立方米》，丁乙工作室提供

在上海双年展期间，以“不合作方式”展为代表的一些外围展，直接引发了上级有关部门的关注。中国作家协会主办的《文艺报》刊登了署名“杨蛊”的文章《以艺术的名义：中国前卫艺术的穷途末路》。[8]其中，文章附有朱昱、孙原、彭禹、杨志超、徐震、何岸、宋涛、陈浩、郑继舜的作品图，图片都是从“不合作方式”展览画册中翻拍的。

8. 见《文艺报》，2001年1月18日，“艺术周刊”版。

《文艺报》从2001年2月8日起，特约“杨蛊”在“艺术周刊”开设和主持专题讨论栏目，展开了“‘中国前卫艺术的穷途末路’讨论”，先后发表了五篇文章。[9] 4月，一些专业的美术刊物也开始关注对行为艺术极端表现的批评，《美术观察》转载《文艺报》“杨蛊”的文章；中国美协的《美术》杂志开设专题“关于‘行为艺术’的讨论”，发表了陈履生、邵大箴、张晓凌、陈永锵、史国良、李维世、王洪义、朱青生的文章，并加发了“编者按”。[10]“编者按”中点名批评了北京大学教授朱青生所持的态度“未免傲慢，缺乏尊重他人的起码礼貌”，2001年《美术》杂志第六期又发表了两篇批评朱青生的文章。《美术》由对行为艺术极端表现的批评，转向了对表现不同看法的批评，在美术界一时成为焦点。[11] 我为此以“千梓”的笔名，专门写了一篇文章《在边缘中站立》，与他们商榷。[12]

12 因此，以“不合作方式”展为代表的外围展是上海双年展主办方始料未及的，导致了在2002年第四届上海双年展开幕之前，组委会在上海的主要报纸上刊登“律师授权声明”，阻止和严禁其他机构在上海双年展期间举办“外围展”。

尽管如此，中国的行为艺术活动并未就此停歇。如2001年8月16日，由陈进、舒阳、朱冥共同策划举办的第二届“Open国际行为艺术节”，先后在四川的彭山、乐山和成都举行；12月22日，由相西石、费晓胜、岳路平策划的“西安当代艺术开放展”，在西安东阳市小学举行；12月12日，在黄专等策划的“第四届深圳当代雕塑艺术展：被移植的现场”中，顾德新将10吨苹果倾倒在深圳华侨城生态广场的水池中，任其腐烂。

9. 见《文艺报》，2001年1月18日和2月15日的“艺术周刊”版。
10. 陈履生：《走火入魔的前卫艺术》，《美术》，2001年，第4期。
11. 陈履生：《2001年美术大事述评》，《文艺报》，2002年2月7日。
12. 千梓：《在边缘中站立》，《文艺报》，2001年2月8日。

顾德新作品《2001 年 12 月 12 日》

13 因为“不合作方式”展览，我们和上海双年展及有关机构算是结下了梁子。

2012 年，在何香凝美术馆建馆 15 周年的展览活动上，我见到了当时担任上海美术馆执行馆长的李向阳。他一见面就说：“哎呀，你就是冯博一啊，‘不合作方式’展览可把我们折腾惨了！”因为当时他最直接地承受了各种压力。我一笑，说：“不好意思，添麻烦了。”其实，那时，我们已经又开始在荷兰格罗宁根美术馆筹划“不合作方式 2”的展览了。

关于“不合作方式”

这是一本在“不合作方式”展览中整理出来的中国当代艺术创作现状的文献。

“不合作方式”是由组织者、艺术家共同认同和参与的活动。在今天的艺术活动中，“另类”完成着对权力话语和大众传统的修正和批判，以不合作、不妥协的方式更为自觉、自律地抵制着同化和平庸的威胁。不惧强权、不事媚俗的文化立场，独立的个人经验、感受及创作行为延伸着艺术对精神自由这一亘古概念的追求和渴望。由此而生的文化立场具有鲜明的排他性和疏离倾向，针对文化权力、艺术机制、时尚潮流、东西对话、异国情调、后现代、后殖民，诸如此类。

“不合作方式”强调艺术生存本身所具备的独立品格和批判立场，以及在多种矛盾与冲突中保持独立、自由与多元的姿态；倡导艺术家的责任和自律；寻求艺术“野生”的方式和其他可能性；思考中国当代文化的处境问题。

隐喻或直接的质疑、抵制、疏离、消解、承受、厌倦、偏执、荒诞、反讽、自娱等方式，是文化亦是存在的特征。在此，艺术家以前所未有的坦率和智慧呈现于世，留下了新鲜、刺激的生存信息与痕迹。

在这次活动中，参与者及作品，不是被挑选、认同或评判的对象，也没有被谅解的祈求。我们怀疑观者存在的必要性。集体的认同与内部的差异得到了尊重和鼓励。

在场的模糊、含混与不确定性，使人们只能在扩散与迟延中寻求意义与满足，或许真正的在场并不存在，而与任何权力话语系统的不合作的姿态是为永恒。

冯博一等

2000 年 10 月

（原文刊载于《不合作方式》，2000 年，第 8 页）

关于“不合作方式”展览的策划方案

一、展览简介

这不是一次以往惯常意义的“当代艺术展”。从某种角度说，它似乎是一次艺术家及作品的并存与相聚的活动，具有共同参与性和互动性的关系。

所谓“不合作方式”，对于参与者来说，不在于展示艺术家及其作品的装置、行为等利用多种媒介的实施过程，而是呈现在中国当代现实文化情景中，有这么一类人带有不事媚俗的个性化生存状态、生存方式和生存选择。隐喻的、象征的或直接的违抗、抵制、怀疑、疏离、消解、无奈、厌倦、荒诞、偏执、反讽等方式既是他们存在的特征，也是他们所采取的某种文化立场和文化策略。这种“另类”的、“异数”的和“不确定”的表现与参与，使其在差异中探讨并存的可能性，以及共享生存自由的基本原则。因此，在这次活动中，艺术家及作品，不存有世俗上的被挑选、被展示、被接受的希冀，也不存有某种规定性的限制和被谅解的祈求。

对于受众来说，我们怀疑在这次活动中观者存在的必要性，以及在“看”与“被看”过程中的不同反应。因为我们认为参与者及他们的“作品”不是被选择、认同、评判的对象，所以，我们不向观者发出邀请，不举行任何形式的宣传、炒作。从而也无所谓开幕、展出、研讨、评介等目前流行的展览形式的要求，或被取缔的顾忌与担心。

“不合作方式”既是一种对当下现实基本生存状态做出的争取解放与自由的选择，也是对当下支离破碎的、充满功利色彩的艺术生态环境的一种态度，具有排他性和疏离性的倾向。如：权力体系、时尚潮流、东西对话、异国情调、艺术市场、后现代后殖民等诸如此类的时髦话语，以及对其迎合与依附的心态。

“不合作方式”强调生存状态本身所具备的现实品格和批判立场，以及在多种文化矛盾与冲突中保持相对独立的、自由的、多元共存的姿态；提倡作为真正含义的艺术家针对现实的责任感、独立性和自律意识；寻求中国当代艺术“野外生存”的方式；思考中国当代艺术的处境、问题和价值。针对日益变化而丰富的当代文化图景，将日常现实转化为非现实形式，从而将散漫平凡的日常生存状态，建立成某种艺术的仪式，并在隐匿起来的仪式作用下，获得全新的面貌，它更新，甚至升华为我们的常识和习惯性行为。

同时，挖掘、推介不确定性状态的、具有潜力的年轻艺术家出场。也许我们不能把握他们的生存方式和价值观念，但能够获得一种不同于所谓“主流艺术”的全新的精神探险和视觉张力的体验。他们已经将自身的创造与追求和欲望，借助于身体的、物质的、感觉的语言方式，以前所未有的大胆呈现在人们面前，留下了某些新鲜的、刺激的生存信息与痕迹，诸如另类的生活、情感的方式，以及集体的精神失控状态等。

也许这次活动是不伦不类的，或是有着某种意味的，也许是介于几者之间的非明确的状态。但它的相互参与性和“不合作方式”，抑或为我们习惯了的东西提供了新的可能。

二、活动内容

1. 策划：冯博一等

2. 名称：“不合作方式”

3. 时间：2000年11月4日至11月20日

4. 地点：上海

5. 参与艺术家名单：

对应邀参与的艺术家及作品选择的基本标准在于：艺术家的存在状态及作品呈现方式有着某种“不合作”的意味。注重观念性、个人化的情之所至的表达。

曹斐、陈羚羊、陈劭雄、陈运泉、丁乙、冯卫东、顾德新、何岸、何云昌、黄磊、黄岩、靳勒、李文、李志旺、梁玥、梁越、林一林、陆春生、路青、孟煌、彭东会、琴嘎、荣荣、宋冬、宋涛、陈浩、郑继舜、孙原、彭禹、王兵、王楚禹、王兴伟、王音、乌尔善、萧昱、徐坦、徐震、杨福东、杨茂源、杨振忠、杨志超、杨勇、张大力、张盛泉（大同大张）、郑国谷 朱冥、朱昱等。

6. 方式：

（1）此次活动由策划人负责筹集资金、活动组织、联络与协调，以及资料的收集、整理及画册的编辑、出版。

（2）活动场地分为室内、室外。室内以装置、摄影、录像作品为主；室外以行为为主。作品的位置安排将按策划的统一要求布置，在考虑到每位参与者作品特点的前提下，注重室内外及地域环境的有机结合。

7. 要求：

每位参与者的作品为一件，媒材、方式、手法均无限定，换句话说是“怎么弄都行”。在适当考虑能够顺利实施的情况下，需提供新的方案、新的作品。曾经公开展出或发表的作品，将在相关的画册中以资料的方式出现。亦请考虑作品的运输、布展方便等条件因素。

8. 画册：

（1）名称：《不合作方式》

（2）内容：（a）策划人札记；（b）相关文章；（c）参与者艺术简历及工作照；（d）代表作资料和新作及实施过程照片；（e）此次活动的跟踪性资料图片。

（3）开本：12开（260×250mm），黑白两色印刷，印数1000册。

（4）设计：朴素、大方、单纯。

（5）出版发行：2000年12月。

三、筹备工作日程

1. 9月底前，确定活动策划方案；确定参与艺术家人选；寄发邀请函。

2. 10月10日前，参与艺术家提供作品方案、代表作资料及简历、肖像照。

3. 10月10日—10月25日前，整理资料，编辑画册。

4. 10月25日—11月4日，画册设计。

5. 11月5日—11月10日，补充画册内容，付梓印刷，11月底前印刷装订完成。

6. 10月25日—11月4日，参与者运送、实施、装置作品，11月5日活动正式开始。

四、经费提供

为保证这次活动的顺利进行，我们将为每位参与者提供赴上海的往返路费（火车硬卧标准），住宿自行解决。原则上不提供作品的材料及制作经费，但将根据参与者作品方案的具体情况，在经费上给予适当的资助。

未尽事项，再做补充。

策划人：冯博一等

起草：冯博一

2000 年 9 月

4

知识就是力量

2001

NEW WEEK ART KNOWLEDGE IS POWER

主办单位

协办单位

直面当代艺术

● 知识就是力量 ● 第一届新艺术活动周

北京图书大厦

NEW ART WEEK KNOWLEDGE IS POWER

恭贺2002年

2001.12.29（星期六）上午10:30隆重开幕

新年大吉

□ 解释权归北京图书大厦企划部／66078465 82389107

"知识就是力量"展览海报

一次失败的展览
——北京图书大厦“知识就是力量”展览的前因后果

1

2001年12月29日—2002年1月5日，我在北京图书大厦策划了一个题为“知识就是力量”的当代艺术展览。这是一处非展览空间，有着典型的公共空间属性。在北京最大的书店里策划一场当代艺术展览，对我来说，既兴奋又忐忑！

这个展览项目是由旅居南美洲玻利维亚的艺术家李铁军张罗的。他1999年从玻利维亚回国后，创办了北京新亚现代艺术学院，并自任院长。我忘记是哪位艺术家引荐的，2001年11月初，李铁军找到我，希望我能在他12月底筹办的“北京图书大厦新艺术周活动”中，与他一起策划一档当代艺术展览。“新艺术周活动”还有拉丁美洲面具展、摄影图片展和知名学者签名售书等系列活动。

因为是李铁军的关系，艺术展的主要经费，包括给每位参展艺术家500元的材料费，都是他自掏腰包，所以策展人挂的是李铁军的名。我拉上中国艺术研究院美术研究所的华天雪，以“艺术主持”的身份参与其中。

实际上，李铁军回国不久，对国内艺术圈不太熟悉，没有什么策展经验和艺术家资源，所以他希望和我联手。从策展方案、挑选艺术家到布展等展览细节过程，在短短两个月的筹备之中，基本上都是我一手策划和操办的。

2　北京图书大厦是北京市新闻出版局直接领导下的国有大型图书零售企业，位于北京西单文化广场东侧的长安街边上，新华书店的下属机构。考察场地时，据时任北京图书大厦企划部梁胜春经理的介绍，北京图书大厦于1998年正式营业，经营面积16000平方米。经销的图书28万种、音像及电子出版物3万余种。每天约有四五万的客流量……它既是北京最大的零售销售书店，也担当了部分图书馆的职能，成为当时国内各大出版社最理想的图书销售、批发“试水”的场所。

坐落在西单的北京图书大厦外景

梁胜春经理是一位有理想、有能力之人，开业以来，他策划了一系列的营销推广项目。[1] 试图打破书店与读者单一的买卖关系，以回馈读者的多种方式，增强北京图书大厦在读者心目中的地位。尽管这些活动是以提升企业文化形象与活力，以更有效地销售图书为目的，但我仍然欣慰于在北京有这样一个国营书店关注和接纳中国当代艺术。

3　1990年代以来，国内的美术馆等艺术机构是不认可、不接受前卫艺术或实验艺术的，大部分当代艺术展览只能在地下、半地下进行。这里所说的“地下”展览是

1. 参看梁胜春:《北京图书大厦如何策划营销推广活动》,《出版发行研究》，2003年，第4期。

指那些如城乡接合部的工厂仓库、车间，艺术家的住宅、工作室，社区公寓的地下室、酒吧、公园以及一些外国驻北京的使馆等非展览空间，包括我和蔡青在公司仓库策划的“生存痕迹”展、我和一位艺术家朋友在上海东廊艺术画廊策划的“不合作方式”展，以及栗宪庭在北京一家公司办公室策划的“酚苯乙烯”当代艺术展，邱志杰、吴美纯在北京芍药居居民楼里策划的“后感性”展，徐一晖、徐若涛在北京中国文联宿舍地下室策划的“偏执”展，张朝晖在北京三里屯酒吧街八十八号 Club Vogue 里策划的“艺术大餐”展等。即便是美术馆的展览，如 1996 年 12 月由黄专策划的“首届当代艺术学术邀请展”，在中国美术馆开幕前一天还是被关了；1998 年 11 月由冷林策划的“是我！（It’s Me!）——90 年代艺术发展的一个侧面”展，在北京劳动人民文化宫开幕前，被有关部门“因故改期”。

张朝晖在北京三里屯酒吧街八十八号 Club Vogue 里策划的“艺术大餐”展

1998 年冷林在北京劳动人民文化宫策划的“是我”展，宋冬提供

因此，对“地下、半地下”的命名是源于中国前卫艺术不能公开展览的事实。如果说“地下展览”是前卫艺术、实验艺术、非主流艺术的代名词，那么中国的“地下艺术”并非完全是从艺术史的角度，而更多的是从社会认知方面做出的一种界定。一方面，

这些前卫艺术意味着对现存僵化艺术创作的批判；另一方面，也说明了中国前卫艺术在那时的生存处境和产生方式。

4 我当时兴奋于北京图书大厦销售实体的公共空间，尤其是它特殊的人文环境和传播渠道状态，期望改变当时中国前卫艺术非正常的展览状态，摆脱中国当代艺术难以进入寻常百姓现实生活中而被封闭的困境。因此，梁胜春经理能够引进当代艺术的资源，并愿意提供场地、经费和人员配合，显示了他的开放态度。而李铁军海归后积极介入和推进中国当代艺术，应该说他们的作为，在当时是非常难能可贵的。

在不影响图书大厦正常营业的情况下，实施一个当代艺术展览，为中国当代艺术获得合法性和存在的身份位置，无论对艺术家，还是对策展人，都是一次难得的机遇和挑战。

既然各个出版社都在北京图书大厦“试水”，那么在世纪之交，将中国当代艺术的元素嵌入和叠加于图书大厦之内，也是我第一次在大型书店的非展览公共空间中，“试水”一项关于行为、装置、影像等多媒介的公共艺术展览的策展实践。

5 李铁军为“北京图书大厦新艺术活动周”起的总题目是“由内及外”，我引用了英国哲学家弗朗西斯·培根（Francis Bacon）的“知识就是力量”这一大众耳熟能详的话，作为展览题目。书籍是由文字构成的，也是承载文化、传播知识的最主要媒介。而且，这句名言怎么解释都没有毛病，还能被图书大厦领导层和一般观众所接受。

同时，我在策展方案中，也向应邀参展的艺术家提示“明显犯忌的作品不予接纳”。这也是我的另一策略。因为，1990 年代末，中国当代艺术在北京、上海、南京等地出现了“对伤害的迷恋”等一系列有着血腥和暴力化倾向的作品和展览活动，招致了来自各方的关注、争议与讨论，这种展览活动是被明令禁止的。

如此背景下，又是在北京图书大厦里举办，我就需要格外地谨慎。我不能因为个别作品过于偏激或不考虑特殊展览的公共空间，而造成整个展览被封杀。这是中国当代艺术展览一直面临的困境，也是策展人不得不考虑的问题。其目的是首先要保证我们策划、主持的当代艺术展览得以被主办机构批准和如期、正常地公开展出。

6 生活于16世纪末的弗朗西斯·培根，具有启蒙意义地强调了在人与自然的关系之中，人的地位如实地决定于人的知识，如果人没有知识就会受制于自然；如果人获得了关于自然的知识，就能够支配和掌握自然。因此，知识就是力量！但我引用这句名言作为展览题目，除了策略之外，并不是简单地认知于这一层面，或停留在展览由于在图书大厦举办，而相应地将当代艺术介入以书籍销售为主的传播渠道；我更多思考于“知识就是力量”产生的历史语境，以及后人对其不断的认知和追问。

法国哲学家米歇尔·福柯（Michel Foucault）在《规训与惩罚》一书中对“知识”本身有了进一步的阐释。在福柯看来，知识与权力是相互渗透的，没有任何一种权力关系是可以脱离某一种相关联的知识领域的构建而独立存在，也没有任何知识不同时预设和构建权力关系的。[2] 因此，对知识的掌握将导致人的能力和影响力的提升，从这一层面来说，“知识就是力量”是毫无疑问的。但人的能力与影响力不是孤立体现的，它只在与外界发生关联的时候才有意义，即知识与人和人之间的支配关系紧密相连，这是权力关系的重要组成因素。也就是说，知识的生产、传播和教育意味着一种权力。权力未必是知识，但知识必定意味着权力。实

---

2. 参看［法］米歇尔·福柯：《规训与惩罚》，刘北成、杨远婴译，北京：生活·读书·新知三联书店，1999年。

际上，福柯对知识与权力关系的讨论，更多指向的是一种新的政治和社会形态，反映了福柯在人类思想认识上的一次转折和深化。

而我的策展思路和主题，更多的是希望参展艺术家针对“知识与权力”的关系、在公共空间的知识生产和以多媒介的艺术方式，在北京图书大厦进行一次触感视觉的转化、呈现。

7

“知识就是力量”当代艺术展览，共有39位艺术家的37件作品参展。其中，有近一半的作品都是为这次展览专门创作的，其他是与这次展览主题相关的旧作品。

确定了参展作品方案之后，这个展览项目就变得命运多舛了。主要原因是有些艺术家作品不允许参展，或展览开幕之后，又被主办方拿下……展览的过程，更多的是策展人、艺术家和主办方不断博弈的过程。

尽管我们有意规避和模糊了一些作品，但在向主办方北京图书大厦领导报批艺术家参展作品方案时，还是有四件作品未获准许展出。

韩兵的作品方案是行为艺术，他计划雇用一男性民工，开幕时与他手挽手搬运50块红砖，置放在书架中，名曰《新书推荐》。这是主办方首先毙掉了的方案，理由是：胡闹、荒唐，不能实施。何云昌的方案是将李铁军给的500元材料费，分成50张10元人民币，随意夹在若干销售的图书之中，取名为《开卷有益》。何岸计划用这笔材料费购买30瓶廉价香水，喷洒在图书大厦里，使购书者在展览开幕时，始终处于弥漫的香水气味中。这两件有着搅局意味的行为作品方案，来源于宋真宗赵恒《励学篇》中的“书中自有黄金屋，书中自有颜如玉”，其玩笑式的戏谑，显然是一种对书籍承载的知识价值的反讽。主办方担心何云昌、何岸作品的“秘密”一旦被购书者发现，势必会在书店里引起混乱而带来安全隐患，而香水气味会影响购书的环境，所以都给否了。后来，聪明的何云昌又调整了方案，他购买了25张面值20元的IP

电话卡，我“擅自做主”，没有向主办方报批。开幕时，他自行实施了这一行为。而何岸只好找了两幅旧摄影作品《奥迪和摩托罗拉》替换了他的原方案。还有邱志杰的装置作品《说文解字》，出于防火原因，也不得不更换成《界面》摄影作品。

展望的参展作品方案是声音艺术，题目叫《信息爆炸》。当时互联网刚刚在国内兴起，他事先随意在自己的电脑键盘上敲打，打出来什么就是什么，然后将这篇奇怪的“文字”打印出来，再请一位专业的播音员煞有介事地朗读、录音。计划在展览期间，利用北京图书大厦的公开播音系统广播出来。这是在公共空间将公共设施作为媒介手段，强行让公众接受信息的一种后现代艺术方式。当我们把这一方案报送到主办方后，开始是同意了，开幕后又找各种理由说难以落实。这是批准了方案，但并没有实际展出的作品。信息没爆炸，展望却先被“爆”了！

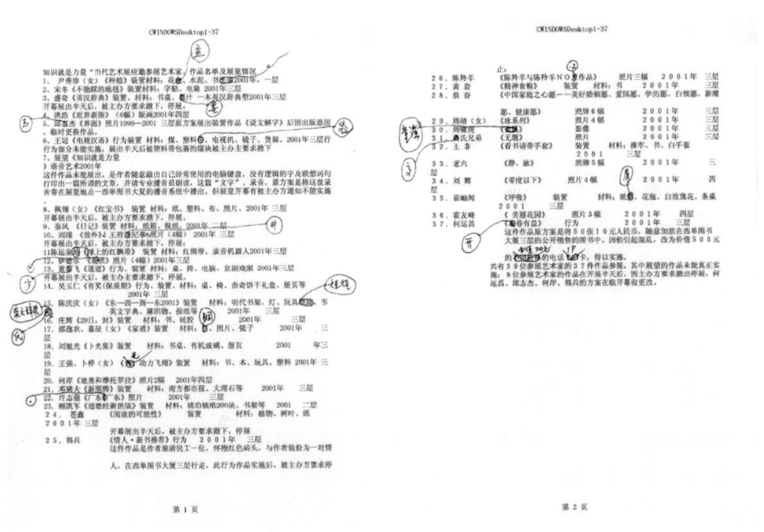

CWINDOWSDesktop1-37

知识就是力量“当代艺术展应邀参展艺术家，作品名单及展览情况
1、尹秀珍（女）《种植》装置材料：花盆、水泥、书[illegible]2001年，一层
2、宋冬《不能踩的地毯》装置材料：字贴、电扇 2001年三层
3、盛奇《英汉辞典》装置、材料：书桌、墨汁 一本英汉辞典型2001年三层
开幕展出半天后，被主办方要求撤下，停展。
4、洪浩《世界新图》（6幅）版画2001年四层
5、邱志杰《界面》照片1999—2001 三层原方案展出装置作品《说文解字》后因出版意图，临时更换作品。
6、王迈《电视汉语》行为装置 材料：煤、塑料[illegible]、电视机、镜子、货架。2001年三层行
行为部分未能实施，展出半天后被塑料带包裹的煤块被主办主要求撤下
7、展望《知识就是力量》语音艺术2001年
这件作品未能展出。是作者随意敲出自己经常使用的电脑键盘，没有逻辑的字及联想词句打印出一篇所谓的文章，并请专业播音员朗读，这篇“文字”、录音，原方案是将这盘录音带在展览地点—西单图书大厦的播音系统中播出，但展览开幕有被主办方通知不能实施。
8、枫翎（女）《红宝书》 装置 材料：纸、塑料、布、照片、2001年 三层
开幕展出半天后，被主办方要求撤下，停展。
9、秦风《日记》装置 材料：纸帽、报纸，2001年 二层
10、刘瑾《效外》《王府[illegible]纪事》照片（4幅） 2001年 三层
开幕展出半天后，被主办方要求撤下，停展。
11陈运泉[illegible]《床上的红飘带》 装置 材料：红绸带、录音机器人2001年三层
12、伊德尔《[illegible]》照片（4幅）2001年三层
13、黄[illegible]飞《通道》行为、装置 材料：桌、椅、电脑、京剧戏服 2001年三层
开幕展出半天后，被主办主要求撤下，停展。
14、吴玉仁《有奖（保质期》行为、装置、材料：桌、椅、曲奇饼干礼盒、册页等 2001年 三层
15、陈庆庆（女）《东—西—西—东2001》装置 材料：明代书架、灯、玩具[illegible]、书 英文字典、麻织物、报纸等 2001年 三层
16、庄辉《29日，封》装置 材料：书、硫胶 2001年 三层
17、邵逸农、慕辰（女）《家谱》装置 材料：[illegible]、照片、镜子 2001年 三层
18、刘旭光《卜光集》装置 材料：书桌、有机玻璃、册页 2001 年三层
19、王强、卜桦（女）《[illegible]动力飞翔》装置 材料：书、本、玩具、塑料 2001年 三层
20、何岸《迪奥和摩托罗拉》照片2幅 2001年四层
21、邓箭大《新图腾》装置 材料：南方都市报、大理石等 2001年 三层
22、许志强《广东[illegible]广东》照片 2001年 三层
23、顾凯军《道德经新世版》装置 材料：琥珀镜纸200块、书架等 2001 二层
24、苍鑫《阅读的可能性》装置 材料：植物、树叶、纸 2001年 三层
开幕展出半天后，被主办方要求撤下，停展
25、韩兵《情人·新书推荐》行为 2001年 三层
这件作品是作者雇请民工一位，怀抱红色砖头，与作者装扮为一对情人，在西单图书大厦三层行走，此行为作品实施后，被主办方要求停

第 1 页

CWINDOWSDesktop1-37

止：
26、陈羚羊《陈羚羊与陈羚羊NO[illegible]作品》 照片三幅 2001年 三层
27、黄岩《精神食粮》 装置 材料：书 2001年 三层
28、翁奋《中国家庭之心愿——美好婚姻愿、爱国愿、学历愿、白领愿、新潮愿、健康愿》 照牌6幅 2001年 三层
29、周婧（女）《冰系列》 照片4幅 2001年 三层
30、周啸虎《[illegible]》 影像 2001年 三层
31、[illegible]氏兄弟《无题》 照片 2001年 三层
32、王非《看书请带手套》 装置 材料：推车、书、白手套 2001 三层
33、老六《静、脉》 照牌5幅 2001年 三层
34、刘辉《零度以下》 照片4幅 2001年 四层
35、崔岫闻《呼吸》 装置 材料：纸[illegible]、花瓶、白玫瑰花、条桌 2001 三层
36、霍友峰《美丽花园》 照片3幅 2001年 四层
37、何运昌《[illegible]卷有益》 行为 2001年 三层
这件作品原方案是将50张10元人民币，随意加放在西单图书大厦三层的公开销售的图书中，因怕引起混乱，改为价值500元的[illegible]的电话[illegible]卡，得以实施。
共有39位参展艺术家的37件作品参展，其中展望的作品未能真正实施；8位参展艺术家的作品在开展半天后，因主办方要求撤出停展；何运昌、邱志杰、何岸、韩兵的方案在临开幕前更改。

第 2 页

参展艺术家名录和布展方案

8

北京图书大厦共有四层，我们挑选了第三层作为展览的主要场地。因为三层主要销售人文学科类的图书，与艺术展览的内容比较搭。布展只能利用有限的空间，既不能影响书店正常的营业，还要考虑到购书者流动的通道，以及消防、疏散等安全问题。所以一些参展作品或直接嵌入书架、图书之中，或混杂于空余之地。

尹秀珍的装置作品《种植》就安排在一层的共享空间，她把图书用水泥封存在十几个花盆中，在展出时成为购书者小憩阅览的小椅子；陈运泉的作品《地球上的红飘带》悬挂在书店的半空；庆庆的装置作品《东—西—西—东 2001》，就像是一个百宝箱，明代的小书架、韦氏英文大词典、玩具娃娃等拼凑在一起，放在了四层咖啡厅里。

尹秀珍作品《种植》，摄影：宋冬

陈庆庆作品《东—西—西—东 2001》，陈庆庆提供

庄辉的作品是用 500 元材料费，购买了几十本有关艺术理论的旧书，然后用硅胶粘封在一起，置放在了北京图书大厦三层销售文艺理论的专柜书架中，作品的题目叫《29 日，封》。同样，黄

岩也以《精神食粮》为名，制作了10本书。他把不同类别的很多书拆散，随意并重新装订，也是混迹于正式销售图书的书架上。当购书者看到他们这些所谓的图书时，却又打不开，或看不懂。由此造成的诧异、尴尬和不知所措，这正是庄辉、黄岩调侃艺术理论和解构百科知识的目的所在。

庄辉作品《29日，封》

《三联生活周刊》主笔舒可文在报道中写道："在图书大厦这个特定的环境、特定的题目意图下，被接受的作品和这里的商品混在一起，物理形式上的确抹平了艺术与公众的间隙。很多作品不是以展示的方式出现，它会在人不经意地翻书时打断你的思路，甚至出个怪脸。意图是紧扣主题，揶揄一下一本正经的知识们。"[3]

唯一的互动行为作品是吴玉仁的《有奖，保质期》。那时，他刚开始"北漂"，还比较温和。他的参展作品是在书店三层搭制了一个有他大照片的广告台子，又用透明的塑料薄膜缠绕，并配有桌椅，既像是一个展销会展台，又像是算命的摆的摊儿。他采用了当时流行的"有奖问答"的方式，请购书者随意参与问答。因为即将跨入2002年，他就设置了2002个日常生活问题，比如：你

3. 舒可文：《"知识就是力量"与"挠痒"》，《三联生活周刊》，2002年，第2期。

对今天的生活满意吗？你生活在北京如何找到自己的另一半？等等。“参与须知”中写道：“把答案写在折页上；问答后方可参与抽奖。奖品是金麦隆食品有限公司赞助的曲奇饼干礼盒。”有众多的读者积极参与。当行为进行到后半段，有观众开始向吴玉仁提问了，反客为主，各种奇奇怪怪的话题，包括读者随手的涂鸦，使吴玉仁至今难忘。长长的册页留言，成为吴玉仁最初“北漂”创作的见证之一，存留至今。

吴玉仁作品《有奖，保质期》展览现场，
吴玉仁提供

邓猗夫作品《新图腾》，
邓猗夫提供

邵译农、慕辰作品《家谱》，
摄影：邵译农、慕辰

刘旭光作品《卜言集》，
摄影：宋冬

9 2001年12月25日下午，我们在图书大厦八层2号会议厅举行了新闻发布会。发布会按照主办方的惯例程序，我们主要提供了专业媒体的名单。展览于2001年12月29日上午如期开幕，最热闹的场面出现了，却不是开幕式的庄重。

戏剧化的起因是韩兵的行为作品。尽管他的方案之前已经被主办方否掉，但他还是特想实施。在我的默许下，开幕当天，大冬天里他上身只穿了一件背心儿，雇用民工怀揣着一块红砖头，与他像“情人”一般手挽手、肩并肩地穿梭于西单图书大厦的各个楼层。这种扮相和怪诞的行为，一出场，就招惹着众多购书者驻足观望。图书大厦总经理在监控室发现了这个行为之后，带着几个保安冲到了现场，粗暴地阻止了韩冰的表演。因为总经理特别害怕新闻媒体披露北京图书大厦实施了当时十分敏感的“行为艺术”。幸亏那时还没有微信、抖音之类的新媒体，否则一定会酿成网上围观的艺术事件。

韩冰行为作品《情人·新书推荐》，录像截屏，韩冰提供

由此，引发了图书大厦总经理及相关领导对展览的“警惕”，他带领主办方一队人马，开始对参展作品进行逐个审查。

宋冬的《不能踩的地毯》是将约400本碑帖印刷品用剪刀剪成面条状，两台电扇不停地旋转，吹动着纸质“面条”波浪起伏，有着“清风不识字，何故乱翻书”的隐喻与象征；盛奇把一本英汉大字典用墨汁浸泡，置放在书桌上，供人随意阅览；枫翎的装置作品《红宝书》是将“文革”时期的《毛主席语录》做成一本大书，周围摆放着鲜花；还有苍鑫的《阅读的可能性》、王迈的《电视汉语》、黄少飞的《通道》、刘瑾的四幅摄影作品，通通不许被继续展出。这7位艺术家的作品只展览了半天时间。又过了两天，北京图书大厦又以各种理由，相继撤下了其他 15 件作品。

原计划 39 位艺术家的 37 件参展作品，到开幕后的第三天已所剩无几。共有 22 件作品相继被禁展；4 件作品方案未审查通过，其中 2 个方案被迫替换成其他旧作，2 个行为作品偷偷实施，还是有一个在行为过程中遭到禁止。可以说展览“试水”已经失败。

现在回想起来，庄辉的作品《29 日，封》，似乎是一句谶语，预兆着这次展览——中国当代艺术在进入“公共空间”之后，所面临的现实境遇。这是出乎我意料的遗憾结局，一次失败的展览实践。

宋冬装置作品《不能踩的地毯》，宋冬提供

苍鑫装置作品《阅读的可能性》，摄影：宋冬

10

从中国当代艺术展览境遇的背景来看，将当代艺术介入类似北京图书大厦这种公共空间，尝试着抹平艺术与观众、与日常生活之间的缝隙，在那时或许还是带有乌托邦情怀的一厢情愿。这不仅涉及公立机构、企业对当代艺术的接受程度，还有相关领导个人审美趣味的限制问题。

我至今还清楚地记得北京图书大厦总经理对韩冰的行为艺术和其他有些过激作品的不解，甚至不屑的厌恶表情；也记得梁胜春经理在旁边的尴尬，毕竟是在他的支持下策划了这个展览项目。

后来之所以又撤掉了15件作品，完全是因为他们绝不会为了所谓的当代艺术而承担什么责任，更不会因此而影响到他们的身份、位置和未来。这种现象无论是在公立美术馆，还是其他专业艺术机构或艺术区，从1980年代至今，一直普遍存在，更遑论在一个书店举办的展览了。我们只是或只能在民间的江湖，根据时代变化，在某些个稍显宽松的历史阶段，打打“擦边球”。

能在短短的一个多月，在每位艺术家材料费只有500元的条件下，专为这次展览创作出近一半的新作，还有与展览主题相关的旧作，构成如此规模的联展，已经是很不容易了。其实，大部分艺术家的作品是比较温和的，更多的是带有后现代艺术特征的解构、反讽、调侃、揶揄的手法。但这与主办方心目中期待的“真善美”的艺术仍大相径庭，所以他们才非常失望，进而变得愤怒起来；此外，与购书者的审美也有着难以平复的沟壑，参展作品与来图书大厦的观众还是缺乏真正的交流与对话，读者也很难找到一般书店的那种令人兴奋或轻松愉快的环境，他们更多觉得是新鲜、好奇、神秘罢了。

作为实际的策展人，这是我在真正的公共空间进行的第一次策展实验项目。之所以形成了这样带有戏剧化的结局，直接的原因是由特定的现实环境所造成的，也是那时中国当代艺术的不齐、生猛、粗糙的现实处境的一种真实写照。但展览结果还是被搞得支离破碎，这是我们在策划与主持这次展览所始料不及的。间接原因是艺术的当代性是动态的，它与时代同步，改变或转化了人们的传统审美期待，不断尝试用新的视觉形式敏锐地反映当代人的视觉经验与生活经验；它又是批判的、挑战的，它在表现一种新的可能性时，总会与传统的保守势力发生对抗和冲突。

11 策展的“边界”是不断移动的，“限制”也并非牢不可破，“无界”的策展实验与实践才是策展人追求的目标。这不是一个简单的公立机构与民间实践在如何接纳当代艺术元素冲突所导致的一种距离的显现，而是中国当代艺术不断链接、发声和突围的表现。

2017 年上海新华发行集团与红星美凯龙家居集团合作创建了民营非营利性的上海明珠美术馆，由日本建筑师安藤忠雄（Tadao Ando）设计。这是中国首家“美术馆 + 书店”结合的艺术机构。而在大型商业中心如华润公司万象城、K11 等商业体举办当代艺术展览已经风靡全国，成为一种流行的展览模式。

中国展览机制的建立，来得如此艰辛，又如此急速而应接不暇。尽管这次展览以失败告终，但我们应该是最早的践行者之一。尽管不同阶段的现实环境和已经形成的策展模式，制约了展览和策展空间与阐释范围，但我们依然可以通过富于想象力的策展实践，穿透社会现实问题，寻找还未被弥合的边界间隙。而策展人最主要的工作和作用，就是把界限、限制，有效地转化为一种可以用来表现策展人态度与立场的资源，通过不同的策展方式进行多元表达的自由对话与交流，以便在禁锢、禁忌和破碎的境遇中，在自我认定有意义的工作中，不断承受来自各方的压力，甚至失败的结局。

29日，封！
——关于“知识就是力量”展的策划和现实境遇的报告

冯博一

当我们将“知识就是力量”当代艺术展的策展方案寄发给艺术家庄辉时，他提供的参展作品方案是：购买500元人民币的艺术理论图书，用硅胶封存在展览地点——北京西单图书大厦三层销售文艺理论的专柜书架中，作品的题目叫《29日，封》。现在回想起来，这件作品的题目似乎是一句谶语，预兆着这次展览——进一步说——中国当代艺术在进入“公共空间”之后，所面临的现实境遇，以及从策划到展出过程的带有戏剧化的结果。

2001年12月初，北京新亚艺术学院院长李铁军找到我，希望共同与西单图书大厦合作，策划、主持“北京西单图书大厦新艺术周”系列活动中的一项关于行为、装置、影像、观念摄影的当代艺术展览。我们欣慰于北京西单图书大厦这样一个政企结合的现行体制对当代艺术的兴趣，以及宣传企划部梁胜春经理对中国当代艺术的关注与认同。尽管他们是以此来提升企业的文化形象及品位，达到更有效益的销售图书的商业目的。

我们更感兴趣的是通过策划、主持在北京西单图书大厦这样一种有着特殊人文环境、商业机制的公共领域中的当代艺术展览，期望改变以往实验艺术的“地下、半地下”的非正常的展示方式，以及摆脱中国当代艺术难以真正地进入寻常百姓现实生活之中的封闭性困境，实验一种“就地创作、就地展示”的展览方式。因此，合作的意向一拍即合。

我们在起草策展方案时，首先提出了“知识就是力量”的主题，主要基于这样的考虑：

一是“知识就是力量”这句话是深入人心，并且也是人们耳熟能详的名言，以直白的且有针对性的内容应和图书销售中心的具体环境。其中比较关键的是出于一种策略性的安排，即作为主办方的西单图书大厦的有关领导不会对这一主题提出异议，从而保证我们策划主持的展览得以如期正常地开幕展出。

二是我们不是仅仅停留或延续在“知识就是力量”这样一个以往的简单的认知层面之上，更强调在当下的文化情境和历史进程中，对“知识”概念本身的认识、理解与深化。我们在策展方案中是这样表述的：英国哲学家培根在几个世纪以前提出了“知识就是力量”的著名命题。作为处于上升时期的资产阶级的思想家，培根对中世纪的经院哲学深恶痛绝，其心目中的知识是能够经世致用、帮助人类改变自然、征服自然的东西。科学的真正合法的目标，就是给人类生活提供新的发现和力量。在培根看来，人与自然的关系之中，人的知识如实地决定人的地位：如果人没有知识就会受制于自然；如果人获得了关于自然的知识，就能够支配和掌握自然。因此，知识就是力量。唯有知识的威力是无限的，它既不受空间的限制，也不受时间的限制。但在后现代思想家看来，科学知识远非像现代思想家所标榜的那样“客观”“中立”。它不仅深受人们的传统和文化的影响，也深深地渗透着权力。

而按福柯的考察，知识内在地是与权力连在一起的。他对知识与权力关系的考察表明：1.人文科学的科学知识内在地与权力机制连接在一起。因为这些学科的主题至少部分地是被权力机制所建构的。2.科学知识话语完全通过排斥和命令来建构自身，这意味着科学知识的确立是建立在对所谓非科学知识排斥之上的。被排斥的知识作为被征服的东西，作为历史内容，永远被尘封和埋葬了。3.知识的生产和证明只有依靠作为社会权力网络的知识团体作背景才有可能。知识通常总是从团体传播到社会中去的。科学生活方式的引进和坚持，依赖于有权力的人和组织的支持。4.社会权力不可避免地会卷入科学决策的制定。5.科学知识是由非科学规定的，而非科学的兴趣在于权力利益。6.社会权力造就了我们的知识型。

因此，不难看出，培根是针对人与自然的关系来讲“知识就是力量”，而福柯是针对人与人的关系来讲“知识就是权力”。福柯的思想反映了人类思想认识上的一次转折和深化。人类利用知识的力量征服自然、改造自然，使社会生产力得到极大改善与发展；在造就了辉煌的现代物质文明的同时，也导致了环境污染、生态危机、战争灾难和文明的沦丧等诸多问题。这次展览试图要求应邀参展的艺术家，根据并利用西单图书大厦的特殊环境，包括人文环境、商业运行机制和以购书者为主体的社会化公共空间，以及个人的生存经验、生存环境，借助于图书、知识的媒介，以一种终极关怀的姿态和立场，检视现代文明和我们在发展中所面临的问题与困境。实现当代艺术在这一公用领域的直接呈现、转化和面对面的交流，抹平当代艺术与大众之间的间隙与隔阂。

以培根的“知识就是力量”和延伸到以福柯的“知识就是权力”为主题的这次展览，也绝不仅仅是通过艺术家的作品来诠释他们的理论，毕竟在当下的文化界和知识分子阶层，这已是一个不争的、普遍接受与认同的命题。但相对于每天客流量达到四五万人次的北京西单图书大厦的受众来说，对人的存在状况及所面临的问题的思考与感受，这一理论并未达到普遍的共识。

因此，我们在与艺术家共同商讨作品方案时，强调每位艺术家的具体作品在普及性上的显现。也许这些参展的作品更强调对传统认知模式的质疑、消解、解构，并没有提出或架构出更有价值意义的独特思考，但作为一种策划，恰恰是对这一非展览的、具有公共性场所的“就地创作”和“就地展览”方式的一次新的尝试与实验，也是我们在策展思路上对中国当代艺术难以进入公共空间的实践缺失的一种现实补足。

作为艺术家，这些参展作品的观念充满了机智、幽默、荒诞和消解、解构的特点，视觉效果温和而优雅。比如，我们在讨论庄辉作品的实施方案时，我们明显地感觉到庄辉试图通过这样一种观念及装置方式，有意改变我们以往对由文字、图像所构成的知识谱系的怀疑与反讽，有意造成购书者对透明的神秘所形成的尴尬状态，或许钟情于透明的硅胶图书，是人们对未知事物要求的一种心理补偿。

宋冬的《不能踩的地毯》是将约400本印刷的碑帖用剪刀剪成面条状，两台电扇不停地旋转，似有“清风不识字，何故乱翻书”的感觉。尹秀珍持续沿用“种植”的主题和她的语言方式，将图书用水泥封存在十几个花盆中，在展出中成为购书者阅览的小椅子。盛奇将一本英汉字典用墨汁浸泡，置放在书桌上，供人阅览。黄岩的《精神食粮》是将公开出版的上百种图书，拆散并重新随意装订，页码的顺序与内容逻辑上的错乱，使图书的意义无法整合，呈现出碎裂状态，给读者造成想阅读却无法阅读的尴尬。身在广州的邓猗夫的《新图腾》，是将几千份《南方都市报》装置成中国古代的图腾柱，象征性地隐喻出传媒唯我独尊的状态和对我们日常生活的霸权性控制。

还有陈庆庆的《东　西　西—东 2001》、崔岫闻的《呼吸》、苍鑫的《阅读的可能性》、枫翎的《红宝书》、陈运泉的《地球上的红飘带》等，这些作品的非现实性是以超现实或非现实的方式来实现的。在这里，荒诞和夸张成为遮蔽、悬置或消解了由图书构成的“知识”媒介。非现实性荒诞作品的一个重要前提是，作品中的形象、内容是实际生活中基本不存在的，非现实的荒诞艺术并非真要否弃现实而进入非现实的界域。这不过是艺术家的机智、策略和态度，用非现实的荒诞手法，将现实变形、改装，以便在艺术置换中抵达现实的深度或现实本质。换言之，非现实性的荒诞艺术作品的外壳是荒诞的，内肌却是现实的。

北京西单图书大厦是中国最大的图书销售中心之一，500余家出版社出版的20余万种的图书、音像制品、电子出版物云集在此。从某种角度说，这些图书是人类对自然、社会、人与人以及人自身等诸多问题的思考，并以文字和图片记录的一种结果。那么，这次展出的作品，亦是艺术家以新的媒介方式，包括行为、装置、影像、摄影等对这些人类的认知系统进行感受的另一种结果。因此，作为一种“通感”，它们是有着互为补充、异曲同工的内在的关联，只是表述语言方式及视觉样式不同而已。

购书者在选择图书的过程中，直面了各位艺术家的作品，其感受或许是认同、接受，或许是异样，甚至是拒斥，但毕竟这些作品存放于一排排的书架之中，使他们不得不面对。我们认为只有在面对面的接触中，当代艺术才能与如此众多的购书者发生关系。艺术家采用信息与网络时代的新的媒材方式与视觉语言，从个人的经验出发，反映了这个时代认知系统的改变。更重要的是，他们的受众也和他们一样，每天生活在一个公共图像与公共话语的空间，艺术的当代性与公共性将会融合到这个展示的过程中。并且，在不经意的现场中，购书者与艺术家的作品共享一个自然的物理空间，拥有了共在的语境和同在的关系。这也恰恰是在非展览空间、在公共领域策划展览的价值和意义所在。

以图书的形式呈现出来的人类对世界的认知与思考的结果

之后，最终要纳入商业机制的销售环节并予以传播。中国乃至国际上，当代艺术的不断发展变化始终不能脱离艺术市场的作用，尤其是中国当代艺术的活跃态势始终受市场这只“看不见的手”的影响与支配。从商品性这一角度来看，图书与艺术品的并置的内在联系，不言而喻，因为市场是当代社会的灵魂，当代艺术进入市场可以说是当代社会的客观要求，也是检验艺术效能的重要标尺之一。这次展览及场地的特殊性，可以看作是构成我国目前以市场为中心的经济结构运行的一部分。

尽管在我们看来，艺术家的作品是温和的，没有任何暴力化的倾向，但离真正地与现行体制和大众的融合，还存有一定的距离。展览实验的结果不尽如人意，这也是我们在策划与主持这次展览时所始料不及的。之所以形成这样的带有戏剧化的结局，间接背景是，艺术的当代性是动态的，它与时代同步，改变或转化了人们的传统审美期待，尝试着用新的视觉形式敏锐地反映当代人的视觉经验与生活经验；它又是批判的、挑战的，它在表现一种新的可能性时，总会与传统的保守势力发生对抗。

直接的起因是，我们作为策展人在与参展艺术家共同确定参展作品方案时，有意模糊了比较“犯忌”的作品。西单图书大厦企划宣传部的梁经理，他对当代艺术的态度与立场是开放的，对艺术家是尊重的，但对这些作品的理解与认可有难以把握的不确定性。

最初在确定参展作品方案时，只有何运昌、何岸、韩兵的方案没能通过。何运昌的方案是分别将50张10元人民币随意夹带在公开出售的图书中，起名为《开卷有益》；何岸是计划在开幕当天购买30瓶廉价香水，随意喷洒在图书大厦中，使空气中弥漫着香水的气味。这两件作品的想法源自于中国古代的诗句：“书中自有黄金屋，书中自有颜如玉。”但主办者怕引起难以控制的混乱而未能获准（何运昌后来稍改方案，购买了25张价值每20元人民币的IP电话磁卡，自行实施了这件行为作品）。

韩兵的作品方案也是行为作品，他计划雇用一男性民工与他挽行地搬运50块红砖，置放在书架中，名曰《情人·新书推荐》，荒诞的行为被主办者认定是“荒唐”而被迫取消。而展览戏剧化的起因正是韩兵的作品。

12月29日开幕当天，在我们默许下，韩兵与民工手挽手地穿梭于西单图书大厦三层，他的衣着与民工怀中的砖头，吸引着购书者驻足观望，并且被西单图书大厦总经理发现，他唯恐新闻媒体披露西单图书大厦在实行近来十分敏感的“行为艺术”，当即禁止了作品的实施。

紧接着在西单图书大厦有关领导的重新审查下，有7件作品被禁止展出，并通知马上撤出。这7件作品是：宋冬的《不能踩的地毯》（装置）、盛奇的《英汉词典》（装置）、王迈的《电视汉语》（行为装置）、枫翎的《红宝书》（装置）、黄少飞的《通道》（行为装置）、苍鑫的《阅读的可能性》（装置）和刘瑾的四幅摄影。第三天，主办方之一的西单图书大厦又以各种理由，相继撤下了十几件作品。预计39位艺术家的37件参展作品将从2001年12月29日至2002年1月5日进行展览，到此已所剩无几，基本上形成了展览夭折的结局。

比较遗憾的是，展望的作品虽然方案予以通过，但始终未能实施。这件题目为《知识就是力量》的属于语音艺术类别的作品，与他以往的创作有一个较大的变化。他随意敲击自己的电脑键盘，经常使用的带有联想的词句随即显示在电脑屏幕上。他将没有任何语言逻辑关系的一篇文字，请一位专业播音员模仿“新闻联播”的语调进行录音，并计划在西单图书大厦的播音系统中播出。倘若这一作品能够实施，它所带来的反讽效果也许是最为直接的，声音的传播将会充斥到整个图书大厦的每一个角落。真实的但带有荒诞性的朗诵，正是某种现实生活场景的再现。

当代艺术在受众中的认可需要一个过程和基本常识性的积累，指望当代艺术一夜之间深入民心，只是一种奢望，但也许这样的辐射与渗透是一种尝试。当然，这一点不仅仅取决于在何时、何地策划什么样的展览，它的生存与发展很大程度上还取决于艺术家的个人创作，并非某一艺术家的某一件在工作室的作品摆放到公共空间中展示，就意味着其作品具备了公共性或当代性。

真正公共性的体现是艺术家与策展人共同的职责，需要共同努力与实验。策划、主持一个展览，我们认为应达到三个目的。一是展览能够比较客观地反映出当代艺术创作的现状和趋向；二是能够通过展示艺术家的个人创作，提出当代艺术、当代文化中的某些问题，并寻求解决问题的途径，以及预示出未来创作上的某种可能性和启迪性，促进创作的活跃；三是展示的方式具有实验性和独创性。

从这些方面进行衡量，我们以为策划、主持以“知识就是力量”为主题的在北京西单图书大厦的展览，以及它所遭受的现实境遇和夭折的结果，一方面说明了中国当代艺术在所谓“公共领域”的真实处境和所做出的复杂反应；另一方面，这样的实验仍需要我们不断地总结和摸索。

（原文刊载于《艺术当代》2002 年，第 2 期；《美术观察》2002 年，第 2 期）

5

北京“浮世绘”

2002

參展藝術家：
（按姓氏拼音排序）
黃銳
江海
馬晗
榮榮和映裏
盛奇
宋冬
隋建國
王功新
張小濤
張永和
Participating Artists:
(in alphabetical order)
Huang Rui
Jiang Hai
Ma Han
Rong Rong and i n r i
Sheng Qi
Song Dong
Sui Jianguo
Wang Gongxin
Zhang Xiaotao
YungHo Chang
北京東京藝術工程首展
北京"浮世繪"
Beijiing Tokyo Art Projects Opening Exhibition
Beijing Afloat
主 辦 ＞ 北京東京藝術工程
發起人 ＞ 田畑幸人 黃 銳
策展人 ＞ 馮博一
Hosted by > Beijing Tokyo Art Projects
Creators > Yukihito Tabata and Huang Rui
Curator > Feng Boyi
展覽時間：2002.10.12—2002.12.31
地點：北京東京藝術工程
北京市朝陽區酒仙橋路4號（原798廠內）
100015
開放時間：10:00—18:00
周日、周一、節日休息
86 10 84573245
86 10 84573246
E-mail: btap@vip.163.com
Exhibition runs from October 12-December 31, 2002
Address: Beijing Tokyo Art Projects, 4 Jiuxianqiao Road, Chaoyang District, Beijing 100015
Hours: 10:00-18:00
Closed: Sundays, Mondays, and public holidays
Tel: 86 10 8457 3245
Fax: 86 10 8457 3246
E-mail: btap@vip.163.com
Managing Director: Zhang Li
Contact person: Shi Shi
北京東京藝術工程首展
北京"浮世繪"

"北京'浮世绘'"展览海报

浮“事”流年
——798艺术区首次当代艺术展“北京‘浮世绘’”

1 艺术家隋建国应该是第一个发现和利用798现有厂房作为工作室的艺术家。

1997年，时任中央美术学院雕塑系副主任的隋建国，为了完成卢沟桥抗日战争纪念群雕的主题创作任务，带领雕塑系三十多位教师，以每天每平方米0.3元的价格，租用了798共3000平方米的两个旧厂房作为临时雕塑车间。2000年，抗日战争纪念群雕完成后，在798物业的盛邀下，隋建国顺便租用了约100平方米的个人工作室，就在现在常青画廊对面的楼上。这可以说开启了艺术家在798建立工作室的先河，也是798艺术区（开始叫“大山子艺术区”）形成的肇始。老隋最近电话告诉我，当时，工作室房租是每天每平方米0.6元，798物业甚至跟老隋说，什么时候交租金都可以。他的《恐龙》《中山装》，还有参加我于2003年在798艺术区策划的“左手与右手”展览的《衣纹研究——右手》等作品，都是在这个工作室创作完成的。2004年，为了抗议798物业对艺术家工作室的房租涨价，老隋将工作室搬到了费家村。

2002年2月，美国人罗伯特·伯纳欧（Robert Bernell）也租

隋建国在北京798艺术区的工作室，
摄影：朱岩

罗伯特·伯纳欧在798“东八时区书吧”，
摄影：朱岩

下了798的一处120平方米的回民食堂，改造成前店后厂的“东八时区书吧”，专营艺术书刊。不少艺术界的朋友正是因为他的艺术书店，发现了798。

798工厂是包豪斯建筑风格样式，有宽敞、挑高的空间，弧形屋顶，天光透过玻璃洒进来……非常适宜用作艺术家工作室。特别是低廉的租金，逐渐吸引了一批来自各地的艺术家到798寻找合适的工作室。2002年，国内外的画廊、艺术书店、艺术空间、时尚设计商店，还有酒吧、咖啡馆、餐厅等，开启了进驻“798艺术区”的高潮。

2

2002年，“星星美展”的主要发起人和策划者之一，旅居日本的艺术家黄锐回到北京，一眼就看中了798废弃的厂房建筑。他遂将厂房改建成工作室，也是他在北京的居所。同时，他还推荐日本东京画廊在798建立分支机构，这是第一家在798开设的国外画廊。他逐渐成为798艺术区的“创建者”，时时维护着艺术家的权益，保全着艺术区的完整、有序的存在与发展，后来他持续策划三届“大山子艺术节”。他与在京的摄影艺术家徐勇等人，凭借个人影响、能量和与当时798物业公司良好的关系，使798逐渐从一个废弃的工厂转变成了艺术区。

艺术家黄锐，摄影：高文建

徐勇在798艺术区的“时态空间”，摄影：朱岩

曾开发北京“胡同游”的艺术家徐勇，一来到798就发现“这里是比较廉价的人文资源”。[1] 比起其他艺术家，他有更充裕的资金，他租下798最好的空间，改成占地1000多平方米的“时态空间”，仅装修一项，就投入100多万元，花了八个月时间。我清楚地记得装修的阵仗，在当时的798是最大的，不仅保留了“文革”时期的标语，东德造的四台机器也一直原地伫立在“时态空间”的南侧。

3 “798艺术区”一经形成，就吸引了文青、小资和白领们的追捧，成为他们向往的“布尔乔亚+波希米亚”生活方式的理想之地。

798艺术区作为北京民间自发的“第三空间”，充满着混杂的状态，而艺术家是城市化的精灵，也是都市的另类，他们的敏感、锐利和多媒介的艺术方式，不仅体现为用一种新的视觉观念和手段来表现一座城市，还在于为一座城市记录了精神和情感的历史，以及处在难以名状的“城市化混响”之中所发出的特殊声音。

这种艺术区不是建立在脆弱的经济基础和封闭国度上的上层建筑，它是在中国改革开放以及全球化趋势下出现的一种现象与

1. 程绮瑾：《798遭遇更年期》，《南方周末》，2007年3月12日。

结果。这种带有流动性和不确定性的空间存在，不仅仅是中国当代艺术地理位移的体现，更是一种生活、创作观念及表达语言的生成，引发了对流动或变化的新栖居与行旅之地的思考。而艺术家生存位移的过程，也就成为扩大他们创作自由的关键所在。因为它是变迁中的一种形态，充满着丰富、活跃、混杂的特征。同时，它也是通过栖居或是那些愿意久留在那里的艺术家来完成的，他们不单是对某一文化景观的观察者，更成为帮助扩展其可能性的参与者。这才是 798 艺术区的魅力所在。可以说 798 艺术区是中国前卫艺术和时尚文化的聚集地，北京民间文化和青年亚文化融合的典型，它自发形成的模式和具有 Loft 性质的空间，已经成为中国其他城市文化创意园区建设的主要参照。

4

据统计，2004—2005 年间，798 艺术区有 100 位艺术家、40 多个画廊和艺术机构入驻，客流量达到 50 万人次，到 2007 年飙升到了 150 万人次。2003 年，798 艺术区被美国《时代》周刊评为“全球最有文化标志性的 22 个城市艺术中心”之一；同年，北京首度入选《新闻周刊》“年度 12 大世界城市”；2004 年，北京又被列入美国《财富》杂志一年一度评选的“世界有发展性的 20 座城市”之一。之所以获得这些殊荣，原因都在于将 798——一个废旧厂区，变成了艺术的时尚社区，使重塑的 798 成为北京都市文化变化的新标识。798 艺术产业链的形成，首先归功于这些艺术家个人的自发行为，显示了来自民间的中国当代艺术的活力。

除了艺术圈，798 还带动了一批来京打工者，他们刚开始是装修 798 的艺术家工作室、展览空间，后来纷纷成立自己的装修设计公司、布展公司，如刘全喜、山子等。现在他们都是公司老板了，是 798 艺术区产业链的受益者。那时，我曾经找过刘全喜，想以他在 798 的生存经历和故事情节，作为社会学层面的个案，从侧面展示 798 艺术区在北京城市化过程中的价值与意义。

2019年秋，798物业举办了一系列有关798前世今生的展览项目。其中，策展人舒阳、程大鹏策划的“798：艺术区大事记”展览，从新中国成立后兴建的北京电子工业重点工程华北无线电器材联合厂，到国企改革大潮中完成蜕变的798艺术区，呈现了一幕幕新旧交叠的变迁史。

后来徐勇回忆说，798艺术区建立初期存在两个危机，“一个来自一些政府官员的不理解，尽管有一些政府官员来私访，但毕竟还没有定位。一个来自体制内，美术家协会的一些传统类型的艺术家，他们对当代艺术有抵制情绪，这种抵制不光是认识问题，更是身份、地位，最后是利益的问题”。[2]

更直接的压力，来自作为直接业主的七星集团。早在798厂房开始出租时，厂里就打了招呼，这片厂区已经被规划为“中关村电子城”用地，计划2005年底完成拆迁。2004年，已在798租有雕塑工作室“零工厂”的市人大代表、清华大学美术学院教授李象群，向北京市人大递交了《保留一个老工业的建筑遗产、保留一个正在发展的艺术区的提案》，建议暂停计划中的大规模拆迁行为。同年，798的“空白空间”画廊的德国老板亚历山大·奥克斯（Alexander Ochs），请来了在北京访问的德国总理施罗德出席“中德当代艺术展”，将国内外媒体吸引到798。一些艺术家、艺术机构也都在利用自己的资源为保留这片难得的艺术区努力着。

由黄锐、徐勇、舒阳和我等人牵头组织，不断举办艺术活动，吸引国际关注，提升798作为艺术区的影响力和地位。在2003—2006年期间，创办和策划了“再造798”、共三届的“大山子国际艺术节”、“非典”期间的“蓝天不设防”等大型活动，使798艺术区逐渐声名远扬，成为各国媒体寻找中国城市变化迹象的标志。这些活动对798艺术区的创建和发展起到了来自民间的不可忽视的作用。

---

2. 程绮瑾：《798遭遇更年期》，《南方周末》，2007年3月12日。

5 艺术家、设计师工作室、文化公司、画廊、酒吧、咖啡厅、餐馆纷至沓来，但798艺术区物业公司的人员基本上是工人出身的管理者，对艺术家和艺术圈的行规不太了解，充满着好奇、艳羡的复杂心态。其实，他们不知道如何应对这一突如其来的变化，但他们又掌握着租赁的权力和资源，甚至还盘算着如何获得个人的利益。这种不断博弈的过程，反而有了更多的可能性和操作空间。因此，这个阶段的798，可谓是各路神仙大显神通。社会上与艺术没有什么关系，但对房地产敏感的人，也通过各种关系与手段租赁了大片的厂房，成为二房东、三房东，构成了以后798艺术区在艺术家和艺术机构生存上的隐患。

记得那时的798，往来的人群，不是在与798物业商谈租赁的路上，就是在装修，到处都是各种空间装修喧嚣的场景。有一次，黄锐跟我说："博一，你还不在798也搞一个工作室？"我当时除了在中国美协完成本职的编辑工作之外，都是在家里工作，觉得没有必要再租用一个空间作为工作室。现在看来，我对798太缺乏商业敏感了，不然怎么也能当个二房东啊！

6 798艺术区的形成有着不确定的多种可能。我的策展实践，便与其建立了不可分割的联系。甚至可以说，我的策展工作多少也见证了798从废弃的工厂逐渐转变成艺术区的整个过程。

田畑幸人在798东京画廊门前，摄影：朱岩

东京画廊是进驻798艺术区最早的国外画廊，由黄锐引荐到798。"北京东京艺术工程"（简称"BTAP"）作为东京画廊在北京的空间，也是黄锐帮助起的名字。他特别为东京画廊挑选了一座最具包豪斯建筑风格的厂房，黄锐的工作室就在隔壁。

当画廊老板田畑幸人先生确定入驻798并筹备开业展时，黄锐和荣荣推荐我作为策展人。2002年春，我在798第一次与田畑幸人见面，他对中国文化的尊敬、对策展人的信任，以及温和、敦厚和友善的气质，至今印象颇深。2002年10月12日，田畑幸人先生邀请我策划了东京画廊在798新空间的开业展——“北京‘浮世绘’”。

这是第一个国外画廊入驻798艺术区的首次当代艺术展，不仅是798艺术区国际化的雏形，还标志着以画廊机制为主的艺术市场在798艺术区的形成。

从此，我与田畑幸人先生结下了不解之缘，后来，相继合作了中、日“东亚生活样式”联展、“蓝天不设防”艺术活动和“左右与右手——中德当代艺术联展”等项目。而东京画廊在798艺术区二十年的坚守，也成为中、日当代艺术交流的推手，并见证了798艺术区的风风雨雨。

7 东京画廊的空间面积有400多平方米，经过张永和的设计，简洁适度。2002年夏季，装修过程中，田畑幸人邀请巫鸿先生、台湾诚品画廊经理赵琍女士、黄锐和我等人提前去探班。

画廊前面有一个小广场，成为东京画廊每次展览项目开幕式的场地。后来，小广场被突兀起来的一个新建筑所占据。开始是画廊，现在是健身房，据说是某领导的亲戚开办的。而黄锐的工作室早已变成了画材商店……物非，人也非。

2002年，东京画廊装修期间，巫鸿、赵琍一行到访，并与田畑幸人、黄锐、冯博一等合影。

田畑幸人在开幕式上致辞，左起：冯博一、张离、田畑幸人、荣荣、映里，东京画廊提供

展览开幕式现场，摄影：周铮

我提出的开业展主题“北京‘浮世绘’”是借用了“日本浮世绘”的概念，意味着这次展览与日本有着直接的相关性。巫鸿曾说：“中国和日本的文化对当代艺术的理解有着特殊的共同背景和共识，交流可以更为深入。”[3] 而中国社会转型的城市化进程，恰似日本江户时代“浮世绘”所提倡的“浮世”精神。我试图在日本艺术史和中国现实社会之间，建立起一种内在的联系，以反映中国当代艺术在后现代阶段，历史、经验与意识形态交织在一起的世俗图景，并对应东京画廊开始在经营策略和展示空间上向中国延伸。

记得我们在装修之前去考察场地时，眼前一片颓败的景象，仿佛是在凭吊一处历史的遗迹。参展艺术家荣荣和映里夫妇利用了车间的“废墟”现场，就地创作了一组《我们在这里》的手工着色摄影作品，将他们自我身体置放到被遗忘且凌乱无序的场景之中。

建筑师张永和巧妙地车间里留存下来的“毛主席是我们心中的红太阳”的红色标语痕迹，进行了翻转与错位，并复制在墙面对应的玻璃天窗上。他的设计构思是，“在考察了画廊所在的798工厂的现状后，我们希望参观者可以在展览中想象建筑物最初建

---

3. 巫鸿:《北京浮世绘》,《艺术世界》，2002年，第12期。

造时的用途以及相应的场景。我们在画廊里通过设计强调出那个时代的一种历史精神，即革命和生产”。[4] 张永和重构的“天窗”，负载了这些建筑空间中的文化记忆，成为对历史反思的一种凭附与依存。我们以为是我们个人的经验和记忆，其实差不多是集体共同的经验和记忆，由此，形成抗拒记忆丧失的视觉标识。

张永和作品《毛主席是我们心中的红太阳窗》，东京画廊提供

黄锐的行为艺术作品《购物八景》、盛奇的《故地重游（2 号计划）》，为开幕式增添了更多热闹的气氛。宋冬的《交互端口：眼光》、隋建国的雕塑《中国制造——侏罗纪时代》、张小涛的油画《天堂》和《116 楼 310 房》、马晗的装置《飞行器》等作品，采用夸张的表现、戏谑化的手法，折射出北京都市的人生虚浮，如同寄居于世间荒诞和狂欢并存的景观之中，集中反思了后现代式消费文化在中国社会转型期间的困境与荒诞。

作为 798 艺术区第一个国外画廊的开业展览，开幕仪式庄重而热烈。田畑幸人先生邀请了许多日本、韩国艺术界的大咖和朋友前来捧场，包括日本的千叶成夫、中原佑介，韩国的朴西甫、沈文燮等。

---

4. 张永和、非常建筑：《展览实验建造》，桂林：广西师范大学出版社，2020 年，第 44 页。

宋冬影像装置作品《交互端口：眼光》，东京画廊提供

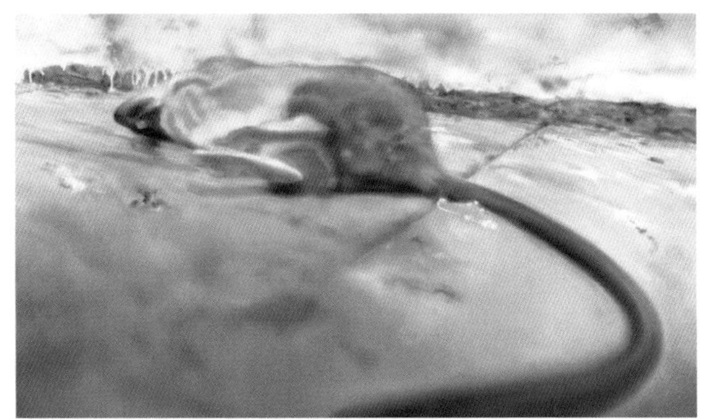

张小涛作品《天堂》，张小涛提供

隋建国作品《恐龙》和当晗作品《飞行器》展览现场，东京画廊提供

画册的英文翻译是田霏宇，他的中文特好。那时他刚从美国杜克大学毕业来到北京不久，经徐冰的介绍与我相识。这应该是他参与中国当代艺术展览项目的开始。艾安工作室负责画册设计，记得是一位刚毕业的女生具体负责。由于我们经验不足，画册第一版问题较多。后来艾安又请王维设计了第二版画册，并补充了部分参展艺术家在展览期间座谈“北京‘浮世绘’”的纪要。因为我当时正忙于首届“广州当代艺术三年展”，没有参与其中。

8

艺术、画廊、权力、商业、旅游的混杂，伴随着798艺术区的成长，可以说是798艺术区变迁的某种真实写照。现如今，798艺术区变得有名了，许多人纷纷站出来说自己是798艺术区的创建者。

当然也有人指责现在的798变得太商业、太旅游化了，而艺术家工作室、画廊及艺术机构因为租赁成本的压力，却越来越少。的确如此，但我始终以为，798建立初期，作为一个民间自发形成的美丽而混乱的艺术区，又如何能够成为一个所谓纯粹的、有秩序的、高尚的艺术社区呢？记得曾经拍摄《798》画册的摄影师朱岩说：“工人来了农民走了，艺术家来了工人走了，买卖人来了艺术家走了，随它去吧。”[5]

9

德国著名学者尤尔根·哈贝马斯（Jürgen Habermas）根据18、19世纪欧洲城市的发展，提出了“市民社会”和“公共空间”的概念。在他看来，欧洲当时的咖啡馆、报馆、沙龙、商会等是形成“舆论”的重要空间，并成为欧洲民主政治发展的基础。以“798艺术区”为代表的民间力量，暂不具备承担哈贝马斯所阐释的那样重大历史使命的条件，但是，在旧有秩序的“有限空间”正在被解构的中国，“无限延伸”或许才

5. 程绮瑾：《798遭遇更年期》，《南方周末》，2007年3月12日。

能成为可能。

当时的北京，都市生活已成为艺术想象和转化的主要对象，与消费主义的合法化相同构，日常生存的意义被神圣化、放大化为文化的中心，民族情感和市场原则之间的张力，变为艺术创作的动因，自我生存和发展的能力变成艺术家想象的一种必要的存在，体现了来自民间的中国当代艺术的活力，显示了中国人改变自身命运的激情和对于新生活的渴望。或许这些才是那时我们所理解的中国现代性，抑或也是一种对未来憧憬的中国梦。

然而，一旦所谓的管理规范化了，民间空间也就变得愈来愈受到限制。这是中国社会的特有现象，而 798 艺术区的变迁与窑变，则是中国当艺术生态的一个缩影。

失落的幻想与断裂的现实构成了我们难以逃遁的境遇。曾经看到和经历的浮生、浮世正在逝去。我们现在只能无处安放而放逐于我们那时的记忆，纠结于不知何时的回归。

“浮世”的想象与“浮生”的梦幻
——关于“北京‘浮世绘’”展的题释及其他

冯博一

之所以将北京东京艺术工程首展的题目拟定为“北京‘浮世绘’”，是基于如下的想法和考虑：所谓的北京“浮世绘”是我借用日本“浮世绘”的名词和概念，意味着这次展览与日本有着直接的关联，并符合日本著名的东京画廊在经营策略和展示空间上向中国的位移。

广义地解释“浮世绘”，就是关于“浮世”的绘画。“浮世”一词来自佛家，原意是指人生只不过是从地狱到西天之间的短暂一瞬，这瞬间的“浮生若寄”应该是用来修炼的境界。为了宣传佛经，日本江户以前的寺庙便请人刻木板画，画的不是经变故事就是生活在浮世的人念佛讲经、修身养性的场景。江户时代，逐渐演变成日本民间的风俗画。所谓的“浮世”，也从苦心修炼之世一变而成为及时行乐之世。那时的日本画家们以当时日常的现实生活为题材，提倡和宣喻人生有所作为才能有所享受的浮世精神，其画风既有日本本土风格，又有外来的现实主义特色，是日本美术史上一支重要的流派。

北京是中国的首都，作为中国政治、经济、文化及交流的中心都市，集合着目前中国都市文化的典型状态和未来趋向。尤其是已成为中国当代艺术展事活动的生发地和一大批来自各地的活跃艺术家的聚集地。从某种角度来说，现代化的过程，也就是都市化的过程。中国是目前发展势头最强的国家之一，一方面，每个人似乎都获得了比以往更多的相对自由，民间空间发展的可能性日益扩大；另一方面，原来的历史记忆、经验与意识形态无处不在、交织在一起的世俗图景，又决定了现实生存的不可超越的宿命。而作为社会都市化产物的大众文化的兴盛，是以都市普通百姓为主要受众的，这种非神圣而日常的、强调感性愉悦的文化形态，与日本江户时代的“浮世绘”所提倡的“浮世”精神，有着某种内在的相关性。

有所不同的是，大众文化与民间文化虽然都具有通俗易懂和受众广泛的特点。但民间文化是古往今来就存在于民间传统中的自发的民众通俗文化，而大众文化则是伴随着现代工业化和都市化进程的、运用大众传媒手段制作的、具有商品消费特点的市民文化。中国目前面临的社会转型、文化生态复杂而活跃的状态，一方面，为我们提供了可以预知未来的某些条件；另一方面，我们又为伴随而来的复杂感到焦虑。许多艺术家在这种焦虑下没有回避他们感受到的现实生存的矛盾，而是将创作意识落实到现实的文化情境中，以现实生存的境域和往昔的记忆、经验为可利用的资源，通过多媒介的手段，揭示出人们在心理和情感层面上的欣慰、自足、错愕、困惑和冲突；以体恤的观照方式表达出他们对存在状态的思索与诉求，试图起到一种对所谓中国现代化的反省、批判与警世的作用，并承担起中国当代艺术家的责任和义务。

因此，这既是我对“北京‘浮世绘’”题目规定性的阐释，也是我策划这次展览的基本思路。当然，更是我对这11位艺术家以往的创作立场、态度及作品意义的认同和选择他们参加这一展览的基本理由。

在本次展览中，他们不仅为观众提供了一幅北京“浮世”“浮生”的画卷，即反映了中国现代化发展的真实处境，也凸显出其中的生动性和荒诞性，以此来表达他们对当下社会现实的深刻关注与体察。

黄锐选定“新北京”的“购物八景”以取代“老北京”的“燕京八景”，并请四位女模特身着标志清朝贵族的正黄、白、红、蓝四旗的服饰，在购物的行为过程中，以“花钱买感觉”的方式，体验和反映出中国目前在购物动机和消费文化取向上的变化。当观者反复与这些模特相遇之后，不能不思考所指向的现实内容。夸张生动的行为表演性和虚拟性提示出这个时代精神崇拜的荒诞情境，戏谑的背后隐含着的是严肃的反思。

盛奇的《故地重游》2号计划，是他的《故地重游》1号计划的延续。只不过这次是将车顶上承载的中国传统骨架式建筑模型换成了唐代著名的杨贵妃艳丽的戏装形象。这与其说是盛奇对历史人物杨贵妃的视觉赞美，不如说是他挪用了杨贵妃的形象符号，以“故地重游”的乘车方式，对杨贵妃在民间所意味的生活方式和中国城市化建设所带来的弊端的谴责与批判。杨贵妃幽灵般地穿梭于北京的新城，也许并未返照出往昔的光彩，有的倒是生疏与茫然。因为，这已不是古老的街道、胡同、四合院，而是“新城”里的一些新的标志物。遗憾的是，这些所谓的现代化建筑和生活方式，并未形成一个和传统紧密结合的、独特的、不可分离的城市特性，如同漂浮的航标，提示着漫漫而归期尚远的路程。

马晗的《城市地图》是以俯拍的角度将北京街道行驶的车辆与人流，用千余张照片组合而成。但它却不可以“按图索骥”地抵达某个地点，而是借用了地图的名义——所谓的“以具体地理为背景”的北京交通现状的景观，犹如一个欲望不断膨胀的城市坟场和人流如蚁的迷宫，一幅让人迷失而永远找不到家的地图。马晗的另一件作品《飞行器》给观众的第一缕气息是用干冰制造的，他将160件白衬衫用米浆浆过，里面掺有荧光粉，并用鱼线、鱼钩将其悬挂、穿行于展览的空间，伴随着他在城乡接合部街道现场录制的真实而嘈杂的“原音”。象征城市白领阶层的白衬衫隐喻出主体的缺失和漂浮的无所归宿，又体现着白日梦者欲飞而止的矛盾冲突。类似于舞台的效果，将当代人的灵魂出窍与躯壳的被操纵，通过飞行于城市地图上空的“飞行器”所遭遇的一个现实尴尬的境地而展示出来。

张小涛的油画作品《天堂》和《116楼310房》是他近居北京后，对北京“新生活”的观察、认知与表现。他所理解的北京充满着青春享乐主义和末世的颓废情绪，纵欲过度的镜像令他炫目，且充满着恐惧、躁动与不安。这种不确定的状态是他在北京具体而微的生存经验。“老鼠”的蛰居与饕餮后的“龙虾”是“我们荒诞生活片段的抽样放大，也是我们面对这个物质化的欲望社会从心理到生理的本能的疑虑和反应”（张小涛语）。

江海的油画秉承德国表现主义的语言风格，在那些怪诞的、近乎痉挛的形象里，暗示出物欲横流下的扭曲人性，似乎我们的视觉被不断膨胀出来的欲望遮蔽得只能看到物质和利益，凸显出我们魔幻般都市生存的现实与虚妄。

宋冬通过装置12只眼球的注视来穿越真实与虚幻的二元对立。瞳孔中的小电视机播放着收集来的与当下人们日常生活息息相关的片段，如人们的眼光、电视新闻、广告、就餐的场面等等。宋冬的机智在于，他颠覆了日常生活经验的过度纠缠，将所有的常识性逻辑直接呈现出来，逃离了理性成分对表达的制约。于是我们看到显示人物的自由穿梭与重叠，浮生、浮世的客观现实生活与精神幻象频繁地交织在一起，形成了某种看似凌乱无序的生存景象。

隋建国的作品是一件不以雕塑技巧取胜而是以机智取得具有寓言化效果的庞大恐龙。其形象的塑造直接复制放大于中国制造的儿童玩具，蛙皮般的外表肌理覆盖上刺激的红油漆，并被围困于铁笼之中，除了具有意识形态的特定历史记忆外，也包含了对现实生存无畏欲望冲动的处境。他把写实与夸张、神秘的不可知与波普、卡通化的造型等拼贴综合起来，也许正是这些表现手法的多元混合，使这件作品在观看过程中让人感受到被逼视的力量，以及反映出我们的时代缺乏英雄主义和理想主义精神寄托的迷茫与羸弱。

文字有着不可比拟的想象空间和隐喻魅力。王功新选择以投影的方式，将三组画面、三种话外音（男人、女人、小孩）分别用声音、文字、图像叙述一个在中国民间传诵的经典故事——“从前有座山，山里有座庙，庙里有个和尚在讲故事……”重叠与循环往复，不仅在观者的视觉结合中进行多重阅读，也承载着中国传统文化中关于不同空间层次的无尽奇妙的思辨和对自然物理的视觉化表现。

张永和、荣荣和映里的作品虽然一个是以设计灯箱广告的形式，一个是以摄影的方式呈现出来，但其共通点均是根据展览的现场进行“就地创作”与“就地展示”，他们利用“文革”时期留存下来的“毛主席是我们心中的红太阳”的标语痕迹进行新的带有世俗化的阐释。这一意图的错位，改变了人们对“红色标语”所固有的崇敬与景仰的心态。利用标语文字，并借助有背景指向的灯箱或照片，构成了一个具有更多隐含意义的历史与现实之间的联系，促使那些经历与体验这段历史的受众的思绪，在标语文字和图像之间、在历史与现实中来回穿梭。只是，记忆如果不同时伴随着对往昔的反思，不和现实连接起来形成有力的对话关系，记忆便可能只是惘然而已。

这次北京东京艺术工程首展的作品，大多采用夸张的表现、戏谑化的手法以反映都市的人生虚浮，如同寄居世间的荒诞性的和狂欢化的情境，有意模拟时尚流行文化的表现方式，挪用以往的字符，特别是强行拼贴后现代与现代的两种不同的话语，这些都可以看出明显的后现代主义的反讽手法。作品要表现的主题的思想也集中于反思后现代主义式的消费时尚文化在这个时代的困境与荒谬。

因为后现代就是自我颠覆的文化，唯其如此，它才有存在的理由。

（原载于《艺术当代》，2002 年，第 6 期）

6

广州
当代艺术
三年展

2002

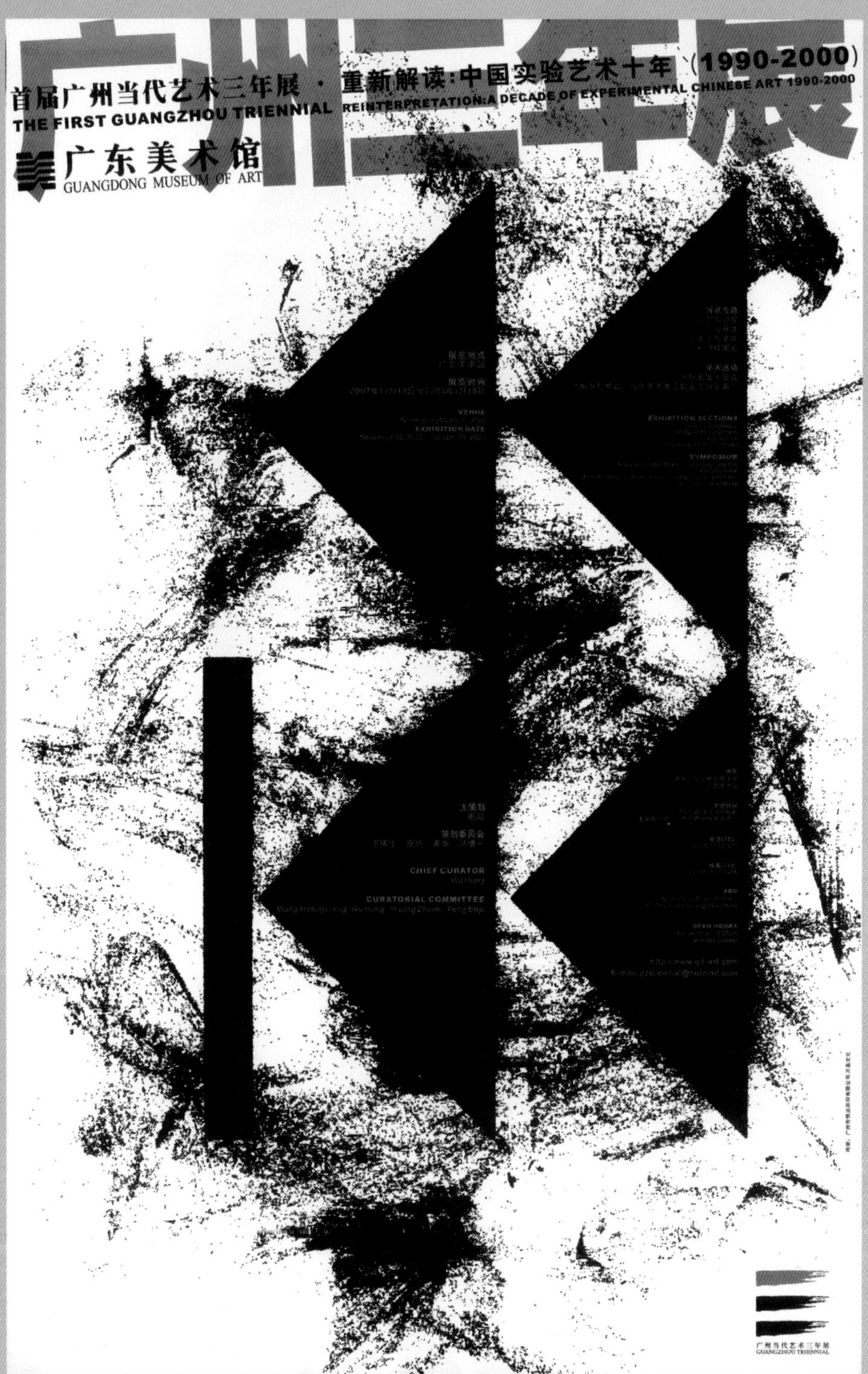

首届“广州当代艺术三年展”展览海报

全球视野，中国经验
——首届“广州当代艺术三年展”纪略

1

“首届广州当代艺术三年展——重新解读：中国实验艺术十年（1990—2000）”是由时任广东美术馆馆长王璜生发起的。[1] 2001年初，他去纽约参加亚洲协会美术馆专家研讨会之际，与巫鸿就广东美术馆主办常规性大型展览的设想进行讨论，并邀请巫鸿担任首届展览的主策展人。他俩又分别邀请了黄专和我作为联合策展人参与其中。

记得春节的一天晚上，先是巫鸿给我电话，接着王璜生又给我电话。也许是他们在美国谈得比较兴奋，希望尽快确定策展团队人选。按巫鸿的说法：“在考虑策展班子的时候，我们一方面要考虑到策展人和体制的关系，另一方面又要考虑到策展人和实验艺术家、批评家以及其他策展人的关系。我觉得我们这四个人都能够较好地处理好这几层关系。”[2]

---

1. 除文中提到的几次修改外，其他均简称“广三展”。
2. “首届广州当代艺术三年展”组委会办公室整理，“首届广州当代艺术三年展”策划委员会与北京艺术家座谈记录；2001年8月20日，北京藏酷酒吧。参见网址 http://www.gdmoa.org/Exhibition/Special_Exhibition/Gztriennial/gzt/wenzhang/jilu.htm。

策展团队工作会议在广东美术馆召开，前排左起：巫鸿、黄专、王璜生、冯博一

在展览筹备之初，巫鸿还推荐了美国纽约大学电影研究系助理教授张真参加策展团队，希望加强影像艺术的展览内容。后来出于身体原因，她退出了。

2 展览开幕后，直到现在，有不同的记者或业内人士询问，甚至质疑我的立场与态度——2000年刚在上海与一位艺术家朋友一起做了“不合作方式”展，没两年就开始与公立美术馆合作，是不是已经妥协了？

的确，前后挨着的两个展览项目，一个具有民间的抵抗性，一个带有公权的融合性。对我来说，看似对立，其实是中国当代艺术生态中的不同发展阶段而已。我更看重展览项目对中国当代艺术系统的有效性推动作用。另外，我之前没有这种大型三年展的策展经验，因此就没有放弃这一机会。

在我的策展实践中，我不拒绝与任何机构合作，这些年，我和许多不同机构合作，策划了各种各样的展览。因为，每次展览策划的指向和诉求不尽相同，都在不同程度地实现着我对当代文化的思考、判断与表达。最关键的是，在与这些不同机构打交道的过程中，如何保持策展的独立性，以及是否能够相对充分地实现策展目的。这个独立性和目的当然是体现在与不同机构的合作之中，即如何将限制、界限转化为一种可以用来表现策展人态度与立场的资源，并通过不同的策展实践，进行多元表达的自由对话与交流。

这既是中国策展人的现实处境，也是我策展实践的现实依存。倘若在合作中迫使我妥协，那我只有放弃了！这在我的策展实践中比比皆是。因此，我以为，这不是一种功利性的策略，而是在中国当代艺术中，策展人与不同主办机构的不断博弈的体现。如同许多艺术家，也是参展于不同主办机构、不同策展人的不同类型的展览一样，无可厚非。

3 世纪之交，尽管双年展、三年展在国际上，特别是在亚洲已经成为当代艺术流行的展览模式，但在中国还刚刚起步。除了上海双年展已经举办了三届，2001年首届成都双年展和2002年9月28日广州艺术博物院（以下简称“广州艺博院”）的首届中国艺术三年展也刚举办不久，都是在摸索中前行，不甚成熟。

王璜生馆长是一位有理想、行动力极强的新任馆长，意识到开放性、国际性大展对中国当代艺术未来的作用与影响，踌躇满志地试图为广东美术馆建立一种新的展览机制及品牌效应。

在全球化趋势中，仅仅依赖于“本地”资源，已经不足以成为美术馆建立与发展的独特之处，需要不断考量自身地域与世界其他城市之间的关系。除了艺术生态之外，这种关系和影响还将促进本地文化发展，并将尚未被充分认知的地区，以及与其他城市相区别的当代艺术，纳入文化全球化的托盘之中。这是王璜生就任馆长之后一直考虑的问题之一，也是他决定开始举办这种周期性大展的主要动因。

最初，王璜生也想做双年展，但考虑到已经有上海双年展、成都双年展等，没有必要再做一个，就确定了三年展的方式。而广州艺博院的三年展，虽然都在同一个地界儿，但王璜生显然并没觉得会对他的三年展构成什么“威胁”。事实上也的确如此，广州艺博院的首届“中国艺术三年展”是李小山从南京拉的赞助，在广州落的地，2005年由邱志杰策划的第二届中国艺术三年展“未来考古学”，就转回到南京举办了。

4

根据我原来的了解，以为巫鸿只是在美国研究中国美术史的学者。其实，他早在1980年代就开始关注、研究中国当代艺术了，也为陈丹青、张宏图、木心、罗中立等在美国举办过个展。他于2000年前后多次回国考察，为他撰写中国当代艺术专著收集资料。他说："我在国外教书多年，为什么越来越卷入国内的实验艺术呢？主要原因是国际上对中国的现代艺术了解太少，常把现代的中国等同于古代的中国。让世界了解中国的当代艺术，办展览是很重要的。"因此，他一直有着"建立一种国际上能共同认可的，并与国际接轨的，但又是自己的语言，而不是完全说外国话式的操作方式"的理想。

巫鸿与冯博一在广东美术馆布展中

我与巫鸿开始合作后，曾特意询问他在做学问的过程中，如何在古代与当代之间相互穿插和连接？记得他说，比较传统的研究美术史的方式是只关注某一断代、流派，甚至艺术家个案而皓首穷经一辈子。但现在，尤其是美国学术界早已摆脱了这种单一、线性的研究模式，而是采用将古代、现代之间相互打破的多元研究方法。巫鸿的这一说法，我至今印象很深。

黄专和我在1990年代策划过一些实验性的展览和活动，属于当时比较活跃的策展人，也是巫鸿考察、采访的策展人对象。黄专是一位有着乌托邦理想和情怀的理论家、策展人，他对中国当代艺术的研究、批评、策展、翻译、出版等工作，赋予了建构性和实践性的推动作用。但他也是心气特高，在中国当代艺术圈里，没几个他瞧得上眼的，而巫鸿是他"十分敬重的艺术史家"，尤其是对巫鸿"近年来从事的当代活动觉得耳目一新"，他认为"巫鸿是一个能从历史维度把握当代活动的人"。在2001年底的第四届深圳国际雕塑邀请展"被移植的现场"后期，黄专"已有淡出当代美术界的想法，只是由于您（巫鸿）的诚意相邀和我对小冯的印象，以及广东美术馆的诚意，才下了最后参与一次这类活动的决心。当然，这个展览中您的构思，正合我意也是原因之一”。[3]

同时，我们作为积极的实践者，有着较多的艺术家人脉资源，彼此熟悉，品性相投，这些也就成为举办这次大展的一个必要因素。可以说，我们这个策展团队是一个层级分明、志同道合的组合。遗憾的是，黄专在展览筹备之初的 2002 年 1 月，不幸生病住院，难以继续参与具体的策展工作，多少影响了展览的策划与筹备工作。

黄专给巫鸿的信

5

2001 年 6 月 19—22 日，策展团队第一次工作会议在广州华夏大酒店举行，分七次进行了马拉松式的讨论，会议开得昏天黑地。巫鸿、王璜生、黄专、张真和我集中讨论了展览的定位、主题、结构、研讨会、图录编辑等事项。首先的共识为，这是一次具有建构机制、国际平等对话关系、历史回顾与未来期待的中国特色的当代实验艺术大展，强调严肃性、学术性和系统性。其次，“过去这种展览往往是由外往里走（如高名潞的‘Inside Out’），现在我们能不能做一个严肃的展览，让它由里往外走？这个方向感很重要”。[4]

巫鸿最后确定了展览主要包括三个专题：“回忆与现实”“人与环境”“本土与全球”。这是我们的策展团队，对 1990 年代中国实验艺术的一种开放性的梳理、认知与解读，试图在以自我为主体

3. 2002 年 3 月 4—23 日，“黄专致巫鸿”信。
4. 2001 年 6 月 23 日上午，巫鸿在首届广三展艺委会和策委会上的发言。

的基础上，建立中国当代艺术史和挑选艺术家及作品的一种标准。而以全球化视野，突出本土化倾向，寻求中国当代艺术的“在地”经验，也就成为我们策展的基本诉求和定位。

在讨论展览题目时，之前通过邮件的商议，我们有“广州文献展·2002”的提法，显然这是受到德国卡塞尔文献展的影响。在第一次策展工作会议中，调整为“当代艺术工程·广州”，其主题内容确定为“重新解读·十年实验艺术回顾”，“并围绕这一主题对1990年代的中国实验艺术发展状况，从美术史的角度进行新的回顾和梳理”。[5]

6

王璜生在广东美术馆提议这一展览，压力还是蛮大的。为了获得广东美术界的支持，他专门成立了一个展览艺委会，包括顾问、主任、副主任和委员，将当时中国特别是广东美术界的头头脑脑们都纳入其中。办得成功与否，暂且不管，“码头”是要先拜到的。

展览艺委会和策委会工作会议现场，左起：许江、梁洁华、巫鸿、刘斯奋、林抗生、梁明诚

2001年6月23日，在广东美术馆专家俱乐部特别召开了展览艺委会和策委会会议。巫鸿作为主策展人在发言中，对策展团队讨论的展览宗旨、题目、框架、图录编辑、研讨会等相关问题做了概括的介绍和说明。[6] 艺委会委员们对展览本身的概念、意义等给予了肯定，但对“当代艺术工程”存有异议，主要觉得当时国内所谓的“××工程”太多了，容易引起误会，建议策划委员会再斟酌。6月23日，策展工作会议移到广州从化的广东温泉宾馆举

5. 第一届“当代艺术文献展”第一次策划委员会会议纪要。

6. 巫鸿教授谈“首届广州当代艺术三年展”的框架和设想，参见广东美术馆官网 http://www.gdmoa.org/Exhibition/Special_Exhibition/Gztriennial/gzt/wenzhang/jilu.htm。

行，展览题目又调整为“广州当代艺术空间（第一届）”和“首届当代艺术家文献展·广州：回顾与期待”。

经过不断讨论，最终于2001年8月18日在北京华侨饭店召开的策划委员会第二次工作会议上，明确了广东美术馆三年展的项目为“广州当代艺术三年展”，首届展览的主题为“重新解读：中国实验艺术十年（1990—2000）”，并确定于2002年11月18日—2003年1月19日在广东美术馆举行。但从2005年第二届开始，将“当代”删除，改为“广州艺术三年展”了，不知何故。

7

如果说2000年的第三届上海双年展对国内艺术家及作品进行温和、有限的挑选，那么我们策划的首届“广三展”就是对中国1990年代实验艺术进行全面接纳，包括比较极端的作品。

既然是在省级美术馆举办这个大型展览，巫鸿特别强调了展览的开放性与公共性，即这个展览不是一个“地下”展览、一个小圈子的集合。“地下”的展览形式对于中国先锋艺术的发展起了很大作用，但实验艺术的一个基本目的就是将当代艺术与大众结合在一起。我们需要打破原来对于实验艺术和展览的一种误解，认为它一定是小圈子的或者“地下”的。实际上中国的实验艺术是很有社会性的，非常有活力，直接面对严肃的现实问题，这是欧美当代艺术难以比拟的，我们应该争取打破目前对实验艺术的偏见。而要做到这点，就需要与媒体结合，做些正面的宣传。不要因为个别的行为或者一些捕风捉影的理解就一概而论，扭曲了整个实验艺术的形象。[7]

而鉴于2000年上海双年展期间，诸多外围展的意外情况发生，我们采取的是与上海双年展完全不同的开放态度。

7. 巫鸿教授谈“首届广州当代艺术三年展”的框架和设想，参见广东美术馆官网 http://www.gdmoa.org/Exhibition/Special_Exhibition/Gztriennial/gzt/wenzhang/jilu.htm。

策展团队一致认为，外围展的出现是有可能的，这有利于增加这一展览的社会影响力，而且这也是国际上展览策划的一种趋势。作为馆长，王璜生的担当和果敢可见一斑，但广东美术馆也巧妙地申明:“外围展不是本届策展委员会策划的，因此希望当地有关主管部门对外围展的举办及内容进行严格把关。”[8]

遗憾的是，首届“广三展”开幕时，在广州只有零星的几个小规模的外围展，没有引起什么轰动效应。倒是闭幕后的2003年7月，广州美术学院教师苏坚起诉广东美术馆，认为崔岫闻的影像作品《洗手间》和张洹的行为作品《十二平方米》中的内容，令其感到恶心和痛苦，侵犯了他的身心健康权，要求赔偿。广州东山区法院一审判决认为，原告观看展览后仅仅是产生“恶心、愤怒和失望”的个人主观感受，既未提供其人格权及其他人格利益受损害的事实，也未提供《洗手间》及《十二平方米》属于色情、淫秽作品的证据，被告不构成侵权，驳回了原告苏坚的诉讼请求。

由此引起的广泛关注和热点话题，却是我们始料未及的。[9] 7月4日，人民网刊载了网友郭之纯《该不该给“行为艺术”配上法律的缰绳？》的文章，提出“对现在盛行的所谓行为艺术，确实应该有法律进行干涉了”的观点。胡斌则以“胡彬之”的笔名，写了一篇《该不该给“无知”配上法律的缰绳》的反驳文章。[10]

8

关于展览结构的时间节点，1989年在中国美术馆举办的“现代艺术大展”，意味着“85美术思潮”的终结，也是对中国1980年代前卫艺术的总结。而1990年代的实验性艺术不仅成为中国当代艺术生态不可或缺的重要部分，并且产生着日益广泛的国际影响，但对这一阶段的艺术现象缺乏

8. 第一届“当代艺术文献展”第一次策划委员会会议总结。

9. 《一宗侵权案引发多方思考》,《羊城晚报》，2003年7月9日。

10. 胡彬之,《该不该给‘无知’配上法律的缰绳》，参见网址 http://news.anhuinews.com/system/ 2003/07/08/000383718.shtml。

全面、系统和学科性的梳理与阐释。2000 年，又是一个时代的“时间开始了”。因此，首届“广三展”是根据中国不断变化的文化艺术和政治经济背景，结合中国经验来对中国 1990—2000 十年间的实验艺术进行具有回顾性、本土性的一次“重新解读”。

按我们的讨论及巫鸿最后的解释，这一“重新解读”建立在以下两个维度之上：

其一是提供一个“解读”框架，将中国 1990 年代的实验艺术提高到历史发展的学术高度来进行重新审视，并在此基础上为以后的学术研究奠定基础；其二是解读当代中国艺术的主体和权力，谁来解读？在哪里解读？而由本国的策展人和目前在国外工作，又对本国经验比较了解的人来做这件事，让他们来主持解读中国过去十年的实验艺术，在解读的主体、地点、环境上进行一个根本的改变。而在十年的范围内审视、讨论的本身，也会成为对国际大型展览缺乏和脱离本土现实的一种纠正。[11] 这种纠正主要在于，试图改变以往西方艺术系统过分关注中国当代艺术社会转型之下的社会批判，而缺失了对中国实验艺术本身纯粹性的了解与理解，甚至误读、误解的现象。

其实，还潜隐着另外的意图。

1990 年代可以说是延续了“栗宪庭时代”。1993 年栗宪庭和张颂仁在香港策划了“‘后 89’中国新艺术展”，还参与策划了第 45 届威尼斯双年展“走向东方”单元等。老栗出于对中国本土艺术的敏锐和影响，相继推出了中国“政治波普”“玩世现实主义”“艳俗艺术”和“对伤害的迷恋”等创作潮流，并加以引导和命名，多少掌握着 1990 年代中国当代艺术的话语权，也有着中国当代艺术“教父”的地位。

记得 1990 年代初，我第一次去老栗在北京后海北官房的家里，一进门，屋内已经有王庆松等几拨人在他家里待着。我们互

11. 2001 年 6 月 23 日上午，巫鸿在首届“广三展”艺委会和策委会上的发言。

不说话，也没有人和你打招呼，谁也不知道老栗去哪里了。这是老栗一贯的状态和方式，即一天到晚和艺术家混在一起，以便捕捉这些边缘艺术家的真实生存状态和艺术想法，达到他对艺术家个体全面、深入的了解。所以，他才能非常准确、敏锐地关注和推崇艺术家，以及对他们的创作现象进行概括和总结。因此，老栗是草根的、本土的，他对中国当代艺术的判断也是接地气的。

老栗曾说："我要用自己的语言，抛开解构啊、话语啊、符号啊，那套自己半懂不懂的体系，梳理自己和艺术的关系。"[12]

一些同代的策展人、评论家尽管学历高，理论性强，却仿佛漂浮于中国当代艺术的表象而难以望其项背。一些知名艺术家虽然在 1990 年代也有一些出色的举动，但难以撼动老栗在中国艺术江湖的位置和影响。他们后来走的是不同的路向，前者成为在世界上颇有影响的中国艺术家，后者退隐宋庄成为艺术乡绅。

所以，如何摆脱对 1990 年代的中国当代艺术固有的认知，如何梳理、归纳与总结，也就成为我们考虑与确立展览题目为"重新解读"的一个内在因素。

9

至于"实验艺术"一词，20 世纪 80、90 年代，一般说到"当代艺术"，都叫"前卫艺术"或"先锋艺术"，而"实验艺术"是巫鸿一直推崇和倡导的。巫鸿在 2001 年 6 月 23 日首届"广三展"艺委会和策委会上的发言，对实验艺术的界定是："'实验'一词比较中性，不带有太多的政治、意识形态的成分，而且融合性很大。从内容到形态，从语言到媒介，从展览的空间到陈列方式都可以做实验。但可以区别两种基本的艺术实验：一种是某一艺术传统内部的实验，一种是传统之外的实验。传统内部的实验是对这个传统（如油画、国画、版画等）的自身语言和风格不断提升和丰富化；传统外部的实验注重的是对现存

---

12. 徐梅：《艺术乡绅栗宪庭》，《南方人物周刊》，2008 年，第 26 期。

艺术系统的重新定义，所希望达到的是传统画种、表达方式、审美趣味之间的相互打破，包括对所谓的艺术语言的重新定义。它不是对某一画种或语言的完美化。”[13]

对“实验艺术”的提法，在展览开幕后的“地点与模式”研讨会上，引起了广泛讨论。[14] 2005 年，高名潞在一篇文章中认为：“‘实验’这一概念太被动，因为重要的不是实验本身，而是实验什么？特别是在目前中国当代艺术的实验方向并不明确的情况下。更重要的是，我们必须接受一个基本的事实前提，即从 1980 年代始至今的二十多年里，中国的艺术家及艺术批评家一直在使用‘前卫’一词来定义中国当代新艺术。这个字眼的使用，包括中国人对它的误解性的运用和西方对中国‘前卫艺术’的解释本身已经成为中国当代艺术史的一个组成部分。”[15]

在我看来，他们都是对当代艺术的批判性、探索性属性有着不同的理解罢了，实质上的所指与能指的内涵应该都是一致的。如今，“实验艺术”一词已经在国内获得广泛认同，一些艺术院校也相继建立了实验艺术专业。

10

既然是一次对 1990 年代的中国实验艺术的梳理与回顾性的展览，为什么还要有一个“继续实验”单元？这是首届“广三展”与一般回顾性大展的殊异之处。

2001 年 4 月 14 日，我们通过邮件方式，已经讨论了这一问题。巫鸿在给黄专的邮件中提出：“我感到你所建议的‘包括新作品’的想法是很重要的。王璜生也提到‘期待感和冲击力’的问题，确实应该考虑。他建议是否在回顾展的同时，在馆内搞一个

---

13. 2001 年 6 月 23 日上午，巫鸿在首届“广三展”艺委会和策委会上的发言。
14. 胡斌：《地点与模式：当代艺术策展研讨会综述》，《地点与模式：当代艺术展览的反思与创新》，桂林：广西师范大学出版社，2004 年。
15. 高名潞：《现代和前卫的标尺是什么》，《艺术·生活》，2005 年，第 5 期。

陈列新作品的小型展览。我想，一个更好的办法是否是把纯粹的回顾展这个模式突破一下，在结尾处加上一个部分（尾声：继续实验），请10位左右有重要冲击力的艺术家展出最新的作品。”[16]在6月19日第一次策展工作会议上，我们讨论并初步确定了在回顾的三个主题之外，再以“继续实验”作为第四个专题，拟邀请20位左右的艺术家专为这次展览创作新作品，希望承前启后地呈现当时中国实验艺术创作的最新状态。

“继续实验”的内容与方式，更多的是体现我们的策展团队对未来不确定性的一种包容、开放的姿态。挑选的标准主要是根据这些艺术家以往的创作，此外还考虑他们的挑战性、尖锐性和突破性的创作意识，以及对自身和艺术系统有着超越性的能力。黄专说：“我们挑选艺术家也是根据艺术逻辑来挑选的，而不是根据一个个性化的观念来挑选。所以说到两者的关系，我们并不是侧重艺术家的历史地位，这是在做1990年代中国当代艺术中，一些苗头性的、潜力性的东西的展览，而不是一个很个性化的展览。”[17]

最终，我们邀请了徐冰、汪建伟、宋冬、陈羚羊等人和“大尾象”的徐坦、林一林、陈邵雄、梁钜辉，还有冯梦波、顾德新、黄永砯、王功新、王广义、王晋、张永和共16位，作为“继续实验”部分的特邀艺术家。

11

一位知名艺术家参展“继续实验”单元的新作《脚手架，水晶灯》在室外，正好是广东美术馆室外永久陈列广州雕塑家唐大禧《猛士——献给为真理而斗争的人》作品的位置。开始时，脚手架把雕塑全部给遮盖

---

16. 2021年4月14日，“巫鸿致黄专”信。

17. “首届广州当代艺术三年展”组委会办公室整理，“首届广州当代艺术三年展”策划委员会与北京艺术家座谈记录”，2001年8月20日，北京藏酷酒吧，参见网址 http://www.gdmoa.org/Exhibition/Special_Exhibition/Gztriennial/gzt/wenzhang/jilu.htm。

了，唐大禧为此提出了抗议，我们只好又给剥离出来。这位知名艺术家的水晶灯和革命历史题材的雕塑并置在一起，恰似中国艺术在不同历史阶段的不同写照。

唐大禧作品《猛士——献给为真理而斗争的人》

知名艺术家作品《脚手架，水晶灯》

徐冰曾在报纸上看到一则新闻：“中国南部某地农民为了开展旅游建设，将普通的毛驴‘化妆’成‘斑马’。”这成为徐冰在“继续实验”单元创作《广东野生斑马群》的契机。他的这件作品是借用人民群众的智慧再现了这一景观。他将四头蒙古驴的毛发染色成斑马的条纹，放养到美术馆的院子里，并在草坪前面立有一个在动物园常见的说明牌，上面有“斑马的肖像”、对斑马的学术解释、广东斑马分布图和一句公益宣传口号“保护野生动物，禁止虐待生灵”。这些“斑马”就像徐冰其他作品中的那些“文字”，仿佛戴着面具，经过伪装，表里不如一地构成表象与实质相违背的现象。

这件作品看似简单，但挑选合适的驴，以及在广东美术馆的饲养、环保问题却颇费周折。将驴身化学染色成斑马的条纹后，四头“斑马驴”总是不停地舔舐自身的皮毛，导致出现了中毒现象。经过不断实验，不断折腾，最后终于找到了一种不易中毒的染发剂，才使作品得以正常展出。

徐冰作品《广东野生斑马群》，徐冰工作室提供

宋冬的《实验室》是以一种“非艺术品”的方式呈现的，看似是一堆瓶瓶罐罐的垃圾大棚。广州是中国制造业的发源地，产生的废料也特别多，宋冬还专门去广州“垃圾山”进行考察，他针对的是由此产生出的生态、环保等诸多问题。他还将破瓶子改

宋冬作品《实验室》

装成摄像机的装置，既是对环境污染的关注，也有对媒体本身的质疑。后来，这种废弃物的垃圾，成为他不断创作的主要媒介材料之一。

12 面对1990年代这么多的艺术家和作品，如何挑选参展作品，对此，巫鸿曾说："这个展览的学术性首先在于它注重的是作品在艺术发展中的价值。一个优秀的艺术家可能有许多作品，我们要选他比较有代表意义的东西。譬如他早期的一些作品可能还不够成熟，但假如它代表了一种严肃实验的开端，而不是对实验结果的重复，那我们就会选择它。"[18] 我们依据巫鸿提出的三个主题展范围，对参展作品进行挑选，强调当代性和实验性，而那些持续重复创作以往风格样式的作品，则不在考虑之列。

挑选作品大致有几个基本原则：一是强调实验性，而这种实验性不是某一画种和视觉语言的深化，而是具有打破系统的重新定义；二是强调实验过程，尤其是由一种风格样式尝试着向新的实验转变的初始状态的代表作品，如岳敏君于1993年创作的《欢乐》，而不是已经风格化的成熟作品；三是首先从作品入手，并与艺术家进行充分的讨论，而不是考虑艺术家的名气。在具体操作上，策展团队分别根据展览主题，以及了解的情况，先提名80—100位艺术家及作品清单，准备好作品图片及提名理由，然后一起开会讨论与确定。

这个过程，如黄专所说："我们觉得一个艺术家的作品能够具有某种代表性，会提出来与艺术家讨论。他可能会觉得另一幅作品更具代表性，在这个过程当中也可能会使我们选择的作品有所改变。也许我们选择的作品并不是其最好的作品，但是可能在某

---

18. 巫鸿教授谈"首届广州当代艺术三年展"的框架和设想，参见广东美术馆官网http://www.gdmoa.org/Exhibition/Special_Exhibition/Gztriennial/gzt/wenzhang/jilu.htm。

岳敏君作品《欢乐》

一个展览中它所体现的历史地位特别重要，在某一个时期它有特定的历史地位与意义。”[19]

巫鸿和我对北京以及在北京的艺术家更为熟知，而“南方系”“莆田系”和珠江三角洲等地区的有些自以为很重要的艺术家，认为我们对他们及作品不够重视，或布展位置不显赫，为此耿耿于怀。他们或不参与开幕式活动，或阴沉着脸爱答不理，甚至个别艺术家在布展过程中，借题发挥地向我发难和指责。

当然，策划这么一个跨度十年的大展，对于每一位艺术家作品的布展，难免有所不平衡。开幕前，有一次邀请部分艺术家到广东美术馆考察场地，郑国谷带了几个“阳江组”的同事也一起来了。王璜生有些不悦，但他不好直接阻止，希望我来提示。我跟郑国谷说，他带来的人不能参加考察，郑国谷说他们都是建筑师、设计师之类的重要之人。我说，那也不行！郑国谷“愤”而退出了展览，我们的策展团队也没有挽留。

19. “首届广州当代艺术三年展”组委会办公室整理，“首届广州当代艺术三年展”策划委员会与北京艺术家座谈记录”，2001 年 8 月 20 日，北京藏酷酒吧，参见网址 http://www.gdmoa.org/Exhibition/Special_Exhibition/Gztriennial/gzt/wenzhang/jilu.htm。

13

最初挑选的作品没有因循以往对1990年代的一些流行认知，例如“政治波普”“艳俗艺术”等作品不在我们选择的范围。后来，经过讨论，考虑到既然是1990年代回顾性的展览，应该能够反映出这个年代所产生的带有潮流性的代表作品。后来，我们补充了“艳俗艺术”的俸正杰和胡向东作为代表参展。

因为是公立美术馆的展览，报批、审查是免不了的。在讨论马六明的《芬·马六明》作品暴露性器官时，王璜生估计审查过不了关，我建议把关键部位打马赛克。巫鸿不同意，他说，宁愿不上展览，也不能以这种方式影响艺术家原作的视觉效果。后来只好仅展览了他身着服装的作品《芬·马六明》了。

而旅居美国的艺术家张宏图的作品《无题》，却相安无事。记得布展时，我见到张宏图一直亲自上阵敲敲打打，安装他的“门钉”，首届广州三年展的开放性、宽容度，由此可见一斑。

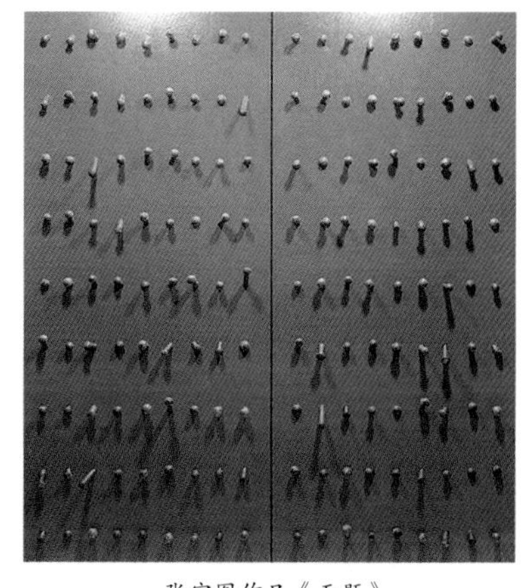

张宏图作品《无题》

北京的艺术家孔永谦在1990年代初，创作了一批文化衫，印有“烦着呢”“别理我”等市井语言，反映出当时中国社会普遍无奈、无聊的心态，成为当时流行的波普文化的一种标识。我当时和他走得挺近，他的一套文化衫作品参展了，我还作为模特身着文化衫，拍了一组图片，上了画册。

王璜生是最早有意识开发艺术衍生品的美术馆馆长。他让广东美术馆拓展部主任李纲负责全套艺术衍生品的开发、设计和制作。我也请孔永谦特意去广州帮忙了两周。首届“广三展”的艺术衍生品在当时是做得最好、最全的，徐冰、方力钧、岳敏君等艺术家的作品都制作了衍生品。据说，销售得也很好。

展览工作团队合影，左起：李萍、蒋悦、孙晓枫、李刚、王璜生、田霏宇、冯博一、王嘉，孙晓枫提供

14

除了展览本身，作为艺术史家的巫鸿和作为馆长的王璜生，都对展览的画册特别重视。在2001年6月22日的第一次策展工作会议上，专门就展览画册的编辑进行了讨论。一般具有学术性的展览图录有两种方式：一种方式是收录参展作品和邀请评论家撰写论文，包括策展人的专论；另一种方式是以研究的成果，将展览纳入一本书之中。但这两种方式往往使评论家的文章与展览本身的关系不大，难以充分地结合；或编撰时间会很长，难度较大，配合展览的时间有些来不及。经过讨论，我们确定了展览画册为中英文两个版本，主要由几部分构成：

一是按照巫鸿对1990年代的“回忆与现实”“人与环境”“本土与全球”三个专题和“继续实验”单元的作品分类和专论，将展览的结构体现出来，并计划邀请多位对这些作品比较熟悉的评论家，分别撰写几百字的评介，以说明其作品产生的来龙去脉及解读。

二是邀请一直关注1990年代中国当代艺术，并积极参与实践工作、具有研究水平的评论家撰写论文，分别就1990年代生发的艺术现象、事件、争论问题等类别，进行分别论述；每一篇8000—10000字左右，信息丰富且图文并茂，稿费5000元人民币。

最初划定的内容较多，如从艺术家群体、艺术传播、观念艺术、女性艺术、实验性展览和行为、装置、绘画、摄影、影像、纪录片以及艺术市场等诸多方面进行论述，希望能完整、深入、翔实地研究、分析1990年代中国实验艺术的脉络，形成一组对1990年代实验艺术重新解读的框架和文本。拟邀请的撰稿人，包括栗宪庭、戴锦华、杨小彦、费大为、皇甫秉惠、黄专和我等15位。但最后的撰文者是巫鸿、易英、殷双喜、廖雯、朱其、凯伦·史密斯、吴美纯/邱志杰、皮力、林似竹、张真、吴文光、裴开瑞，范围也有所缩减。

三是附录部分，收集整理1990—2000年中国当代艺术“大事记”“参考文献目录”，包括文献、书目、文章、展览图录，以及产生过影响的宣言、前言和艺术家自述等，主要是为了加强展览画册的文献性、资料性，并为今后的研究工作提供完整的资料。

15

我作为策展人之一，除了联系参展艺术家及作品之外，还主要负责画册的编辑。最初，我是执行编辑的身份。画册付梓前，巫鸿考虑到我的工作量和辛苦程度，将我提升到副主编的位置。

画册的编辑工作，基本是我在北京的家里完成的。原计划对每一位参展艺术家的作品有一个几百字的评介，并分工撰写，但后来黄专生病，巫鸿在美国，王璜生馆内各种工作也都是忙得不可开交，我就将撰写参展作品的文字简介，调整为摘录不同评论家以往的评介了。

画册的英文翻译主要是凯伦·史密斯负责，皮力协助。因为工作量太大，我又请田霏宇帮忙，做最后的英文校对工作。

我是通过徐冰认识田霏宇的。2000年11月，徐冰在美国北卡罗来纳州杜克大学创作和实施《烟草计划：达勒姆》的展览。田霏宇那时是杜克大学东亚学系的本科生，会中文，以志愿者身份，协助徐冰落实完成作品。2002年，田霏宇正好有机会到清华大学汉语培训班学习，徐冰就介绍我和田霏宇相识了。他操着一嘴京

巫鸿与田霏宇在广东美术馆，2002 年

片子，开始混迹于北京的艺术圈。2002 年夏季，在画册出版的最紧张时刻，我请他来广州帮忙。广东美术馆有四间超大的艺术家工作室，我住在版画工作室的二层，田霏宇在一层，我俩天天混在一起。他认真、规范地完成了审校英文版画册的工作，以至于巫鸿很兴奋地跟我说：“终于找到了一位好的英文翻译”。这次展览成为田霏宇决定留在中国生活、工作的理由之一。

胡斌也是在展览临近开幕时，被王璜生借调到三年展办公室，负责展览画册中文版的编辑、校对工作。到了最后阶段，我清楚地记得，当我们在广东美术馆三年展办公室检查画册疏漏时，胡斌就站在我的身后，坐等我临时补写艺术家作品的评介文字。

研讨会文集《地点与模式——当代艺术展览的反思与创新》封面

展览开幕后，按计划在香港举办了“地点与模式——当代艺术展览的反思与创新”研讨会。我由于开幕后还有许多事项要处理，太忙了，没有去参加。2004 年 7 月，研讨会同名论文集由广西师范大学出版社正式出版发行。虽然我挂的是执行主编的身份，但只是在编辑体例和内容上提出了意见，比如增加了“中国当代艺术部分策展人档案”“中国当代艺术策展大事记”等栏目。实际具体的编辑工作，都是由胡斌主要负责和完成的，并撰写了研讨会综述。

16

画册附录的“大事记”主要由我收集、编辑完成，当时在中央美院读研究生的刘立彬给予了协助。“大事记”基本上将1990年代中国实验艺术的展览、活动、事件等做了比较完整和简明扼要的汇集 。

这份“大事记”是在1995年由中国出版对外贸易总公司艺术中心出版，在郭世锐、宋冬、钱志坚、柴宁和我编辑的《中国实验艺术文献（1985—1995）》一书的“大事记”基础上，进一步补充和调整的。但这本书最终没有编辑完成和出版。

画册附录的“参考文献目录”是按书目头一个字的英文字母排序的。中文部分是我请刘立彬帮助完成的，英文部分是由乐奇（Joy Le）负责收集、编辑。

其中，中文部分有一个比较棘手的问题。1990年代的许多实验艺术的展览活动都是在“地下”“半地下”举办的，展览的画册、图录等资料，大部分都是非公开出版物，难以在公共的图书馆、资料室查询到具体的出处。我就请刘立彬分别去1990年代在北京活跃的一些策展人、评论家的工作室，甚至是家里的书架上查找，尽可能收集到比较全的资料。

2005年6月，“大事记”又经过修订和翻译，用于乌利·希克（Uli Sigg）在瑞士伯尔尼美术馆举办的《麻将》收藏展的画册之中。这些基础性的文献资料对研究1990年代的中国实验艺术还是大有裨益的。

我们原计划画册在国内正式出版发行。我找到当时在河北美术出版社工作的冀少峰商谈出版事宜，后来又联系到陈默所在的四川美术出版社，都因为参展作品的敏感和审查等问题而没有谈成。最后，王璜生只好联系了澳门出版社的书号。若干年之后，冀少峰对我说，后悔当时没有答应这本画册的出版发行。

17

巫鸿在开幕两周前抵达广州，我们一起投入最后的布展阶段。

巫鸿、王璜生、冯博一在布展中

巫鸿注重作品所提示出的社会、文化、历史、物质之间的联系，同时又青睐具有明确针对性、纯粹性、力量感的作品。因此，我们将徐冰的《鬼打墙》放置到广东美术馆大厅，从天花板一直垂挂到地面；隋建国的装置《殛——欢乐英雄》，将现成品的铁道枕木与钉满铁钉的橡胶皮形成的相互作用力，构成物质被束缚的能量；王晋的《我的牙》戳在展厅过道的地面上，形成了一种张牙舞爪的诡异之感；冯锋的摄影作品《外在的胫骨》，满墙出血地覆盖了整个墙面，充满了人体微观的视觉张力；王卫的《水下三十分之一秒》摄影灯箱的压迫感、紧张感，恰似我们生存处境的某种真实写照；耿建翌可供选择的作品挺多的，巫鸿最喜欢他的声音装置作品《在墙上打一个洞》，“砰、砰”的声音一直回荡在展览空间之中。顾德新的作品《2002.11.18》是将美元上的一句话原文拷贝到广东美术馆正门上方的外立面，左右再装置两根罗马柱，讽刺日益膨胀的消费欲望。

隋建国作品《殛——欢乐英雄》

原计划展览的1990年代实验艺术的影像部分，不仅有艺术家的影像作品，还包括电影、纪录片的探索和创作的展示，尤其是希望研究和揭示影像艺术与其他门类之间互相呼应、互为补充的发展状况。由于策展人张真的退出，我们委托邱志杰和吴美纯协助完成这部分的展览工作，他们在1990年代对中国影像艺术做了研究和展览，对作品更熟悉，资料更丰富。

那时，监视器还是稀罕物，也没有更多的投影仪，影像作品都是用电视播放的。好在当时艺术家都不太挑剔。记得只有冯梦波参加“继续实验”单元的作品，对设备要求较高，而广东美术馆又没有，只能租借。以至于在布展的等待期间，冯梦波一见到巫鸿和我，就说“我的电脑呢”，成为当时的笑谈。邱志杰不计名利地完成了1990年代中国影像艺术的梳理和布展工作。只是曹斐对播放效果不太满意，邱志杰还让我特别打电话解释了一番。

广东美术馆展览部主任邵珊主要负责布展。她手拿一本经过她整理的作品图录和艺术家布展要求列表，腰缠圈尺、胶带、剪刀等工具，一遍遍地核实、监工实施情况，有条不紊地在现场处理布展所产生的各种问题，协调艺术家及助手与布展工人的合作关系，解决了这种大型展览布展时容易产生的各种混乱。

徐冰与邵珊在徐冰作品布展中

展览期间，发生了一件意外事故：“新刻度小组”（陈少平、王鲁炎、顾德新）的作品《新刻度小组作品3规则》是以文本的方式，放置在桌面上展出。不知道哪一天，十几本文本都丢失了。顾德新给我电话，询问怎么办，我又给邵姗打电话，了解情况，估计是被观众顺走了，但那时没有监控，难以查找。顾德新无奈地对我说：“那只好算了吧！”如果是现在发生类似的情况，可就麻烦了！

18

在首届“广三展”中，最惹人关注的还是黄永砯的大型装置作品《蝙蝠计划Ⅱ》。

2001年12月12日，由中方策展人黄专、法方策展人阮戈贝琳（Alberte Grynpas Nguyen）联合策划的第四届深圳国际雕塑邀请展“被移植的现场”在何香凝美术馆举行，黄永砯作为法国艺术家参展。他根据2001年4月1日，美国EP-3侦察机在中国南海上空与中国军用飞机相撞事件，创作了《蝙蝠计划Ⅰ》。他复制了在中国南海与中国军机相撞的美国EP-3间谍飞机20米长的中部和尾部。但这件作品在开幕前，被认为可能影响中国与美国、法国等国家之间的关系而被终止参展。[20] 由此也引发了主办方、策展人、中法参展艺术家关于艺术独立性的诸多争论，包括折中方案和带有戏剧性的变幻，最终迫于来自中国、美国、法国外交部的压力，以及几家展览主办机构、法方参展艺术家“屁股决定脑袋”的态度，而“被移出了现场”，成为黄专的一个心结。

黄永砯在深圳作品《蝙蝠计划Ⅰ》

因此，在首届“广三展”中，我们又邀请了黄永砯的《蝙蝠计划Ⅱ》参加了“继续实验”单元。黄永砯制作了15米长的EP-3

---

20. 参见网址 www.artlinkart.com/cn/article/overview/7d6csCon。

飞机机头与机身、左翼部分，他让那架全长35米的EP-3飞机复制品首尾异处，机头与左翼在广州，部分机身和机尾则留在深圳，两件作品在时空上产生联系。

2002年10月23日，《蝙蝠计划Ⅱ》开始在广东美术馆门前的室外广场制作安装。据胡斌后来跟我说，动工前，王璜生已经开始担心了，他请工人特意搭建了一个大棚，避免因为过早地被关注而夭折。等开幕时再亮相，即使被封了，也起码是揭幕展出了。

左起：冯博一、黄永砯、王璜生、郭晓彦在《蝙蝠计划Ⅱ》前

黄永砯的创作方式，总是把事情做得跟真的似的。他天天顶着炎炎烈日，像工人一样，从早到晚地亲自动手制造他的飞机。有一次，黄永砯使用锋利的工具刀时，不慎把自己的手割破了，拇指与食指之间的筋腱都断了，血流如注。郭晓彦紧急送他去了医院。等我赶到医院时，黄永砯的手，包扎得像是戴了一只白色的拳击手套。

临近开幕时，《蝙蝠计划Ⅱ》还是出事了！基本上是重蹈了《蝙蝠计划Ⅰ》在深圳的遭遇。

黄永砯作品《蝙蝠计划Ⅱ》在广东美术馆门前的室外广场制作安装

法国驻广州领事馆与广州有关部门交涉，以黄永砯是法国艺术家为由，阻止作品的实施和展出；同时，美国和法国驻华使馆也就这件作品，分别向中国外交部门提出照会。之前，美国驻广州领事馆还派人到广东美术馆现场拍摄了制作过程的照片。最后，有关部门下令取消了这件作品的参展资格。身为馆长的王璜生也无可奈何，之前的大棚白搭了。

巫鸿代表策展团队于 2002 年 11 月 7 日，亲自执笔给黄永砯写了一份致歉信。他首先充分肯定了这件作品的价值与意义：“您为广州三年展以去年在中国南海与中国军机相撞的美国 EP-3 间谍飞机为原型创作的《蝙蝠计划Ⅱ》，正是以艺术的形式对当代国际政治问题做了极为有力的反思。在我们看来，这件作品是中国当代艺术中的一件极为重要的作品，甚至在当今世界艺术中也难以找到同等力度和尖锐性的作品。”对于被迫撤展，“我们感到震惊和极度遗憾，也希望向您表示深深的歉意。但在我们心目中，它在展览中的缺席并不意味着它作为一件艺术作品的消失。我们仍认为《蝙蝠计划Ⅱ》是本届三年展的参展作品，而且是这个展览中我们最引为自豪的作品中的一件”。

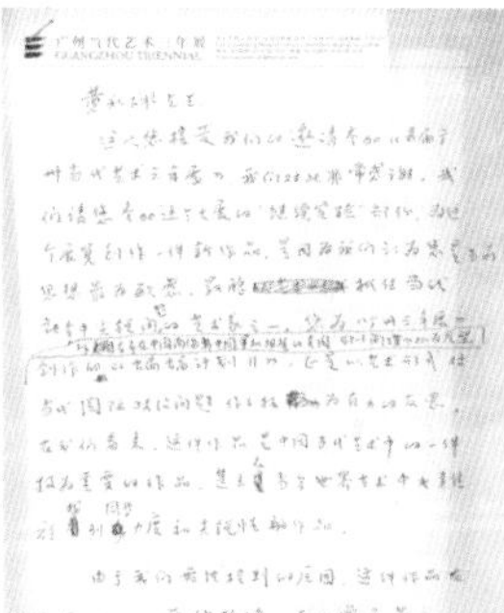

巫鸿代表策划委员会给黄永砯的信

11 月 15 日，广东美术馆接到了中国文化部“关于同意邀请海外艺术家参加 2002 广州当代艺术三年展”的批复传真件，但黄永砯的作品不在其列。11 月 16 日，黄永砯的《蝙蝠计划 II》被解体拆除，晚上，六辆大卡车将作品拉出了广东美术馆前的广场。

邱志杰起草了“抗议黄永砯的作品《蝙蝠计划 II》被拆除”的抗议书，徐冰、王广义、宋冬、陈劭雄、庄辉、王功新、林天苗、路青等也以参展艺术家的身份签了名，对这一事件提出“最强烈的愤怒和严正的抗议”。

2003 年 12 月 29 日，策展人顾振清又在北京中关村左岸工社的“左翼”中国当代艺术展上，邀请黄永砯的《蝙蝠计划 III》参展。出于同样的原因，开幕前也被迫取消了参展资格。[21]

《蝙蝠计划 I 、II、III》连续三年遭遇封杀，真可谓一波三折，命运多舛！正如黄永砯所说：“从表面上看像是嘲讽似的模仿，或是一个新闻事件的影子，其实从中折射出的是一种征兆，一个对当下全球化和美国主义盛行的反调。”[22]

黄永砯的艺术总是带有一种巫术般的隐喻，试图表现一种跨文化、跨国际的意识形态的冲突，而他的作品往往成为冲突的漩涡。尽管如此，黄永砯却说：“意在重新思考艺术在当代国际政治中的作用，反过来，国际政治的激烈变动也影响艺术本身，这件作品将继续以不在场的方式传递它的信息。”[23] 一语成谶，黄永砯不断有参展作品遭受到一些偶发因素的“干扰”，成为事件，也成为他作品屡遭周折、禁展的一种“通行”的方式。

更为戏剧化的是，在开幕之前，瑞士收藏家乌利 · 希克想收藏这件作品，托人从中牵线。据牵线人当时和我讲，他找黄永砯面

---

21. 顾振清：《旧文钩沉：关于黄永砯作品〈蝙蝠计划 III〉被取消展出的声明》，参见网址 guzhenqing.blog.sohu.com/142542883.html。
22. 黄永砯：《关于〈蝙蝠计划 I 〉和〈蝙蝠计划 II〉（2001—2002）》，《中国艺术》，2004 年，第 1 期。
23. 同上。

谈了希克的收藏意向，黄永砯答应了。而同时，比利时收藏家尤伦斯（Guy Ulens）通过策展人费大为也和黄永砯谈了收藏事宜。我不知道谁先谁后，也不知道现场谈的情况，但我知道费大为与黄永砯关系不一般，都是旅居法国的策展人和艺术家。最后黄永砯还是决定让尤伦斯收藏了。

19

11 月 18 日下午，展览正式开幕。

谷文达的行为艺术《文化婚礼》将展览开幕推向了“高潮”，这是他专门为这次展览创作的。晚上 8 时 30 分，谷文达假扮新郎，一位来自意大利、正在广州留学的姑娘依莱娜拉 · 芭蒂（Eleonora Battiston）假扮新娘，他俩与其他 20 对假扮结婚的新郎新娘，分别乘坐 20 辆白色奔驰轿车，驶入二沙岛向日葵大道，在王璜生“证婚”下，举行了“集体婚礼”。

巫鸿与冯博一在开幕式上

展览室外场景

按原计划，这些新郎新娘应该是一半中国人，另一半是外国人，但一时找不到那么多的外国人参与。在现场，只见身着黑色晚礼服的谷文达和身穿红色旗袍的意大利新娘，各自抓起一支大斗笔，蘸墨在地面铺好的宣纸上，书写着谷文达的简历：谷文达生于上海，现居纽约……中英文书法的水墨，氤氲地浸染开来，数百观众围观了此行为艺术的过程。婚礼仪式结束后，三层蛋糕被切分给众人分享，大家乐在其中。

按谷文达之前提供的作品方案，他的行为作品——中国“新

谷文达行为作品《文化婚礼》，广东美术馆提供

郎”与外国“新娘”和两地文化的喜结良缘，意在表现西方文化与中国文化之间的融合关系。我在广东美术馆三年展办公室，亲耳听谷文达说：“真正的中西文化交流、合作，只能是通过结婚来完成。”如同他的婚姻一样，他娶了美国太太。

我没有参加这个行为活动，至今也不理解为什么要在这样的大展开幕中，举行这样简单、艳俗的所谓“文化婚礼”。

20

展览开幕之后，精明的王璜生利用展览的热度，马上开始了收藏工作。

王璜生是我见过的最有远见、最重视收藏工作的美术馆馆长了。我作为策展人接着协助他完成了40件/组作品的收藏。记得我和洪浩商量收藏版画《藏经》一组12幅作品，每幅才2000元人民币，真是合算！还包括周春芽的《绿狗》、宋永红的《职业微笑》等作品，我建议收藏陆春生的摄影作品《水》，王璜生没有采纳。当我问方力钧，王璜生想以10万元人民币收藏他的油画作品《2002·11·1》时，他没有答应。后来改为8万元人民币，收藏了他的一幅大型版画作品。

展望的装置作品《诱惑——中山装系列》布置成灵堂的感觉。展览闭幕之日，他又为这组作品办了一次“葬礼”仪式。我作为

2002 年，在广东美术馆后花园填埋展望作品《诱惑——中山装系列》，展望工作室提供

策展人代表，参与了这一过程。展望将 15 件在美术馆展出的中山装的躯壳全部埋在了美术馆的后花园。希望通过“埋葬”，使这些带有时代痕迹的中山装空壳入土为安，彻底回归到它本应去的地底下。展望还计划十年之后再挖出来，变成文物展示，成为所谓的文化遗产。我不知道这个计划是否实施了，只记得前两年，广东美术馆现任馆长王绍强向我打听这些作品到底埋在了美术馆后花园的哪里，因为美术馆要整修地下管线。

21 第二届由谁来策展？也是王璜生着急的事儿。我向王璜生推荐了高名潞，并安排了见面商谈。

2003 年 5 月正值“非典”时期，高名潞提供了一个策展方案，希望在“当代（或前卫）艺术的自我批判”框架内，对 1980 年代以来的当代艺术进行反思。我记得当时他俩谈得并不太顺畅，也许高名潞太学究了，或者我猜测他们气场不和。

高名潞与王璜生会谈，2002 年

24. 广东美术馆编：《广东美术馆年鉴·2005》，澳门：澳门出版社，2007 年，第 585 页。

当然，最主要的原因是王璜生觉得“不宜再做和历史回顾有关的展览，以避免与首届‘广三展’在目标定位和结构上的重复之感；希望第二届有全新的策划理念和方式，以表明我们对未来新艺术发展方向的关注、研究及展示”。[24] 最后，王璜生还是邀请侯瀚如策划了 2005 年第二届广州艺术三年展，主题是“别样：一个特殊的现代实验空间”。

首届广州三年展是对 1990 年代的回顾和总结，更多的是期待未来。但随着 2008 年王璜生调任北京中央美术学院美术馆馆长，已经连续举办了三届并开始建立正常运行机制的“广三展”，被后任者糟蹋得奄奄一息。可惜了！好在现任的王绍强馆长，又于 2018 年底重新拾起了这一品牌，接续举办了第六届广州艺术三年展——“诚如所思：加速的未来”。

我们似乎只能在建立、摧毁、再建立、再摧毁中，不断循环往复。

22

我与黄专同病相怜，当我大病初愈，2012 年在北京今日美术馆王广义个展上，第一次见到巫鸿时，他颇为感慨地说：“黄专和你，还有王璜生，我们共同策划了首届广州当代艺术三年展，先是黄专生病，然后是你。好在你们俩现在都康复得很好，简直是奇迹，真为你俩感到高兴！”

然而，生命无常，难以预料。黄专于 2016 年病逝，悲戚自不能免！只是黄专先于我而走了。其实，我们都终将独自上路，剩下的只是时间而已。

这篇回顾之文，也是我对黄专的追念和寄托哀思。

OCAT 深圳馆举办“金蝉脱壳——纪念黄专逝世周年邀请展”，2017 年，图片由 OCAT 深圳馆提供

星星之火，可以燎原
——关于20世纪90年代以来的中国前卫艺术

冯博一

一、题释

《星星之火，可以燎原》是毛泽东于1930年1月5日写的一篇文章题目。他指出："'星星之火，可以燎原'，这就是说，现在虽只有一点小小的力量，但是它的发展会是很快的。它在中国的环境里不仅是具备了发展的可能性，简直是具备了发展的必然性。"[1]这一观点之后演化为中国革命力量由小到大，由弱到强，最终取得彻底胜利的代表性表述。

我在此借用这一标题，是试图借喻中国20世纪90年代以来的中国前卫艺术，如何从"地下""半地下"的状态，逐步变化成为至今的繁盛过程，谈及并介绍中国前卫艺术在不被官方体制承认、支持和中国缺乏文化艺术发展机制，一些民间、民营的公司、企业又受到传统审美的局限而难以接受、赞助前卫艺术的状况下，中国的前卫艺术何以在经过了十几年的创作实

1. 《毛泽东选集》（第一卷），北京：人民出版社，1991年，第97页。

践，作为一种始终与中国官方主流艺术及体制进行对抗的另类立场，并且生机盎然地在中国和国际上呈现着它所具有的特殊魅力和活跃的状态，以及衍生出来的一些主要问题和现象的思考与评价。

二、基本线索

1980年代的中国，一方面是全社会向市场经济转型的改革开放，另一方面是文化领域的自我解放。以启蒙、理性的人文关怀为基本文化情势的激情表现和以绘画语言方式实验为主体的“85美术思潮”，成为中国前卫艺术的主旨，也标志着一个新时期的来临。这个“新时期”的概念是相对于中国的“文革”时期“艺术为政治服务”而提出的，如果用“文革后艺术”来界定的话，那么这个新时期实际上是从“文革”蜕变而来的。

1989年初在北京中国美术馆举办的“中国现代艺术大展”，可以说是中国1980年代前卫艺术的一个带有总结性的回顾展。由于展览期间发生了艺术家对自己作品的枪击事件和匿名信事件，以及一系列的行为艺术表演，引起了官方关注和国内外新闻媒体的争相报道。中国美术馆为此做出了向七家主办单位罚款和今后两年不允许这七家单位在中国美术馆举办任何活动的处罚。此后，中国的文化艺术处在沉寂和反思阶段，也意味着“85美术思潮”的终结。而这种沉寂和反思，从某种角度来说恰恰是告别“85美术思潮”的前提和条件。

像艺术史当中的许多概念一样，我们对中国前卫艺术这个概念，很难给出一个精确的定义。然而一个大致可见的轮廓是，1990年代的中国前卫艺术是由几个交互重叠交织的线索构成的。

第一是经过“85美术思潮”的洗礼，一批艺术家尤其是年轻的艺术家，开始利用多媒介寻求新的表达方式和表现语言，具有一种原始的朴素激情和冲动力量。而“前卫”的意义在于对未定性的追求，这种追求也赋予了中国前卫艺术一种崇高的、实验性的气质。因其生存的状态、观察社会现实的独特视角和在意识形态上与既定社会观念和道德规范相冲突，使中国的前卫艺术具有了某种“地下”色彩。

第二是它与西方文学、电影、音乐等艺术门类的现代主义、后现代主义相呼应，许多艺术家用造型艺术来处理相同的议题。在全球化和跨国资本的运作下，中国的前卫艺术从1990年代开始在欧美，以及日本、新加坡、韩国等国，还有中国台湾、中国香港等地区举办各种前卫艺术的展览，并频繁地亮相于国际大型的双年展、三年展，既直接影响、激励了中国前卫艺术的创作，又体现了西方体系延续冷战思维的“后殖民”文化的某种国际化的趋势。

第三是一些活跃与执着的独立策展人通过展览策划，逐渐成为介入当代艺术范畴的新的话语力量，他们依托展览本身和在专业的、大众传媒的作用下，具有了较为广泛的社会性影响，对中国前卫艺术的变化起到了推动作用。

第四是随着1990年代末期中国社会经济文化转型的进一步深化，以及官方文艺政策的调整，其展览系统和机构开始有限度地接纳、展示中国前卫艺术，形成了中国前卫艺术在某种程度上与官方的协调与合作关系及“体制化”倾向。

近两年，民族情感和市场原则之间的内在张力逐渐变成艺术创作的动因，自我存在和发展的能力变成了艺术想象的一种必要的存在，表现了中国发展的力量和中国艺术的活力，一些年轻艺术家的创作也显示了中国人改变自身命运的激情和对于新生活渴望的正当性。

三、“地下”状态

（一）“地下”展览

1990年代的中国前卫艺术始终以衍生于亚文化的极端方式，来对抗主流文化及其建制。所谓主流艺术强调的是以写实主义的形象为主，作品的社会效应都是通过对形象的模式化塑造活动而形成大众熟悉的公共性的视觉形象。它反映了一定社会的主流思想，树立起社会生活的价值样板，潜在地影响人们的行为方式和生活态度；它强调的是社会价值观的稳定性，对艺术作品的要求更看重其美化生活、积极向上、鼓舞人心的宣喻教化的功能。

而中国前卫艺术始终挑战主流叙述的合法性，其自身旨趣各异，他们或是揭露批判，或是质疑反讽，或是鄙弃主流的现实主义，或是诟病艺术的商业成功。在处境维艰的边缘状态中，又始终强化题材的尖锐性与形式的极端性：性、死亡、权力、时代的激变与困惑等，都以令人眼花缭乱或瞠目结舌的方式来解构和再现。

因此，在1990年代的特殊情况下，官方的文化机构对前卫艺术基本上是采取限制的政策，即不允许在诸如中国美术馆等公开的展览空间正式展出。而在有限的由官方控制的艺术专业刊物等媒体上，如中国美术家协会主办的《美术》杂志，也不报道和刊登有关前卫艺术的展示及活动，而是对其批判和谴责。作为一般的大众由于受到这种限制和传统审美的使然，也很难看到、了解和接受带有实验性的艺术作品及展览。中国的前卫艺术只能在一种“匿名”和“地下”中艰难地存在，他们的展览和活动时时面临着被限制的状态而无法进行正常的展示与交流。

如：1991年“冯梦波、张波装置艺术联展”在北京当代美术馆展出的当日上午被责令关闭；1994年宋冬在北京中央美术学院画廊的个展“又一堂课，你愿意跟我玩吗？”，在开幕半小时后被迫关闭，原因是“展览不严肃”；1996年12月由黄专策划的“首届当代艺术学术邀请展”在中国美术馆开幕前一天被查封；1998年11月由冷林策划的“是我！(It's Me!)——90年代艺术发展的一个侧面”展，在开幕前，因“展览申报手续不全”而关闭。

1990年代的中国前卫艺术基本上是处在“地下”的展示和通过非公开出版物的纸上媒介传播、交流的状态。在居住方面，艺术家是自发地聚集在城乡接合部的郊区农村。在欧美艺术系统的支持与赞助下，在海外举办了较大规模的中国前卫艺术展。可以说这几方面构成了中国前卫艺术在1990年代的基本状态和走向。

这里所说的“地下”的展览是特指那些在社区公寓的地下室、城乡接合部的工厂仓库、车间、艺术家的住宅、工作室或酒吧、公园，以及一些西方国家驻北京的使馆等非展览空间，但不能在正式的美术馆、博物馆等官方机构公开展示的前卫艺术或实验艺术。

比较主要的展览有：1992年5月，张培力、耿建翌在北京外交人员大酒店的新作联展；圆明园画家村于1992年6月，在圆明园画家村旁的树林和12月在北京大学三角地、中国人民大学校内举办的露天艺术展(均被封闭)；1993年，黄锐在朋友家和自宅的三次个人作品的展示；1993年，广州“大尾象”工作组在广州红蚂蚁酒吧举行的第三次作品展；1994年2月，徐冰在北京翰墨艺术中心实施作品《文化动物》；1994年8月，王功新在自宅举办的“工作室开放”展；1994至1995年，朱金石先后在北京的家中和北京后海、郊区等地露天策划举行的“十个星期在中国”“后十一装置艺术展”“中轴线”“一二，一二”女艺术家展等；1998年1月，由我策划的“生存痕迹”展在北京姚家园村的仓库内展出；1998年11月，由徐一晖、徐若涛策划的“偏执”展在北京中国文联职工宿舍地下室开幕；1999年，由邱志杰、吴美纯策划的“后感性：异型与妄想”展在北京一社区公寓地下室举行；1999年5月，由栗宪庭策划的“酚苯乙烯”当代艺术展在一家公司的办公室内举行。

这些展览的产生除了由于官方的限制之外，还受到了一些从海外归来的艺术家的影响。1993年后，旅居海外的艺术家徐冰、黄锐、朱金石、王功新等回到北京或往返于美国、日本、德国与国内之间。他们对中国和国外当代艺术的了解、思考及行为，开始融入并直接影响中国的艺术现实。这对于那些尝试着进行实验艺术但不甚成熟的崭露头角的年轻艺术家来说，无疑起到了引导性作用。不仅开启或扩展了“公寓艺术展览”等非展览空间的先河，也似乎为他们创作观念的形成带来了某种新的启发。先后涌现出宋冬、尹秀珍、王蓬、王晋、庄辉、张洹、朱发东、马六明等一批年轻的边缘艺术家，他们至今仍活跃在当代艺术的前沿。

如果说“地下展览”是前卫艺术、实验艺术、非主流艺术的代名词，那么中国的“地下艺术”并非完全是从艺术史的角度，而更多的是从意识形态方面做出的界定。

一方面，这些前卫艺术挑战了主流意识形态叙述，因而被禁止公开展览；另一方面，指认出中国前卫艺术在当下的一种生存处境和产生方式。这些展览开幕展出一两天后就结束，带有“飞行集会”的性质，基本上是在前卫艺术圈子内的一种展览，很难与大众见面。这就形成了一种不正常的循环：无法公开展示，只能很边缘地找地下室，让圈内人来看，这就产生了神秘；越神秘，外国记者就越爱在那里钻来钻去，而外国人越多，就越会有满腹狐疑的警察在那里转来转去；警察一来，老外就更关心，从而酿成了艺术事件，更引起国际媒体的关注与报道。

事实上，“地下”的命名是源于不能公开展览的事实，也来源于国际媒体的称呼，把这种非体制内的中国前卫艺术看成“持不同政见者的艺术”，夸大这些来自社会主义国家的前卫艺术的政治、意识形态的含义。之后，该词多少被异化为艺术家，尤其是青年艺术家成名的一种途径和国际化策略。因此，对“地下”的考察，不仅横跨了1990年代体制内与非体制内的艺术，而且成为第三世界、社会主义艺术家和艺术作品在全球化、后冷战的镜城中映照出的一份别样的突围与落网的图景。

（二）边缘生存

与此同时，1990年底一些被社会媒体称为“流浪”的艺术家，如方力钧、岳敏君、杨少斌、徐一晖、徐若涛、鹿林、丁方、伊灵等，在生存方式上开始自寻地入住北京城郊的圆明园，成为中国前卫艺术家的主要生存地——画家村的雏形。

1992年，继北京圆明园画家村之后，又一处“流浪”艺术家新的聚居地——北京东村形成。张洹、马六明、苍鑫、荣荣、朱冥等20多位艺术开始散居此地。据由北京东村艺术家集体口述、孔布整理的《核聚反应——北京东村艺术家观念写真》一文的介绍，他们“强调的是生存体验和对当下文化氛围的感悟性，注重作品产生的特定语境及必然性。只在自身条件允许的范围内创作。他们对中国艺术的未来不以为渺茫，不因身处当下的历史境况自愧，也无畏西方艺术的锋芒”。[2] 他们集体创作实施的作品有《为无名山增高一米》等。1994年6月，马六明、朱冥等在东村进行行为艺术的展示活动，因裸体行为涉嫌“淫秽表演”，被警方拘留两个多月后遣返原籍。北京东村在遭到清理后从此不复存在。1990年代中期，随着一批艺术家在艺术市场上的逐渐成功，又选择聚居在北京通县郊区的宋庄。这次已不是租借农民的房屋，而是以较便宜的价钱购买农民的宅基地和旧房，重新翻盖装修，建筑自己的工作室和住宅。一直到2002年，又有一些艺术家开始在北京城区原国营798厂的厂房形成了“北京大山子艺术新区”，即现在的798艺术区。

---

2. 由孔布提供，未公开发表。

这一围绕着北京都市城乡接合部的边缘艺术家群落的出现，和逐渐地从郊区渗透到北京城区内，并不断地在世界各地曝光，又始终在本土保持“匿名”的状态，都是边缘艺术家的存在方式。这些都集中说明了他们在各大美术学院毕业后所必需的职业身份的转化，摆脱了中国传统的“编户齐民”式的体制身份的限制，而成为职业艺术家的一种对个体生存状态自由的向往、寻求与关注，其作品的共同特征也表现为一种强烈的自我表达的愿望。

这一地域边界从地理概念的扩展也说明了中国前卫艺术从“农村包围城市”的过程，但其文化定位却不根据艺术家的初衷来完成。一个更为有趣的事实是，当东、西方这一互为想象的事实成为一种自觉而清醒的认识时，边缘艺术家特定的文化位置的选取，事实上本身已成为一种有意识的“修辞策略”。

（三）非公开出版物

对“地下”展览和这些艺术家生存状态的描述，一方面，反映了体制外的艺术家渴望自由表达的愿望；另一方面，也成为在官方及大众媒体上不言自明的话语禁忌，它只能在或非公开出版的画册或边缘杂志，以及1990年代末新兴的网络媒体中浮现，但对于中国前卫艺术的传播和影响作用是不可忽视的。所谓的通过非公开出版物的纸上媒介展示和交流，最早主要是指1994年7月，徐冰、曾小俊等人策划，我编辑的一本没有具体题目、俗称《黑皮书》的前卫艺术文献集。1995、1996年，又先后又出版了庄辉编辑的《白皮书》《灰皮书》。

《黑皮书》的目的和宗旨在“编者的话”中是这样阐释的：“这是一本由艺术家独立编辑、自筹资金出版的关于中国现代艺术的学术性内部交流资料。选编的内容注重海内外中国现代艺术家的思想、观念及活动的最新状态；创作的原始性资料和档案的记录、整理、研究；注重艺术家的自我分析、批判、总结的过程；注重国际文化焦点问题的讨论，以及与中国文化进程、现代艺术发展的多样性和特殊性的关系；介绍有价值的国际现代艺术运动经典文献。以此媒介为中国现代艺术的实验艺术提供发表、解释、交流的机会。通过这种相互参与、交流和探讨，为中国现代艺术创造生存环境，并促进其发展。”[3]《黑皮书》首次对利用多媒介方式从事艺术的年轻边缘艺术家予以认可和鼓励，比如张洹、马六明、朱发东、王功新、庄辉、宋冬、黄岩等在当时完全是以边缘艺术家的身份出现的，他们基本上是被排除在当时比较流行的“新生代”“政治波普”和“玩世现实主义”等架上艺术潮流之外的边缘艺术家，其装置、行为艺术的作品，可以说是第一次在国内的非公开出版物发表。[4]在编排方式上，提出了“工作室”概念，首次较全面地介绍了杜尚、安迪·沃霍尔、杰夫·库恩斯，以及旅居美国的台湾艺术家谢德庆的艺术观念和作品等经典文献。

随后，由王鲁炎、王友身、陈少平、汪建伟等艺术家发起并编辑了《中国当代艺术家工作计划（1994）》一书，以画册的方式将19位艺术家暂时无法实施和展览的作品计划、方案予以呈现、传播、交流，成为1994年前卫艺术存在的一种范式之一，并流行开来。1998年4月，由宋冬、郭世锐策划并编辑的《野生——1997年惊蛰始》出版，作为实验艺术的内部交流资料，辑录了北京、上海、广州、成都等地的27位艺术家在非展览空间、非展览形式的实验艺术活动。这些出版物被我称为“纸上展览”，主要展示了利用多媒介语言和材料形式进行实验艺术创作的作品及方案。加之许多“地下”展览的非公开出版的图录，以及江苏出版社主办的《江苏画刊》、岭南美术出版社

3. 曾小俊、徐冰等编，梓工执行编辑：《黑皮书》，1994年，第159页。

4. “新生代”是指20世纪90年代初在北京出现的以年轻艺术家为主的新创作倾向。1991年7月9日—14日，在北京中国历史博物馆举行了“新生代艺术展”。其创作将随处可见的生活现象和由衷而发的直接感受，通过纯化艺术语言来强调作品中的文化针对性，体现出重视艺术观察和人生观察的近距离倾向。

主办的《画廊》、湖南美术出版社出版的《当代艺术》、1996年创刊的《艺术界》等杂志，以及TOM.COM网站“美术同盟”等对前卫艺术的关注、报道、讨论，构成了传媒与1990年代中国前卫艺术发展密切的逻辑关系，具有扩展“地下”展览影响而产生的社会化效果。

四、海外展示

1990年代对中国前卫艺术影响巨大的是海外艺术机构和系统，包括美术馆、博物馆、艺术基金会、策展人、画廊以及驻华的使馆和机构等，频繁地举办有关中国前卫艺术的各种展览。比较大规模的重要展览有：

1990年7月，由旅法艺评家、策展人费大为策划的，在法国南部瓦尔省的布里耶尔村揭幕的“为了昨天的中国明天——中国前卫艺术的聚会”展，它是当时在西方举办的最大规模的中国当代艺术活动。1991年1月，在美国洛杉矶亚洲太平洋艺术博物馆举行的“我不想和塞尚玩牌——1980年代中国新潮与前卫艺术选展”，也是当时中国前卫艺术在美国的首次大型展示；1991年8月，在日本福冈，费大为又策划了“非常口——中国前卫艺术家展”。1993年1月，在德国世界文化宫展出题为“中国\前卫”展；由栗宪庭和张颂仁策划的“后89中国新艺术展”在香港艺术中心开幕并举办了随后的巡展；1993年6月，中国前卫艺术家首次参加第45届威尼斯双年展的“东方之路”部分。1995年2月，在瑞典哥德堡美术馆举办“变化：中国当代美术作品展”；6月，在西班牙巴塞罗那圣地莫尼卡美术馆举办了“来自中心之国的前卫艺术展”；9月，在德国汉堡市国际艺术中心举办了“从国家意识形态出走”展。1996年，举办了“第二届亚太当代艺术三年展”；“中国！当代绘画”展在德国波恩艺术博物馆展出。1997年6月，举办了第十届德国卡塞尔文献大展；7月，举办了法国“第四届里昂双年展”；12月，“又一次长征：90年代中国观念和装置艺术展”在荷兰布雷达举行；由侯瀚如和汉斯策划的“移动的城市”展开幕，并在世界许多城市举办了巡展。1998年6月，“半边天——中国女性艺术展”在德国妇女博物馆展出；9月，由高名潞策划的“蜕变与突围：中国新艺术”展在美国展出；11月，由史耐德（Eckhard Schneider）策划的“传统、反思——中国当代艺术展”在北京德国驻华使馆举办。1999年2月，由巫鸿策划的“瞬间：二十世纪末的中国实验艺术”展在美国芝加哥举办；6月，“第48届威尼斯双年展”有19位中国艺术家参展。

在国外举行的有关中国前卫艺术的展览，影响或激励了国内前卫艺术的产生与存在，使中国传统的艺术观念形式成为全球当代艺术的一个组成部分，并把对国际艺术趋向的了解与中国实际情况的关注结合起来，弥合了中国与国际艺术之间的对立与隔阂。

而对于“中国前卫艺术”来说，在国际展事中的频繁亮相，不仅仅是民族国家身份的一种确认，“社会主义”中国依然笼罩在冷战的阴影里，虽然冷战已经结束，但作为社会主义与资本主义的意识形态对抗，或者说非此即彼的二元对立，并没有终结。所以，这些在中国脱离体制之外的所谓“前卫艺术”，其“非体制”的方式在“后冷战的冷战思维”下被翻译为“反体制”，把它们作为“持不同政见者的艺术”，进而这些西方艺术机构或策展人以“自由、民主”的名义来“褒奖”这些来自社会主义或原社会主义国家的非体制内的艺术。

因此，这些“地下”艺术参加国际大展，往往并非因为艺术成就，反而是政治的“独特”身份使它们充当了冷战意识形态的符码。如1993年11月19日的美国纽约《时代》周刊，以方力钧的一幅《打呵欠的人》作为封面，但在西方评论家的眼中则是一个政治象征，印在该期封面上的大标题是“不只是一个呵欠，而是解救中国的吼声”，这样的解读无非是把它指认为这是来自社会主义中国的前卫艺术。

所以说，中国前卫艺术活跃于国际展事之时，随之也带来了一些值得思考的问题及现象。东方的中国似乎还是要扮演“他者”的特殊形象，才会引人注目，才会因为特殊而具有存在的理由和价值。作为强势文化的西方艺术在中国打开国门之后，已呈长驱直入的难遏之势，并在中国本土寻找到相对程度的认同与接受，中国已变为一种后现代文化生产的资源，一种与西方文化相异的代码，并成为大规模文化生产与消费的一部分。因此，从总的状态与趋向来考察，中国当代艺术仍处在那种西方式的被动跨国文化交流之中，总是乐于去发现对方的特异之处。在东、西方新的二元对立关系中，作为被观看的对象，处于一种“俯视”或“低视”的被选择之中。

尽管中国当代艺术在西方频繁亮相，但其主办者及策划者由于在意识形态上的惯性和偏见，很难达到在相似与差异中与西方之间的真正沟通和平等的对话关系。由此导致了中国当代艺术家殚精竭虑地揣摩西方人的心理，塑造并展示所谓的“当代中国艺术的形象”。虽然中国当代本土的艺术家在自己的现时的地域空间中难以充分地展示，有以上介绍的众所周知的原因，但也不可否认，西方的“选妃”方式也是造成“中国当代艺术形象”符号变异的一种因素。鉴于此，一些新成长起来的年轻艺评家和策展人开始意识到这种不正常的非公平的对话关系。如果说在此前更多的是一种原发的、针对中国现行体制的冲击，那么到了1990年代中后期，已自觉意识到这一文化针对性的范围在扩展，直接指向国家间的艺术体制或系统。突出的例证是，我和一位艺术家朋友于2000年11月在上海双年展期间策划的外围展“不合作方式”，其初衷就是希望中国的前卫艺术在与体制和与西方艺术系统的主流及权力话语的“不合作”立场中，生成并确认出一种自为的、独立的中国当代艺术形态。

这些年轻的艺术家为了探索实验艺术而采用非体制的方式来完成创作，但在国际展览中被指认为“持不同政见者”，而他们的艺术表达并没有得到应有的承认。事实上，从许多作品的内容以及表达来看，更多的是表现历史经验和集体与个人的记忆，或是对都市生活发生强烈兴趣，或是探索自身身份，是一种私人化和个性化的表达，而所谓的政治反抗、意识形态的斗争，更是无从说起。因为经过几十年“统一”的“宏大的话语叙事”之后，逃脱坚冰的他们所愿意做的恰恰是淡化或避开意识形态，而努力挣扎出属于自己的私人表达。或者准确地说，他们的理想根本不是成为“反专制的斗士”，而更想做中国实验艺术的践行者。进一步说，在利益混杂的当今国际社会，中国被迅速卷入全球化进程中，在游戏与被游戏、国际与本土之间，用这种“后冷战的冷战思维”来读解中国艺术，成为1990年代中国前卫艺术获得“国际身份”所必然要遭遇的境遇，这或许是第三世界的社会主义艺术家在全球化和后冷战的历史语境中走向世界或国际的共同困境吧。

五、独立策展人

如果联系到1990年代的中国文化空间，独立策展人在影响前卫艺术变化的进程中起到了不可忽视的作用。从1990年代初期开始，在中国当代艺术系统内出现了一批活跃的独立策展人，比较活跃和具有影响的独立策展人有：刘骁纯、皮道坚、贾方舟、彭德、栗宪庭、王林、范迪安、黄专、鲁虹，以及相对年轻一些的廖雯、张朝晖、冯博一、冷林、顾振清、朱其、黄笃、王南溟、吴美纯、皮力、舒阳、张离等。他们通过展览策划，逐渐成为介入当代艺术范畴的新的话语力量，并对中国当代文化和当代艺术的变化起到了推动作用。

这里涉及一个策展人的身份问题。在中国，独立策展人的身份大多是由美术批评家、美术院校史论系的专业教师和艺术专业杂志的编辑、记者的身份兼顾或转化过来的。当然，也有艺术家兼做策展人的，如邱志杰、朱金石、徐震等，真正的职业策展人并不多。

目前，如果要对由独立策展人策划的前卫展览进行分类的话，我以为大概有五种类型。

第一种是依据并敏感察觉到创作的某种现象，从批评的性质进行分析、判断，提出策展理念的建构，从而促成一种艺术潮流的生成。如尹吉男、范迪安等批评家策划的“新生代”艺术展，栗宪庭和张颂仁于1992年策划的“后89中国新艺术展”，不仅带动了“政治波普”“玩世现实主义”的创作，还将中国前卫艺术正式推上国际舞台和引入西方艺术市场。再如栗宪庭于1999年策划的“跨世纪彩虹——艳俗艺术”等，他在1990年代中国当代艺术中的主要作用是，隔几年就会提出和策划引导具有艺术潮流趋向的展览和观点。

第二种也是根据艺术家创作的某种业已成为样式的创作状态，进行学术梳理和归纳总结。如：冷林于1998年策划的“是我！——90年代艺术发展的一个侧面”展，概括并分析总结出艺术家将自我形象作为画面呈现的主要图式的创作现象及其文化背景；还有2003年高名潞策划的“中国极多主义”展和栗宪庭策划的“念珠与笔触”展、皮力策划的“非聚焦”展等。他们从艺术家的具体观念和作品的语言方式出发，从作品本身与创作背景之间的语境关系的角度去剖析某种独特的艺术现象及其发生的意义。

第三种是在策展思路上对艺术家创作的语言方式和材料有一个具体的规定性，如：1999年，栗宪庭策划的“酚苯乙烯”展，将充斥在中国日常生活中的工业化产品——塑料，作为“第二手物质”在策展中提示并转化为艺术家创作的规定性材料，从而对艺术创作上的材料媒介本身所带有的符号性隐喻进行了新的挖掘。

第四种是针对某种创作倾向中存在的一些问题而表明立场、态度和方法的集合性展览，如：1999年，邱志杰和吴美纯策划的“后感性：异型与妄想”展；2000年，我和一位艺术家朋友策划的“不合作方式”展等。

第五种是强调展示方式和空间处理的实验性展览，如：我在1998年初策划的“生存痕迹”展，强调参展艺术家的创作要以边缘化的立场进行本土性的“就地创作，就地展示”；1999年，徐震等策划的“超市”展；2002年，徐震、杨振中等策划的“范明珍与范明珠”展等。它们最大的成功之处在于场地空间戏剧性的安排，新奇与讽刺性使得这些展览有别于近年流行的拼盘式或沙龙式的展览。

独立策展人成为了一个连接创作与艺术家和社会的媒介角色，展览本身可以视为是策展人的作品，而这一作品又是由整个展览和艺术家个人作品集合构成的。相对以往的批评方式，这里增加了展览作为其批评的视觉支撑，而这个展览是由策展人积极主动地直接策划和布置的，往往得到专业和大众传媒的广泛关注。一方面标志着策展人的主动介入和其在公共文化生活中位置的提升，另一方面也拓展了艺术家在创作观念、媒材的选择、展示空间的有效利用上新的可能性。

另外，策展人直接参与艺术家参展方案的讨论与实施制作，也在一定程度上影响了艺术家作品的质量及实施完成。如果从观看展览受众的数量范围和大众媒体的关注程度来说，展览视觉的现场感和直接性远远大于单纯的文字叙述本身和图片平面化的影响力。我以为，这是策展人通过策划展览的方式使中国前卫艺术相对广泛地进入大众视野的一种社会化的体现。这种介入的力量对于中国当代艺术的进程具有建设性意义。实际上，独立策展人把策展当作表达自己对当代中国和世界文化现实问题思考的一种手段来理解与运用的，具有强化策展而产生的艺术批评的社会化功能。同时，通过展览策划能够给艺术家提供一个创作展示的空间和机会，使展览能够聚集更多的艺术家和制造更多的实验艺术的可能性。

体制外的中国前卫艺术因为处在“地下”的状态和在海外活跃的事实，而被表述为与“边缘与中心”相对抗、逃离的叙述方式。“边缘与中心”的表达是与“体制内与体制外”的叙述相重合的，因为“体制”代表着官方，而“独立”于体制之外，就意味着或扮演着非体制、非官方的立场，进而代表着自由和对抗体制，在这个意义上，成为独立策展人或艺术家突围而出的所指。

对于前卫艺术家而言，其“独立、自由”的表述与其说指认着脱离体制的行为，不如说成为构置一种高度抽象化和意识形态化的“自由、独立”的文化想象。在这种非此即彼的想象中，遮蔽了这些脱离国家体制之后走向的远非自由的天地，而是另一种系统的权力话语的支配。对于独立策展人来说，所谓的“独立”也需依赖于海外资本和国内民营资本的垂青。所以说，在这份“自由、独立”的表述下，非体制并非“世外桃源”，并非突围而出的逃离之路。比如现在流行与兴盛的与房地产商合作举办的一系列当代艺术展的现象，反而又落网于自由市场即资本的宰制之中。所以，近几年出现的与官方艺术系统的合作，也有其发展的逻辑必然性。

六、浮出水面

1990年代末期，中国前卫艺术存在的样态发生了一个显著的变化：从以往来自民间的“地下”的展览方式，或在一种“走向世界”的强烈冲动下，渴望在西方获得认同的诉求，接受国外艺术机构邀请在国外呈现中国前卫艺术的状况，开始转入公开地与现行官方体制和机构进行比较全面的协调和合作。

官方的展览机构开始首次接纳装置、影像等多媒介艺术作品参展，其中主要的大型展览有：

2000年、2002年，两届上海双年展的延续举办；2001年，圣保罗双年展中国国家馆的设立和展出，中、德文化年的中国当代艺术展；2002年，广州艺博院和广东美术馆相继主办的“中国当代艺术三年展”和“广州当代艺术三年展”；在文化部及中国对外展览中心协助下，中、日、韩三国的“狂想曲”展；北京青年报主办的“传媒与艺术”主题展；与当年红军长征沿途各地方机构合作的“长征——一个行走中的视觉展示”；“平遥国际摄影节”中的当代摄影展；2003年，第50届威尼斯双年展中国国家馆的设立和展出；中、法文化年的中国当代艺术展；中国美术馆建馆40周年大型美术展览，首次将中国前卫艺术纳入“实验、探寻”的主题展中；由文化部和中国美术家协会主办的首届“北京国际美术双年展”等等。

之所以形成这种情况，主要有以下几方面的原因。一是随着文化全球化的蔓延，中国官方文化策略调整，希望利用当代艺术树立当代中国的文化新形象。二是中国前卫艺术的活跃和对现实文化的针对性，以及不断引发的争议性话题，已逐步渗透、影响到以往保守沉闷的官方主流艺术领域，使其开始被动地认同和接受这一现实。三是中国前卫艺术家注重创作实践与大众的互动性关系，努力探索真正的中国方式，从而摆脱前卫艺术圈子化和表现方式的晦涩、反观众等倾向。四是日益发达、活跃的城市大众文化的需求。

在这种协调与合作中，尽管存有妥协的方面，但如果从积极的角度分析，仍不失为较充分地利用了官方现行的管理机制和展示空间，扩大了当代艺术受众面的影响力。据统计，在上海双年展和广州的两个三年展展出期间，有不下十几万的参观人数。尤其是广东美术馆主办的首届“广州当代艺术三年展”，展览期间，在大学等公共场所，邀请艺术家和策展人、理论家做讲座，相对以往，较大地扩展了当代艺术的普及与传播。如此规模的展览，在中国目前缺乏基金会机制和大众对前卫艺术难以普遍接受的情况下，仅靠来自民间的力量是暂时难以充分办到的，而对于许多非官方和非展览空间的“地下”展览来说，也是不可想象的。坦率地说，在某种程度上，实现了1990年代初期中国前卫艺术家和策展人的初衷与愿望。

当然，这种协调与合作也相应地带来并反映出了一些问题。

第一，在这些展览陆续与普通观众见面后，“体制”终于不能再成为借口和理由，习惯以“反体制”形象出现的独立策展人将怎样面对这一新的创作环境？怎样在个人的艺术特质和大众的需求中找到新的平衡点？独立展览的价值在新的环境中应当怎样体现？

第二，是受到官方现行文艺政策的某种限制。中国当代艺术三年展在开幕前夕的审查中，有些作品被要求撤换或调整；广州当代艺术三年展的个别作品，尽管在1990年代很具有代表性，但也因涉及一些问题而难以展出，最突出的例证是黄永砯的《蝙蝠计划Ⅱ》，在开幕前因官方不允许展出而被迫拆毁。

第三，相比较而言，纳入官方系统后的这种展览，缺乏边缘性中小型展览的主题明确和尖锐性、实验性的价值与意义。

第四，一些独立策展人应邀参与策划，即所谓受到“招安”后，如何在改变策略的基础上保持其独立的文化立场和姿态，并在多大程度上实现着自己的理想，也是值得探讨的问题。

第五，国际通行的双年展、三年展的模式使中国前卫艺术开始合法化和体制化，但这并不意味着艺术多样性和媒介的合法化，以及一种体制合法化之后的权力扩张，其深层的问题还是中国当代艺术的现代性和当代自我主体的关系是什么。如果这种展览的范式不能确立自己的新锐性、挑战性和把握严格的艺术界限的话，体制化后的这种展览实际上是在背离其创立的初衷。

如果说1989年的中国现代艺术大展是“85美术思潮”的告别，那么2000年和2002年的上海双年展、2002年的首届“广州当代艺术三年展——重新解读：中国实验艺术十年（1990—2000）”等展览的举办，是否可以意味着中国的前卫艺术在与官方艺术体制合作后，开始从“地下”浮出水面，意味着“地下”状态的终结而进入一个民间、体制、商业机制、野生等各自为政的多元混杂、交织进行的状态或新的历史阶段？

当下的中国前卫艺术似乎没有中心、主流、边缘的严格区分，仿佛完成了一幅后现代中国或全球化中国的艺术谱系。

七、本土想象

然而，中国对于世界所产生的魅力，一个在于它的传统文化与西方有着全然不同的精神气象。另一个魅力在于西方对中国的政治想象，也就是中国在国际共产主义运动史中的象征意义。随着改革开放的深入，中国正在发展出一种淡化意识形态的现实生活。图腾式的文化秀和非官方的艺术形态，以及政治戏谑的符号游戏，已经令人极度感到审美疲劳。当前国际政治的风水已经改变，战略敏感点已经迁徙到其他政治地缘空间，这必然导致中国艺术身份政治牌的贬值。就国内来说，文化传统处在中空状态，政治热度和敏感度早已降温，中国人现实生活的经验已经相当西化，但在精神上却缺乏皈依与寄托，追求物质化和娱乐化占据着日常生活的所有空间。所以，如果中国的当代艺术拿出的依旧是老把式，那无非是在用一代和几代人的艺术生命去维持一个虚假的中国想象。那么在这种情况下，未来的中国当代艺术将是一种什么样的生态？或者说如何支撑当代中国人的精神空间？

在面对全球化的时候，我们面临着许多问题，也有共同的期望和渴求，而这些都是在面对西方的冲击时产生的。一方面，对西方生活样式充满着期待；另一方面，又需要一种温和的传统方式来“中和”西方的冲击力。那么，中国新的社会形态是什么？它是一种经济高速发展中诞生的某种新的富有阶层的共同性。在中国，它给了中国年轻的白领一种自我想象的方式。而这种中产阶层文化里有面向未来的自信心。同时，一种以大众文化为先导的新的中国社会意识也在形成中。这种意识不是追求将中国西方化，而是追求新的本地化的后现代生活，这种生活紧紧跟随时代的潮流，但又有自身的特色，它既不是西方的，又不是传统的，而是两种或更多地域文化的混杂。这大概就是所谓的“全球本土化”，也就是在全球化的结构中适应本土性的要求。所以，这个新的富有的中国形象是面向未来的，充满了前倾的冲动，充满了对于新生活的渴求。

在中国的当代艺术中，活跃的且充满诱惑的都市生活，已经越来越成为艺术家进行创作和激发艺术想象的主要资源，与消费主义的合法化相同构，理想与现实的界限模糊，获得幸福与追逐名利等同，日常生活的意义被放大为艺术的中心，而往昔的现代性价值被日常化了。也就是将人们的日常生活关系从地域情景移植到全球或亚洲的情景之中，形成一种全球的或亚洲的共同文化经验，一种中国新意识的自觉和价值取向正在生成。

八、新趋向

如果从中国现当代艺术史的角度考察艺术与现实的关系，就会发现艺术与现实的关系犹如是时代和社会的一面镜子。有两个值得注意的倾向：一是许多艺术家始终执着于艺术对“现实”直接的投射和反映，相信现代性能够洞察生活的真相和现实本身，于是，艺术的作用自然成为对历史趋向的反映；二是始终执着于宏大历史进程的表现，执着于探究紧迫的民族和阶级冲突下的社会状况与革命激情。这两者都与中国现代性历史所面对的民族屈辱和社会危机紧密相连，是中国的历史必然和中国现代性的特点之一。

改革开放之后，社会转型所造成的中国现实本身的复杂性和丰富性，为中国前卫艺术提供了可利用的充沛资源，根植于现世的奇景异观也是使其具有独特魅力的原因之一。许多艺术家根据自身的成长经验、生存记忆与当下的文化情境，使创作具有明确的现实文化针对性。这方面在1990年代的中国当代艺术中是最显著的表征，也是中国前卫艺术不断受到国际艺术界青睐的原因之一。

然而，在这一趋向的过程中存在着令人担忧的问题。其问题的普遍性在于，艺术家的创作虽然在材料媒介上有些变化的尝试，比如采用装置、影像、行为等新的方式，但在观念或方法论上依旧延续的是一种现实主义的思路与态度，这种对现实一对一的汲取，缺乏艺术上的转化和超越，而流于一种廉价的所谓当代性的体现，或陷入庸俗社会学意义上的表现，造成了许多艺术家的创作都是一种表现现实题材的视觉泛滥的现象。其实，现实的精彩往往超过了艺术家作品的视觉张力，而艺术家似乎缺失了在现实的形而之上的超验性表现。因为，对当代文化境遇以及在这种处境中的个人生存的思考和敏锐，将导致对旧有艺术形式在方法论上的改造，而艺术家需要的是用一种规定为“艺术”的方法和话语来体现这种思想观念。

自“五四”以来，中国现代文化的显流一直是一种文化激进主义，“为人生而艺术”的呐喊伴随着中国文化艺术的发展，虽然在新中国成立后，这种左翼的激进态度被官方定义为一种带有政治权力的意识形态，但仍然影响或隔代延续着这种革命性立场。而改革开放以来的中国前卫艺术正是以此为标榜的，挑战传统，颠覆秩序，批判现实，甚至采取某种极端的行为方式。中国前卫艺术之所以如火如荼，不断受到国内外的青睐，与其和现实的密切连接有着直接的关系。当然也正因为如此，造成了这一“江湖”的机会主义和急功近利的种种现象存在，这也是中国前卫艺术被舆论不断诟病的原因。

但被左翼所遮蔽的另一潜流——“为艺术而艺术”的传统，在启蒙和救亡的现代性之外，仍然有一种“审美的现代性”在发挥作用。然而，倾向于“审美现代性”的纯艺术的这一传统，在中国的现代性中一直没有得到充分实现的机会，也一直在中国现代性的艺术系统中受到压抑。

1990年代之后的中国全球化和市场化的进程，以及高速经济成长，带来了一系列和“五四”以来的现代性完全不同的历史背景和社会形态。运用“五四”之后的“阐释中国”的框架，难以面对今天中国的现实的变化，而“为人生”的想象其实也已经难以应对今天的中国全球化和市场化之下的人生。艺术似乎终于达到了前所未有的“纯度”，终于变成了一个安静的领域，让人在其中进行探索。这正是“新世纪文化”的表征。“为人生”的艺术原来所承载的沉重使命已经被悄然消解，纯艺术似乎有了发展自己独立性的客观基础，艺术也越来越真正回归“自身”。这当然不是说艺术有孤立于世界之外的“自身”，而是说我们对于艺术的想象和要求有了改变，而这一改变恰恰是艺术随时代而改变的新形态，艺术逐渐变成了一种高级的、边缘的、人性的话语。具体呈现出了以下的新趋向：

一是年轻艺术家对“自我”形象的处理和塑造，与1990年代以来如方力钧、岳敏君等一批艺术家相比，有着完全不同的意味。方、岳是将消费文化影响下流行的矫揉造作的姿态和暧昧矫饰的心理状态，滑稽而夸张地表现出来，试图把当代中国正在兴起的消费社会中的时尚化生活，加以反讽地进行波普化处理，隐喻出人们对永恒、深度模式的追寻所形成的焦虑和失望，幻化成消解式的、肤浅的脸谱和面具。而年轻艺术家的“自我”，不是一个缺少生命力的虚假者，而是现实社会真实自我的另一个放大；或者说是对“自我”更加精彩、完美，更加偶像化的虚构形象的重塑。如何将自我的人格力量凸显在虚构的维度上，并带到社会现实之中，已成为他们这一代艺术家的一种选择。这种选择本身显示了他们对未来的自信和憧憬。当代社会的特征已变为文化审美与物质享受的悖反与分裂，对唯美的创作也因此在更纯粹的意义上成为人文精神上的自我写照和自恋。

二是除了“自我”肖像的虚拟之外，艺术始终也围绕着“自我”身体的虚构。从某种角度看，消费社会中的美学是身体美学。这样说虽稍嫌夸张，却并不虚妄。在当代消费社会，身体越来越成为现代人自我认同的核心，大众传媒对于身体的兴趣更是无比强烈，各种各样的时尚化的大众报纸、杂志到处充斥着各种各样的身体意象。当然，对于身体的兴趣并不是新鲜的事儿，但在当代大众文化与消费文化的语境中，身体的外形、身体的消费价值成为人们关心的中心，现代城市中各种男女明星光彩照人的玉照已经成为大众，尤其是少男少女们打造自己身体的标准。他们已经成为当今视觉文化的核心主题，成为都市显目的风景线。所以在一个把生命意义建立在年轻、性感的身体之上的时代，身体的外在显现成为自我完美的一种象征。

三是具有叛逆性和顺应性的混合。艺术在强调“自我成长”和“自由选择”中，表现出了一种强烈的浪漫情怀，但这种浪漫却是按照市场的逻辑来运作的。因为在文化全球化的今天，一种新崛起的社会文化已经有了新的规范和秩序，这种规范和秩序乃是建立在市场化的基础上。在它们成长的过程中，没有经历物资匮乏的生存困境，所以，它们的表现带有一种“物化”的感情，具有消费主义文化的特征。在消费中，个人能够发现自我，彰显个体生命的特殊性，消费行为成为个性存在的前提。个体生命的历史和存在被赋予越来越大的意义，这是一种个体生存实在经验的叙述。这种经验不是对现实的反抗，而是和现实达成一种辩证关系。因为，生存对于他们来讲不是一个问题，他们的问题是选择的对象和方式。他们已经摆脱了艺术干预生活的一厢情愿式的天真，而更倾向于营造自己的话语空间，通过作品表达自己的个性和良知。当然这里也包含着某种自觉的文化批判意识。但他们已经不存在20世纪末常见的与周围环境以及与自身的高度紧张关系，而是似乎把各方面的关系都理顺了，没有回避生活中那些不如人意的种种事情。

这些东西已经不再是严重干扰的、需要加以排除的或与之对立的力量，他们将其看作是做事情的前提，他们首先接受了这些前提，处之泰然，然后再看看在这种环境下自己能够做些什么。因而在他们的作品中，你能够感受到一种致力于创作本身的沉静，在他们身上你还可以看到一种此前很少见过的气闲神定、举重若轻的东西。他们已经将自己调整到自由创作者的位置上，拥有一种比较纯粹的心态与表达。这也是对于1990年代以来中国前卫艺术的泛政治化、意识形态化的一种反驳。面向未来而不是营造怨恨的可能，似乎更加值得我们所有关心中国当代艺术和中国本身发展的人们关切。这是十分值得关注的新文化现象。

这个越来越多元的时代，将把我们带向不知何方的现代化过程，使一切都变化得急速而扑朔迷离。在一个转型的时代里，事物是那样的复杂，许多边缘都是模糊的，人的欲望、相互间的交往、权力的运作，包括我们以为理解透彻的金钱关系，其实都并非那么清晰可辨。年轻一代的创作也许难以界定，没有我们惯常的解读艺术的种种标准和具体表现什么的意义，他们无意探究人的不确定性或命定似的宿命，而是在类似游戏般的自我叙述的虚构中，塑造一个个好看的形象。也没有极端的叛逆、反讽或质疑，一种未来对于现实的掌握使得“过去”的记忆不再是他们创作的关键。现实已被未来控制，过去已经变成一种绝对的过去，抑或也已经变成了一个历史的装饰。而他们提供了当代艺术家对未来的另类想象及无限的可能性，或许还是一种新艺术趋向的预示。

此文最早是为首届“广三展”画册写的文章，因忙于展览策划工作，未完成。之后，应费大为约稿，首次发表于2004年在法国里昂当代美术馆举办的《里里外外——中国当代艺术展》英文版画册，题目为《从“地下”到“地上”——关于20世纪90年代以来的中国前卫艺术》；在国内发表于《艺术评论》杂志2004年第7期，并收录在贾方舟主编、河北美术出版社出版的《2007中国美术批评家年度批评文集》中。

7

蓝天不设防

2003

“蓝天不设防”艺术行动海报

我在地面上，蓝天不设防
——抵抗“非典”疫情的“蓝天不设防”艺术行动

1 “蓝天不设防”艺术行动是在2003年“非典”疫情最严峻之时，民间自发组织和举办的一次抵抗瘟疫的艺术活动。由艺术家徐勇、黄锐发起，我和舒阳具体策划。因为徐勇的关系，这次活动由首都旅游集团、北京胡同文化游览有限公司共同主办。

活动题目是我借用电影《罗马不设防》的名字改编的。“非典”疫情期间，我们格外向往与憧憬“蓝天”，如同艺术家伊德尔的参展作品的题目——《我在地面上，蓝天不设防》。

标语“蓝天不设防，我们能战胜”，徐勇提供

2003年5月24日，从上午10点30分开始，“蓝天不设防”艺术行为在北京亦庄经济技术开发区南边的露天草坪空场举行，以放风筝的行为方式为主，还有装置、地景、摄影的展示和音乐表演等综合活动。6月1日至14日，又将部分作品移到798艺术区徐勇的“时态空间”和东京画廊巡展。

“非典”是2003年春季开始在全国蔓延的。第一次经历这种猝不及防的天灾和焦灼、无奈的处境，显示了我们人类的渺小和脆弱。封闭在家和戴口罩出行，成为抵御瘟疫最有效的方式。好在公共卫生系统医护人员的奋不顾身，媒体、信息的相对开放和客观报道，坚定了我们抵抗瘟疫的信心。作为艺术从业者，通过艺术的方式驱灾祛病，成为我们义不容辞的社会责任，而以艺术方式感受并记录这场特殊的灾害，以艺术自由精神抵抗“非典”带给我们的困境，也就成为我们可以把握和实施的一种选择。或许，“在地行动”才是治愈一切迷茫的最有效办法！

“蓝天不设防”艺术行动中张小涛作品《我想飞》现场

这既是我们这次行动的现实针对性，也是我们策划这一活动的公益性、公共性的现实依据。徐勇借用了马丁·路德·金“我们能战胜（We Shall Overcome）”的名句，象征胜利的“V”字形设计，便成为“我们能战胜SARS”的口号和这次艺术行动凝聚力的标志。

2

这次活动，缘起于2003年5月3日下午的一次聚会。应徐勇之邀，黄锐、舒阳和我，以及吴小军、石心宁等几位艺术家，来到了北京什刹海后海湖心岛上的“倒不了吧”见面。当时，徐勇在经营北京胡同文化游览有限公司，这是他的地界儿。聊天中，自然离不开“非典”疫情的话题，我们都意识到应该在这一特殊时期做些力所能及的事情。

徐勇在“非典”期间，看到北京中轴路上有很多人在放风筝，由此受到启发，首先提出了“放风筝，抗非典”’的创意。

我们都认同并决定策划一次艺术行动。舒阳根据我们的讨论，起草了一份关于“蓝天不设防”艺术活动的方案，即以艺术的名义，以放风筝为主要方式，通过艺术家的创造力、幽默感，消解“非典”时期所造成的焦虑和恐惧情绪，表达艺术家达观的态度和战胜瘟疫的勇气，其目的在于重新唤起人们在瘟疫灾难面前的生存希望和对未来的信心。

最初的活动地点，徐勇联系的是京郊旅游区的“康西草原”，希望利用其开阔的自然环境，为艺术家提供富于挑战性的艺术活动场所。5月中，徐勇开车带我们专门去了一趟康西草原考察现场。但因为当时北京市政府已下发了限制公共场所聚集的通知，主管部门最终没有同意。徐勇又联系了北京市旅游公司，北旅帮助推荐到北京亦庄经济技术开发区南边露天草坪的空场。

史玉庚、史诗作品《透明天空》，史诗提供

那时的亦庄，还在开发建设中，有足够的地方让我们折腾。徐勇又接着寻求北旅的赞助，他们觉得这个活动挺好，表示支持，还答应赞助8万元。但对“不设防”的提法有些顾虑，要求徐勇把“蓝天不设防”的主题改成接近旅游品牌的“蓝天”。徐勇找我商量，我没有同意。因为“蓝天不设防”是一个完整概念，不能拆分。北旅倒没有坚持，仍然挂了主办单位之一，但8万元赞助却泡汤了。

徐勇以北京胡同文化游览有限公司的名义，自掏腰包赞助了8万元，包括3万元人民币现金，提供给每位艺术家300元的材料费补助。他还到山东潍坊定制了7000个写着“我们能战胜”的V字形风筝，并免费提供了他在798“时态空间”的场地举办巡展等。为了这次活动的顺利实施，徐勇倾注了大量的心血。黄锐也帮助联系了798的东京画廊，免费提供了巡展的场地及工作人员的配合。

3

最初，我对这次活动多少有些犹豫，担心外界以为我是在作秀，或有迎合宣传的功利嫌疑。但考虑到当代艺术的功能，除了探索、质疑、批判之外，更应将社会的突发事件转化为当代艺术的一种社会实践。这是当代艺术范畴里重要的意义——以艺术方式表达我们对这场灾难的态度和立场，唤醒我们的社会责任，激励人们去实现愿景或修订时弊，力所能及地使人们参与到社会现实的建构之中。

对我来说，这也是我的策展实践中，尝试直接介入正在发生的社会事件的一种即时性的特别方式。社会性艺术实践的核心，在于不断地行动，连接在一起就有可能形成一股不可忽视的力量，而不是“一个人”去战斗。社会的改变，往往就生发在参与者的细节之中，那是无法在抽象的理论中被发现和看见的。

4

从2003年5月3日开始商定，到24日举办，短短20天的筹备过程，时间是异常紧张的。当我们分别将活动邀请函发给艺术家时，超乎我们预料地获得了他们积极的响应。60位参展艺术家的51件（组）多媒介作品，都是根据“非典”疫情的经历、体验和展览主题创作的新作品。这次活动，可以说是社会事件在当代艺术活动中最快速、最有效的一次回应。

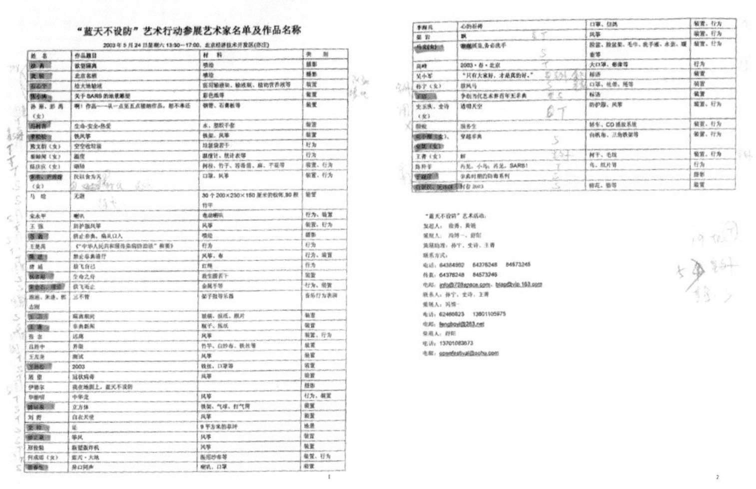

“蓝天不设防”艺术行动参展艺术家名单及作品名称

2003年5月24日星期六13:30—17:00，北京经济技术开发区(亦庄)

姓名	作品题目	材料	类别
[illegible]	被留隔离	喷绘	摄影
[illegible]	北京名楼	喷绘	摄影
[illegible]	给大地输液	医用输液瓶、输液瓶、植物营养液等	装置
[illegible]	关于SARS的地景雕塑	彩色纸等	装置
孙原、彭禹（女）	啊！作品——从一点至五点接纳作品，都不奉还	钢管、石膏板等	装置
[illegible]	生命-安全-热爱	水、塑胶手套	装置
[illegible]	铁风筝	铁架、风筝	装置
熊文韵（女）	空空收垃圾	垃圾袋若干	行为
崔岫闻（女）	温度	温度计、统计表等	行为
陈庆庆（女）	[illegible]	树枝、竹子、[illegible]、麻、干花等	装置、行为
[illegible]、[illegible]（女）	民以食为天	口罩、风筝	装置、行为
马晗	无题	30个200×230×150厘米的帐篷，90根竹竿	装置
宋永平	喇叭	电动喇叭	行为、装置
王强	防护服风筝	风筝	装置、行为
[illegible]	拒止非典，病从口入	喷绘	摄影
王楚禹	《“中华人民共和国传染病防治法”摘要》	行为	行为
[illegible]	禁止非典通行	风筝、布	行为、装置
唐城	放飞自己	红绸	行为
[illegible]	生命之舟	救生圈若干	装置
[illegible]、[illegible]	[illegible]	金属手等	行为、装置
[illegible]、[illegible]、郭志刚	三不管	架子鼓等乐器	音乐行为表演
[illegible]	隔离期间	玻璃、报纸、照片	装置
[illegible]	非典新闻	瓶子、报纸	装置
张念	远离	风筝	装置、行为
吕胜中	界限	竹竿、白纱布、铁丝等	装置
[illegible]	测试	风筝	装置
[illegible]	2003	铁丝、口罩等	装置
展望	冠状病毒	风筝	装置
伊德尔	我在地面上，蓝天不设防		摄影
华继明	中华龙	风筝	行为、装置
[illegible]	立方体	铁架、气球、打气筒	装置
刘野	白衣天使	风筝	装置
[illegible]	[illegible]	9平方米的草坪	地景
[illegible]	筝风	风筝	装置
[illegible]	病毒轰炸机	风筝	装置
何成瑶（女）	蓝天·大地	医用纱布等	装置、行为
[illegible]	异口同声	喇叭、口罩	装置
[illegible]	心的祈祷	口罩、信鸽	装置、行为
梁岩	飘	风筝	装置、行为
[illegible]（女）	[illegible]风里，务必洗手	脸盆、脸盆架、毛巾、洗手液、水壶、暖壶等	装置、行为
[illegible]	2003·春·北京	大口罩、[illegible]等	行为
吴小军	“只有大家好，才是真的好。”	标语	装置
孙宁（女）	旋风号	口罩、纸伞、绳等	装置
[illegible]	争创当代艺术界百年无非典	标语	装置
史玉珠、史诗（女）	透明天空	防护服、风筝	装置、行为
[illegible]	服务生	轿车、CD播放系统	装置、行为
[illegible]（女）、[illegible]（女）	穿越非典	白帆布、三角铁架等	装置、行为
王青（女）	鲜	树干、毛线	装置、行为
[illegible]	再见，小鸟，再见，SARS！	鸟、纸片等	行为
[illegible]	非典时期的防毒系列		摄影
[illegible]、[illegible]	封存2003	棉花、[illegible]等	装置

“蓝天不设防”艺术活动：
发起人：徐勇、黄锐
策划人：冯博一、舒阳
策划助理：孙宁、史诗、王青
联系方式：
电话：64384902 64376248 84573246
传真：64378248 84573246
电邮：info@798space.com、blag@vip.163.com
联系人：孙宁、史诗、王青
策划人：冯博一
电话：62466823 13801105975
电邮：fengboyi@263.net
策划人：舒阳
电话：13701083673
电邮：openfestival@sohu.com

参展艺术家名录及作品清单

5 参展作品的类型和形态，我在当时撰写的文章《让我抖抖灰——关于“非典”时期“蓝天不设防”艺术行动的台前幕后》中有所描述。其中，有几位艺术家的作品，最具有针对性和代表性。

吕胜中的作品《界限》是这次活动中最大的装置作品。九顶医用纱布和竹竿搭制的白色帐篷，间错地在草地上排开，每个立面都用水墨画着老吕自身的剪影形态，躺着的、爬着的、走着的和站着的……不禁让我想起从2020年开始至今的新冠肺炎疫情期间的隔离、封城、方舱医院等情景。吕胜中原定于2003年6月初参加威尼斯双年展，因“非典”疫情，中国馆被取消而未能成行。记得我电话邀请他参展时，他说：“我正在家里憋得难受，本来就琢磨着做一件作品，你的‘蓝天不设防’主题与我的想法不谋而合。”于是，他在很短时间就创作出了这件作品。

吕胜中作品《界限》，吕胜中提供

徐勇作为发起人，也创作了题为《欲望隔离》的摄影作品。八位身穿白色隔离服的男女，斜靠在八把折叠椅上，一字形等距离排开，疲惫、倦怠、憋闷而又戒备的状态，从宽幅喷绘的白色背景上映衬出来，那是我们当时真实境遇的直接写照。

徐勇作品《欲望隔离》，徐勇提供

隋建国和他的学生高峰也是直接参加了巡展，一组行为摄影作品《"非典"时期口罩的N种用法》，将口罩与身体相结合，强化了"非典"时期利用率最高的口罩符号的视觉张力。而高峰的另一组行为作品《2003年5月》，把口罩延伸到自我日常的生存空间，可以说口罩的功能、用途，被他发挥得淋漓尽致，幽默且荒诞。

王强的作品是由一系列的行为、装置、放飞来完成的。以他为首的创作小组，先是互相用白色油彩化妆成口罩的样子，然后像扎纸人一样将白衣天使形象做成风筝，涂有红十字、肺标识的《防护服风筝》在蔚蓝的天空中飘浮，如同“非典”疫情之下的精灵一般。

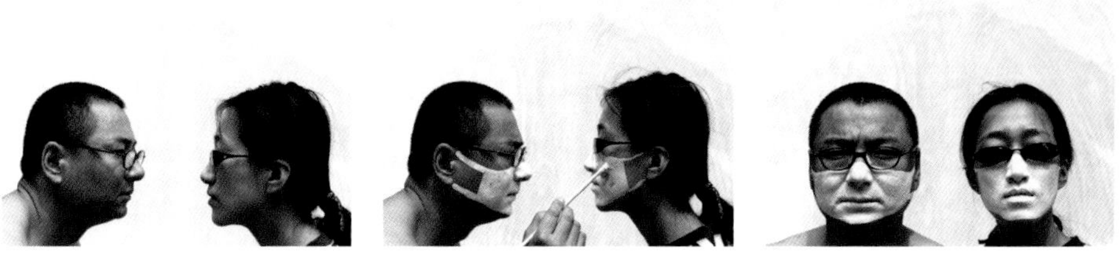

王强作品《防护服风筝》实施过程，王强提供

王强作品《防护服风筝》效果，王强提供

李海兵制作了一批口罩，亲手绘制的国旗图案与口罩并置在一起，我们戴着这件口罩作品参加了整个活动。2020 年 5 月初，他在微信群中又发了这组图片，并说明：“这个特别的国旗口罩是我在 2003 年‘非典’时期制作的，它有着非同一般的内涵。第一张图是 2003 年作品《心的祈祷》的局部（此作品参加了‘非典’时期冯博一先生策划的‘蓝天不设防’展览）；第二张图是我在 2020 年 4 月拍摄的，使用了 2003 年制作的那个口罩。两幅照片的组合形成了今天的新作品《口罩还是那个口罩，我已不是那个我》。两幅画面，相同的元素是口罩、我、构图；不同的元素是时

间、天气、我的年龄、眼睛、衣服，手中的鸽子换成了简陋的树棍十字架。除了口罩还是那个口罩，其他都已经改变。”

朱金石和理论的作品是《欲飞而止》，他俩在摇滚音乐的伴奏下无休止地将一只佛手不断地抛向天空，而摇滚是泡泡、朱迪、郭志刚三人组合的现场演奏，也是这次活动唯一的音乐表演。

宋冬和尹秀珍当时不在北京，没有来得及参加5月24日的行动，作品《民以食为天》参加了6月1日在798“时态空间”的巡展。宋冬和尹秀珍手工缝制了用若干个口罩组成的长达12米的两根筷子形状的风筝，从地面逐渐向空中延伸。

最搞笑的作品当属孙原和彭禹的一件现成品的装置了。为了活动方便，他们租了一辆移动的厕所车停在路边，后被他俩利用和命名为《啊！作品》，并将一张打印的“从1点至5点接纳作品，恕不奉还”的说明文字，直接贴在车身上，成为他俩的参展作品。

十七年后的2020年，新冠肺炎病毒袭来，使这些作品现在看来丝毫没有违和之感，仍然具有超越时空的警示意义和价值。或许正是在这种表象背后隐藏着深刻的社会问题，才能在如今发生的新冠肺炎疫情现场，显示出那时的艺术家敏锐的洞察力和预言的表现力，并引起观众对人类生存境遇在心理和意识上的认同危机。

庆庆作品《晒肺》，庆庆提供

6 徐冰当时在美国，我通过传真邀请他参展，他做了一件叫《空气的记忆》的新作品。玻璃瓶上刻有“二〇〇三年四月二十九日北京的空气”。但由于海关手续烦琐，来不及参展，很是遗憾。2018 年，我和王晓松在武汉合美术馆策划了徐冰同名个展，才得以在国内首次展出。

徐冰作品《空气的记忆》，徐冰工作室提供

我还直接联系了旅居海外的蔡国强、黄永砯参展。他们都太忙，没有接受邀请。蔡国强推荐了他的助手马文。马文提供了新作品《空中萨斯》的方案，但由于时间问题，马文最后的参展作品调整为《参观展览，务必洗手》。

赵半狄在“非典”时期，创作了一件平面广告作品《阻击“非典”，保卫家园》。我也邀请他参展，他在给我的邮件中坦言：“我非常赞赏策划人和发起人在这一时刻所具有的勇气和责任感……我最为担心的是，不同的艺术家所引发的多义性、开放性，及其他不可预料之事的发生，对我作品的严肃性造成伤害。”

7 “蓝天不设防”艺术行动的即时性和公共性问题，引起了国内外一些媒体的关注与报道，如《南方周末》《北京青年报》《今日北京》（英文版）、《北京周末报》（英文版）、美国《新闻周刊》（日文版）等。在现场，我们居然还看到了卡塔尔半岛电视台的记者跑前跑后采访，反映了“蓝天不设防”艺术行动的影响力。

据刘柠的记载：“一位来自北京佑安医院的护士也来到了现场，刚刚脱掉一线的隔离服，换上蓝天T恤，放飞着一只名为《透明天空》的风筝，开心极了……新华社西班牙语专家安东尼奥先生说，用艺术对社会问题做出反应，缓解了人们面对SARS的恐惧，真的非常好。作品本身也很易懂，一点都不难。”[1]

记者李宏宇则将这次活动比喻为“春季游园会”，“地面如同跳蚤市场，零散分布着各种外观奇特的摆设”。[2]

李宏宇的说法，涉及如何理解当代艺术介入社会和如何体现公共性的问题。社会的改变需要不同的思考、想象和实际行动，也需要寻求艺术与社会的直接连结。艺术感性的媒介与方式或许可以直接缓解那时的压抑和纠结。因此，几位非艺术家身份的工作人员，如孙宁、史诗、王菁、向小丽、安妮等，也都做了作品参与。这种将当代艺术元素转化出最具有接触性、激活性和互动性的衔接效果，以及完全不同的展览形态，甚至具有“无墙美术馆”的作用与影响。所以，李宏宇在报道中也提到说：“实际上这场艺术游园会最特别之处是它的氛围相当让人舒服……中国当代艺术似乎很少与观众发生如此贴近的关系。”[3]

我以为这是构成当代公共艺术在展览策划和互动的有效性的关键所在，难以按惯常的展览标准加以衡量和要求，否则就不是

---

1. 刘柠：《“非典”时期，艺术挑战“白色恐怖”——“蓝天不设防”艺术行动侧记》，《艺术世界》，2003年，第7期。
2. 李宏宇：《非典时期的艺术游园会》，《南方周末》，2003年5月29日。
3. 同上。

疫情期间的一次具有明确针对性，并带有公益性的特别展览了。而这些借助于放风筝的方式，在公共空间进行的带有公益性的艺术活动，既不是传统概念的室内外公共性艺术作品的呈现，也不是美术馆、艺术中心等封闭式展厅内的展示，而是具有无限接近于在场的特别行动。正如舒阳在展览方案中所说："此次艺术行动，为现代艺术提供了一种在共同的话题之下与公众、社会进行交流的可能性。"

8 这么一个纯粹的、公益性的抗"非典"艺术行动，却遭到了意外的干扰。

2003 年 5 月 23 日，比"蓝天不设防"艺术行动提前一天，由俞渝、王波明、洪晃、张欣、潘石屹、汪延、刘索拉等知名人士发起的"让中国精神高高飘扬——放风筝抗'非典'"活动，在八达岭长城脚下举行。当时任《三联生活周刊》杂志主编的朱伟，作为"中国精神"发起人之一，在《洪晃车间中国精神诞生记》一文中，做了详细的描述。[4] 据说有近千名志愿者和超过 200 家媒体及社会各界人士聚集参加。印有"中国精神"标识的 1500 只风筝被志愿者们放飞，并将"蓝天不设防"艺术行动，说成是"中国精神"活动的组成部分，亦庄是他们的分会场。

因此，有些媒体就把 5 月 24 日的"蓝天不设防"艺术行动与"中国精神"活动混为一谈。[5] 而全程参与这次活动的记者张柠，在他的报道中明确指出："至此，一个原本由艺术家们率先提出创意的纯粹的艺术行动，被巧妙地置换成了商家们趋之若鹜、争先表演的商业行为。可以说，即使当初没有'蓝天'与'中国'的分道扬镳，也注定没有艺术家们什么事，因为，所谓'中国精神'的

4. 参见网址 http://www.sina.com.cn，2003 年 5 月 22 日。

5. 魏彤：《明日放飞"中国精神"，民间人士发起"蓝天不设防"艺术行动》，《北京青年报》，2003 年 5 月 23 日。

活动，根本就是一个彻头彻尾的商业秀。”[6]

记得5月24日，我们从新闻中获知这一信息后，感到愤慨和鄙视。晚上吃饭时，徐勇向我们讲述的情况是：在活动筹备初期，他和孙宁去找洪晃，希望她的《乐》杂志社可以赞助一些经费。洪晃很感兴趣，为此甚至取消了去英国的安排。但同时提出一个条件，风筝上要替她的《乐》杂志做广告。而开始我们的计划是在风筝上印上马丁·路德·金的名句“我们能战胜”。在活动准备过程中，洪晃又提出要拉张欣、潘石屹等大企业家一块做，扩大影响。活动变成大企业家利用艺术造势，偏离了纯粹的艺术方式。活动名称也被他们改为没有任何实质内容的“中国精神”；风筝形象被张欣等人设计为潘石屹的脸，托着“中国精神”四个大字；活动场地也搬到充满象征意义的长城。整个活动变成了他们的创意，艺术家们被冷落一旁。在一分钱不出的情况下，田溯宁还想让艺术家将活动放到网通公司位于城南的分公司去搞，免费替他做宣传。

所以，徐勇最后拒绝了他们的提议，我们自己仍按照原计划独立实施。我没有直接参与徐勇和洪晃的商谈，详细情况并不了解。但作为策展人之一，我在筹备的整个过程中，没有与“中国精神”活动的组织者或其任何工作人员打过交道，在“蓝天不设防”艺术行动的现场，也从来没有见过他们。有记者采访我，我的表态是：“非典”时期，企业家们当然也可以做他们的活动，不过他们不该抹杀艺术家的独立性，更不能在“剽窃”创意之后，并在没有任何合作的事实面前，向媒体宣传“蓝天不设防”艺术行动是他们活动的分会场。这种霸道的行径，相对于我们创意、策划的活动来说，既违反了规则，又有悖于抗击“非典”的初衷。

现在，回顾这些“恩恩怨怨”，其实已经不重要了。重要的是在那时，我们凭着一时的“冲动”，自发组织、策划了一个我们觉

---

6. 刘柠：《“非典”时期，艺术挑战“白色恐怖”——“蓝天不设防”艺术行动侧记》，《艺术世界》，2003年，第7期。

得值得做的活动。而这个活动本身起到了一定的作用，或者说达到了我们最初的目的，足矣！

9

2020年5月21日，798艺术区的尤伦斯当代艺术中心（UCCA），迎来了疫情闭馆后的第一个新展“紧急中的沉思”，作为对新冠肺炎疫情所导致的紧急状态下的一次艺术迫切表达和反应。原计划要将2003年“蓝天不设防”艺术行动的文献资料做一个特别单元展出。为此，我和徐勇、舒阳等提供了相关资料。但临开展前的5月16日，尤伦斯当代艺术中心接到了798艺术区管委会的通知，居然说重提“非典”疫情不合时宜，这部分内容不能展出。

而一些媒体，如中央美院艺讯网、ART POWER 100、香港《二十一世纪》杂志等媒体，又纷纷在新冠肺炎疫情期间，回顾性地采访和专题报道了2003年的“蓝天不设防”艺术行动。一方面，反映了这种类型和方式的展览项目在现在已经非常难以举办和复制了；另一方面，也再次说明了“蓝天不设防”艺术行动的作用和影响。

尤伦斯当代艺术中心（UCCA）“紧急中的沉思”中，
“蓝天不设防”单元展出效果图，郭希提供

10

重新回顾“蓝天不设防”这次艺术行动，不禁感慨系之！

天灾变幻莫测，至暗时期的等待是一种最无奈的选择。万物静默如初，“世间”并非你所见。所见所闻超越了你的未知未见，应在何处安放无限接近于悲愤的绝望？过去，你可以为自己的不幸找到一个承担者，现在只能自己承担了。这种情形带来的只能是普遍的社会耻辱，并每时每刻都在影响着我们的正常生活，无可逃遁。

在《万历十五年》一书中，历史学家黄仁宇发现，一次偶然的天象变迁引爆的预言，决定了世界上最强大的王朝长达数十年的命运；同样，孔飞力（Philip A.Kuhn）在《叫魂》中，通过对一个“谣传”故事的研究，印证了整个体制的潜在危机。这样的意外事件在历史上曾经层出不穷，影响深远。又或者，在过去的世纪之交，诺查·丹玛斯的末日预言破灭，所幸我们已经平安度过。

无论是2003年的“非典”，还是2020年的新冠肺炎，这些超乎我们意料之外的疫情，放在中国今后的任何时代，都可以照见前后而成为预言或寓言。尽管其背后有着坚固的社会体系及现实诉求，我们更应将这种灾祸理解为一种超越当下的反思教训，让我们不再跟灾祸一起紊乱。

让我抖抖灰

——关于“非典”时期“蓝天不设防”艺术行动的台前幕后

冯博一

策划“蓝天不设防”艺术行动的初衷其实很单纯。2003年5月3日在北京“非典”肆虐最凶的时候，我们应摄影家徐勇之邀，来到什刹海后海的湖心岛聚会，身临小岛的环境，感到前所未有的自由与舒畅。聊天自然离不开“非典”的话题，出于一个公民的良知与责任，当时我们都意识到应该在这一特殊时期的特殊状态，积极地做点力所能及的工作。在徐勇的倡议下，我们都认同并决定发起策划一次艺术活动：以艺术的名义、艺术家的身份和创造力、幽默感，以放风筝的方式，消解当时令人无奈、尴尬、恐惧的境遇，表达出我们体验“非典时期”的勇气、信心、智慧和达观；重新唤起人们在灾难面前的生存希望与生活热情。

当代艺术或曰前卫艺术的最大特点之一，就是与现实的直接性、参与性、互动性的对话的形式，甚至是一种主动干预现实的积极关系。因为我们身在其中，且与大众的生存息息相关，所以它呈现出来的是活跃、冲突、尖锐的状态，从而也往往引起争论、指责、批评。这种对话，一般采用颠覆、破坏、解构、反讽、质疑等语言方式，其目的是在颠覆的基础上建构某种新的艺术观念和样式的生成。这也是改革开放以来前卫艺术惯常的表现姿态。但我以为，这并不意味着排斥积极的、建设性的态度与举动。当然，这与所谓的“积极向上的”政治宣喻是截然不同的两个概念。“非典”是一场自然灾害，尽管造成这一自然灾害的原因和在防治过程中有着许多人为的非自然因素。在灾害已经到临并时刻都存在着被SARS病毒侵害的危险时刻，我们被迫改变了日常的生活和工作状态，尤其是在人们由于病毒肆虐而内心普遍低迷、恐慌、压抑的时候，它是超越政治和意识形态之上的东西。

从策展理念来说，作为独立策划人，我一直在探讨前卫艺术与大众之间的关系，实验着在不同的空间和公共领域展示当代艺术作品，期冀并提供不同但有效的方式，使受众对前卫艺术进行直接接触、判断和接受。那么，在“非典”疫区的每一个人都以各自的方式经历、感受、体验着“非典”的特殊时期，这是策划一个直接关联到百姓生存的艺术展示活动和积极地介入现实的极好机会，艺术家的作品将会直接触动百姓感同身受的神经，从而达到当代艺术与大众的互动与普及。同时，作为一次带有建设性的方式，它将在某种程度上消除前一时期某些所谓的理论家出于功利的目的对行为艺术的指责，以及被误导的大众的不理解现象，为行为艺术正名。

因此，我个人以为这次活动本身的意义在于：在有限的时间和空间及经费的条件下，通过这样的活动表明，艺术家、策展人在面对自然灾害和有效利用机会的现实中的态度和立场。它是带有社会公益性质的一次艺术行动，既有别于在美术馆、博物馆举办的纯学术性展览，又是一种不同于政府机构组织的相关活动的、来自民间的自发力量。在具体选择艺术家和他们提供的方案时，我们更看重的是其良知和体恤的人文关怀，及其以往作品的社会参与性作用。尽管有些是所谓不知名的艺术家，甚至是第一次正式参加展览，但在我看来这都无关紧要，我们一再强调这是一次特殊时期的特殊展览，倘若能够达到我们策划的初衷，那也许是一次秉承“艺术为人民”传统教育的有益尝试，抑或会超越一般的纯艺术展览的影响，超越对如何介入和干预现实的狭隘理解。

我们的想法在展览前与应邀参展艺术家沟通与交流时，获得了令人欣慰的认同和支持。其实，已经有许多艺术家在思考和着手创作针对“非典”的作品，我们的创意、策划只是及时地为他们提供了机会与展示的平台。他们通过装置、行为、地景、影像、音乐等多媒介方式，表达出他们的体验、祈盼和诉求。

60余位艺术家的50余件作品，不是简单地刻意去附会人类目前所面临的“非典”疫情，而是在积累和体验的基础上，描述了人们面对猝不及防的自然灾难时可能产生的特殊心态和行为，尤其是对这种突发性灾难的深层思考。归纳起来大致有三种类型。

一是人文关怀和祈盼。吕胜中取名为《界限》的作品，是制作了九顶帐篷式的隔离区，并将自身有关暂停、拒绝、隔离等肢体语言的剪影，复印在白色的纱布上，在隔离与界限之间探讨人在瘟疫面前的处境和姿态。白崇民和吴玮禾用纱布、棉花、石蜡捆扎的、戴有口罩的类似于木乃伊形象的白色人体，王劲松将铁丝扭曲的人体衬托在蓝色的布面上，都表现出人在自然灾难中的羸弱与无奈。黄锐将天安门和北京二锅头突兀地重叠合成，凸显出我们具有的英雄主义气派。熊文韵在展览现场收集垃圾的行为方式，石心宁采取给大地施输植物营养液的荒诞手法，马文根据儿时的记忆为参观的人们准备了脸盆、毛巾、暖壶等现成品，苍鑫的《病从口入》等作品，提请人们对环保、卫生的关注与自觉。何成瑶用医用纱布包扎艳丽的玫瑰，刘野设计的生动可爱的“白衣天使”风筝，表达出对自然、医务工作者体恤般的关爱。孙宁借用藏族风马旗的风俗样式，请观众系上带有祝福语的口罩。陈羚羊的小鸟、华继明的《中华龙》风筝上，写满了对“非典”的感受和心语。李海兵亲自手绘国旗口罩和放飞鸽子的行为、史均的《还》、张念的《远离》、史诗和史玉庆的透明风筝、王菁的《解》，都祈盼着灾害的远离。杨志超用红笔将受到表彰的“非典”一线医护人员的名字，写在15个黄色救生圈上，直白地比喻、赞扬着医务工作者在“非典”中的重要作用。

二是强化体验。这种体验主要体现在“非典”时期的一些典型符号、色彩、关键词以及现场环境的利用上。隋建国、高峰的作品，夸张甚至有些戏谑地将口罩与“非典”的日常生活行为联系在一起。宋永平通过手持喇叭播放“非典”时期电视、广播报道的录音，并将其置放在日常生活的瓦缸中，荒谬地引导出真实的现状。徐勇放大了隔离时人的一切欲望被压抑的困境状态。邢俊勤身着军用防化服，腰挎着用报纸、口罩等仿制的手榴弹，放飞着亲自设计的迷彩风筝，象征地演示着这场没有硝烟的战争。陈庆庆用树枝花草编织了两叶“肺”并身裹白布，暴晒消毒于炙热的阳光之下。徐冰用玻璃器皿收集贮存了北京2003年4月29日的空气，提示我们历史性的记忆。宋冬和尹秀珍手工缝制了两根用若干个口罩组成的长达12米的筷子形状，自信于人民的决心与力量。王卫制作了一个大玻璃箱，装满“非典”时期报纸媒体的各种报道，比喻传媒的重要和双刃的作用。王蓬智慧地使用药用玻璃瓶，封存有关的报纸，一组不断缩小的纪实照片散放在实物的周边，任凭观众踩踏。崔岫闻为每一位参展艺术家和有关人员强行地测试体温并记录造册。马树青用一筒红色液体浸泡乳白色塑胶手套，不禁令人想起生存与死亡。陈运泉在木框内无节制地给气球充气、爆破，象征着“非典”暴发的原因在于人类对自然的无情掠夺。还有王友身的《测试》风筝、伊德尔的《我在地面上，蓝天不设防》的图片、倖正泉的《筝风》、徐春生的《异口同声》、王迈的佑安医院写生、向小丽和安妮的《穿越非典》等等，通过艺术的方式记录并强化感受这百年不遇的遭遇，以追求艺术自由的方式重获生活自由的信心。

三是幽默，包括黑色幽默。李松松别出心裁地制作了一个永远也无法飞升的铁风筝，朱金石和理论在摇滚的伴奏下无休止地将一只佛手抛上天空，唐城欲将自己也放飞，这些行为既隐喻出我们的社会现实近乎荒诞的情境，又指涉了人类在自然中罪与罚的报应。王强在脸上将化妆油彩涂抹成口罩的滑稽图样，吴小军借助流行于庆典的氢气球来悬挂标语的波普样式和广告语，幽默地道出我们的心境。张小涛模糊了口罩与胸罩的形象和概念，渠岩设计了一组给老子、释迦牟尼、耶稣戴口罩的风筝，展望的《艺术病毒》等直接地表示出艺术家智慧、达观的心态。以艺术的自由精神，对抗SARS造成的生存自由的困境。

就是这样一个比较单纯、明确的展览，在实际的策划中却出现了来自我们内部系统的“不合作”和外部社会的干扰，甚至出现了欺世盗名又颇为戏剧化的结果。

所谓内部系统的问题，是指我们邀请艺术家是根据他们以往带有社会意义和现实文化针对性的创作，其语言也是以波普的方式呈现和推广的，比较符合这次展览的策划意图。但有些以此成名的艺术家却以害怕被感染等种种借口拒绝参与，甚至担心“参展会影响其作品的严肃性”。我无意指责这些艺术家，参加什么展览是艺术家的自由和权利。我只是不太理解他们的态度多少有悖于自己的创作观念，多少有失前卫艺术的革命性勇气，多少丧失了一位真正的艺术家的职责与义务。那么我也就由此怀疑其观念和身份的真实性问题，更进一步指涉的是他们是否在以艺术的名义及方式掩盖其现实的功利性目的。其实，原因无非是这次展览不是一个美术馆、博物馆或某一个外国艺术机构主办的所谓纯学术性的展览，更不是艺术“大腕儿”

云集的活动，自以为参与其中将会“跌份儿”，有失其大师的“体面”，从而把前卫艺术的概念庸俗化、功利化。这也是造成有些别有用心的理论家不断指责前卫艺术的一个把柄或口实。

近一段时期，我不断在考虑中国当代艺术的处境已不是1990年代来自外部的压抑和限制，而是来自我们内部系统的自甘堕落。形成这种现象的原因，并不是利益化生活本身对艺术家精神深度的强制性伤害，而是艺术家面对多重利益的纠结与诱导，已越来越无法找回自我坚定的艺术信念和必要的自省能力，忽视了作为一个艺术家对一切扭曲个人立场的世俗利益与物质欲望的必要反抗。换句话说，就是一些艺术家在作品中所批判、揭露、消解的对象，恰恰是其在现实生活中所享受的内容，这就在创作逻辑上形成了一种悖论与怪圈。没有自省能力就没有超越意识，也就无法创作出具有某种恒久艺术魅力的优秀之作。

所谓的来自外部社会的干扰，更是我们始料不及的。为了使这次以“蓝天不设防”为题目，以“放风筝”为方式，以“我们能战胜”为口号的艺术行动得以实施，徐勇找到某出版人，希望联合主办，共同出资。对这一创意和合作方式她口头表示认同、接受，初期的策划工作和与部分艺术家见面，她都亲自参与，也提出了一些建议。但在随后紧张而有序的策划过程中，发生了一些戏剧性变化。

据说在其家里聚会时，“京城的商界、文化精英们”在了解了徐勇的创意和我们正在策划的情况之后，在饭桌上又“诞生”了一个也是以放风筝为方式来弘扬“中国精神”的宏大命题和“创意”，同时将这一活动也安排在我们事先已确定的5月23日下午，在八达岭长城和我们唱对台戏，并发动了大规模的媒体宣传攻势。把一个纯粹的艺术公益活动运作成声势浩大的企业和商业性的社会化行为，并想方设法地将我们首先发起策划的具有艺术独立性的行动，纳入以他们为主体的并有炒作之嫌的运作系统之中。

面对这种情况，我们断然予以拒绝，并在所有参展艺术家的一致支持下，继续着我们独立的筹备，按计划于5月24日在北京亦庄经济技术开发区南部的露天草坪空场，成功地举行了一天的艺术活动，并于6月1—14日在798“时态空间”和东京画廊的室内外举办巡展。客观地说，任何人，包括企业家当然可以在这一时期策划有关抗“非典”的活动，不过他们不能在“剽窃”徐勇的创意和我们的策划之后，并在没有任何合作的事实面前，厚颜无耻地向媒体广泛宣传“蓝天不设防”艺术行动是他们活动的分会场。这种“霸道”的行径，以及对艺术家独立性的亵渎，既违反了“合作”的游戏规则，又有悖于他们公开宣传的冠冕堂皇“抗击非典”的说法，其炒作的目的性也就昭然若揭了。

正如一位名叫庄庄的记者在一篇题为《制造“中国精神”？》的文章中明确指出的：如果一个纯粹的艺术活动能迅速策划演变为备受海内外瞩目的、带有商业运作的社会活动，这种把一切价值还原为现实使用价值的非凡执行能力，也就是创造物质财富的极度本能，应该反映出当下中国切实的“中国精神”。不承认这一点，就会像拔丝苹果一般拼命在现实中拔出一根形而上的闪亮的丝来，风吹即断，风过无形，难掩人耳目。

通过这样一个戏剧性插曲，我们从中得出了一些经验教训。在现实的龌龊和社会的复杂性面前，尤其是在与所谓“新贵”和“暴发户”打交道时，时刻警惕并保持一个艺术家或策展人独立、自由的立场和态度，显得尤为重要。对于一个真正的艺术家或策展人来说，创作或策划只是对自我恪守的文化立场的一种检视与张扬，是以时刻质疑的方式，融入喧嚣生活之中又退到其后，然后通过独特的视角提示、发现以展示自己对现实、历史以及人的生命的独到认知。而不具备文化素质和良知的所谓“商人”，永远是在打着文化艺术的幌子和冠冕堂皇的话语来实现其经济利益最大化的目的。也许这样认为有些幼稚，有些太理想主义，甚至是具有不合时宜的“乌托邦”色彩，现实和由人构成的社会原本就是这样复杂和充满着尔虞我诈。但我始终认定，坚守人文关怀的理想主义、不合时宜的“乌托邦”情结，可以转化为从事某种工作的驱动力量。

经过我们的共同努力，“蓝天不设防”艺术行动已经如期举行，并没有因为某些来自内部和外部的干扰而使这次行动夭折，更没有损害参展艺术家的精彩作品。至于这次活动本身和艺术作品是否有意义和价值，自有来自各方的正常评说。我们也不屑于与那些“大腕儿”争个子丑寅卯，只是想“抖抖灰”而已。当然，澄清事实，表明态度，避免混淆视听，并提醒有关人士以警觉，也是此文的目的之一。

（2003年6月，写于活动结束后）

8

左手与右手

2003

左手与右手

DIE LINKE HAND UND DIE RECHTE HAND

LEFT HAND, RIGHT HAND

中、德当代艺术联展

——die Planung der gemeinsamen Ausstellung der chinesichen und deutschen modernen Kunst

——A Sino-German Exhibition of Contemporary Art

主　办　798 SPACE 时态空间　北京时态空间文化艺术有限公司

Hosted　Beijing 798 Space Art & Culture Co.Ltd.

发起人：朱金石 / Creators: Zhu Jinshi

策展人：冯博一 / Curator: Feng Boyi

协　办　ifa　德国对外艺术交流中心　喜玛拉雅雕塑艺术有限公司　珠峰软件开发有限公司　北京东京艺术工程　歌德学院北京分院　黄锐艺术工作室

Cooperation: ifa Institut für Auslandbeziehungen　Himalayas Sculpture Co.,Ltd　Mount Everest Software Co.,Ltd　Beijing Tokyo Art Projects　Goethe Institut Peking　Huang Rui Studio

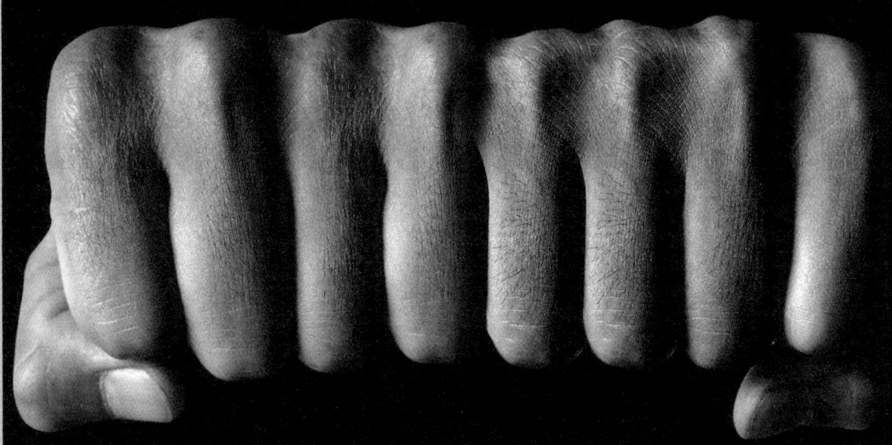

参展艺术家 / Participating Artists:

中国 / chinese Artists: 艾未未　陈羚羊（女）　程广　冯锋　顾德新　黄锐　刘景活　林天苗（女）　李松松　吕胜中　李永斌　刘野　缪晓春　邱志杰　王功新　王鲁炎　王书刚　王卫　王音　王轶琼　宋冬　隋建国　徐冰　徐坦　徐勇　萧昱　尹秀珍（女）　伊德尔　张大力　张小涛　曾梵志　展望

Chinese Artists: Ai Weiwei, Chen Lingyang, Cheng Guang, Feng Feng, Gu Dexin, Huang Rui, Liu Jinghuo, Lin Tianmiao, Li Songsong, Lu Shengzhong, Li Yongbing, Liu Ye, Miu Xiaochun, Qiu Zhijie, Wang Gongxin, Wang Luyan, Wang Shugang, Wang Wei, Wang Yin, Wang Yiqiong, Song Dong, Sui Jianguo, Xu Bing, Xu Tan, Xu Yong, Xiao Yu, Yin Xiuzhen, Yi Deer, Zhang Dali, Zeng Fanzhi, Zhang Xiaotao, Zhan Wang

德国 / German Artists: Andreas Rost, Andreas Siekmann, Birgit Brenner, Constantino Ciervo, (e.)Twin Gabriel, Gerhard Kehl, Lilli Engel, Jaana Prüss, Michael Melcer, Peter Ojstersek, Patricia Waller, Qin Yufen(秦玉芬), Raffael Rheinsberg, Sabine Groß, Wiebke Loeper, Zhu Jinshi(朱金石)

赞助 / Sponsor:

ifa Institut für Auslandbeziehungen　Embassy of Sweden-Beijing　Galerie A. von Scholz Berlin　Galerie Deschler Berlin　Himalayas Sculpture Co.Ltd　Beijing Lava-Lase Newcolor Co.Ltd.

德国驻中国大使馆 Deutsche Botschaft-Beijing　瑞典研究所 The Swedish Institute　Galerie Barbara Thumm Berlin　个性+艺术画廊，柏林 Galerie Eigen & Art Berlin　珠峰软件开发有限公司 Mount Everest software Co.Ltd　中国对外艺术展览中心 China International Exhibition Agency

歌德学院北京分院 Goethe-Institut Peking　意大利大使馆文化处 Istituto Italiano di Cultura　Galerie Barbara Weiss Berlin　Gallery Prüss & Ochs Berlin I Shanghai　北京时态空间文化艺术有限公司 Beijing 798 Space Art & Culture Co.Ltd.

鸣谢 / Special Thanks To: 黄锐 Huang Rui　徐勇 Xu Yong　Manuela Lintl　杨阳 Yang Yang　王建军 Wang Jianjun　赵耀 Zhao Yao　兀鹏辉 Wu Penghui　方蕾 Fang Lei　李台还 Li Taihuan　Julia Doernen　Karen Smith　汤荻 Tang Di　Megan Connolly　孙宁 Sun Ning　史诗 Shi Shi　王菁 Wang Jing　朱迪 Zhu Di　泡泡 Pao Pao　朱婷 Zhu Ting　Roger Sonnenwald　J. J. Heckenhauer　王必岳 Peggy Wang　黄燎原 Huang Liaoyuan

平面设计：朗色设计有限公司　编辑：兀鹏辉 冯博一　翻译：赵耀

“左手与右手——中德当代艺术联展”展览海报

左看，右看
—— 搅局的“左手与右手——中德当代艺术联展”

1 2003年9月20日—10月20日，我所任职的中国美术家协会（以下简称“中国美协”）和中国文化艺术界联合会（以下简称“中国文联”）、北京市政府联合主办了以“创新：当代性与地域性”为主题的首届“中国北京国际美术双年展”（以下简称“北京双年展”），分别在中国美术馆和中华世纪坛艺术馆同时展出。

显然，这是受国内外大型周期性双年展、三年展的影响和驱动的行为。当时，中国美协分配给我的是负责“北京双年展”的宣传工作，包括联系媒体、宣传推广和召开新闻发布会之类的杂役。所以，我熟知北京双年展的策展及操作方式。

主办机构并不了解双年展的基本属性和功能，也不知道如何做这类展览，更没有国内外当代艺术家的资源。策展团队成员多是一些艺术机构的领导，或者想法已经固化、并不关心新鲜艺术资讯的院校专家、学者。他们往往用惯性思维做事，用艺术来迎合某种口味。在选择参展艺术家时，采取的是最为廉价，甚至懒惰的方式——分别给一百多个国家驻华使馆发函，请这些国家驻华使馆文化处推荐本国艺术家；同时，也请中国驻国外的使领馆推荐所了解的国外艺术家人选。缺乏前期应有的专业要求，可以想见，挑选的艺术家和作品是多么地混杂！

最后，首届“北京双年展”成了一个来自 45 个国家和地区的 577 件绘画、雕塑为主的“超级大展”。展览像是一个大拼盘，作品的风格样式、形态都很混乱。主办方以为搜罗了一些国内外以绘画、雕塑为主的各式各样的艺术家参展，就可以拼凑成一个当代艺术的国际双年展。其实，就是“全国美展”的一次国际“翻版”而已。

展览期间，我作为工作人员在中华世纪坛的展厅值班时，看到许多作品的布展，居然可以从天花板到地面展墙上，分二三层密密匝匝地叠落摆放。我还发现，德国著名艺术家安塞姆·基弗（Anselm Kiefer）的一件装置作品与非洲某国的原生态民间艺术并置在一起，完全看不出二者有任何学术上的关联。

2

首届“北京双年展”的这种状况，对我来说，是一次难得的以策展进行反思的机会。

2003 年 9 月 18—30 日，“北京双年展”展出期间，我和朱金石在 798 艺术区的“大窑炉”和徐勇的“时态空间”，策划了“左手与右手——中德当代艺术联展”。

这是当时 798 艺术区第一次完全由民间和独立策展人自主策划的规模最大的国际性展览。

展览由旅居德国的艺术家朱金石发起。2002 年，朱金石的大型装置作品《无常》参加了首届广州当代艺术三年展“重新解读：中国实验艺术十年（1990—2000）”。我作为策展人之一，与他交往比较多。2003 年春季，当我和徐勇、舒阳、黄锐在北京亦庄筹备“蓝天不设防”艺术行动时，就已经开始和朱金石筹划着在 798 艺术区举办中国和德国当代艺术联展的项目。

虽然这次展览我挂的是策展人身份，实际上是和朱金石共同

“左手与右手”展在798艺术区“时态空间”的，摄影：映里

策展的。可以说，没有朱金石，也就没有这个展览。我始终记得展览整个过程中，他默默忙碌的身影。

当时我们的分工是：朱金石主要负责联系德国艺术家，寻求德国对外艺术交流中心（ifa）的赞助，并通过德国驻华使馆、歌德学院北京分院再申请一些资金，以承担德国艺术家的展览费用；我负责落实在798艺术区的展览场地，联系中国艺术家以及筹措展览费用等。

3

“左手与右手”的展览场地，我是找黄锐和徐勇帮的忙。不知道黄锐是怎么和798物业谈的，有一天，黄锐跟我说：“场地搞定了！‘大窑炉’可以租用，798最大的车间，租期一个月，10000元人民币。其中一半场地由你们使用，另一半是荣荣和映里的个展。场租均分，你和荣荣各自承担5000元。”

在现在的798，这个价格恐怕连厕所都租不上！

“大窑炉”是我们当时对这个空间的俗称，就是现在尤伦斯当代艺术中心的位置。原来是798生产电子管的车间，2800多平方米的高大厂房，还有一个几十米长、烧制电子管的窑炉和高耸的烟囱。2003年刚刚停产、闲置，里面堆放着积满灰尘的工具、杂物，一片空旷的废墟感。

停产后的“大窑炉”车间，摄影：朱岩

4

我和荣荣将“大窑炉”一分为二，沿着厂房内的水泥柱子砌了一堵墙，右边是我们的“左手与右手”展览，左边是巫鸿策划的“蜕——荣荣和映里的影像世界”展览。朱金石根据这一场地，进行了“就地”创作。他把这堵墙作为了他的参展作品——《为了一面墙》，墙的搭建费和他的艺术家材料费合二为一，对我们紧张的经费有所纾缓，一举两得。布展时，我们沿着朱金石的这面墙和柱子，分割成几个相对独立的空间，一位艺术家一个。冯锋的作品是一组人体解剖的小图片，像是在医学显微镜下对人体的窥视。而他的作品又是叠加在朱金石作品之上的。

巫鸿策划的“蜕——荣荣和映里的影像世界”在“大窑炉”展出，荣荣、映里提供

另一个场地是 798 的“时态空间”，由艺术家徐勇免费提供，工作人员全力协助。那是 798 最好的空间之一，场地保留了车间的几个德国造的机器，墙面上还有之前的标语，典型的 Loft 空间格调。现在“站台”画廊的老板娘孙宁，那时刚从英国留学回来，为徐勇打工，全程跟进了展览在“时态空间”的实施工作。

“大窑炉”的 1400 多平方米和“时态空间”的 1200 平方米两个场地，加起来有 2600 多平方米。共有 48 位艺术家参展，其中，中国艺术家 32 名，德国艺术家 16 名。

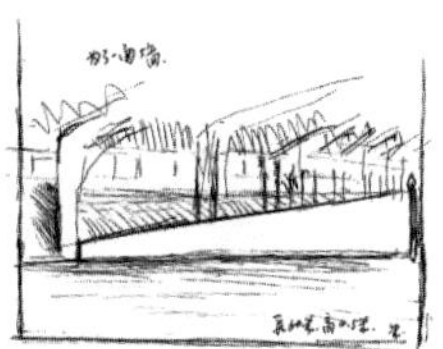

朱金石作品《为了一面墙》草图，朱金石提供

中间发生了两件事：一是徐勇想和在他的空间参展的艺术家商谈销售作品的意向，被朱金石拒绝了。二是展览期间，徐勇正好有一个商业项目需要租用两天的场地，可以挣到一笔钱；但这就意味着“时态空间”的参展作品，在展览期间要拆除一次，第三天再恢复原状，被我拒绝了。这两件事儿，徐勇都没有坚持，宽容待之。具有理想主义情怀的徐勇，没有计较个人的得失。我现在想来，真有些汗颜！毕竟“时态空间”是徐勇个人从 798 物业承租的，每天的成本都需要他想办法解决，压力可想而知。

5

尽管场地得到了解决，展览经费却还没有着落。当时“北漂”在京的川籍艺术家张小涛及时提供了帮助。他找到四川美术学院雕塑系的同学、老乡、艺术家刘景活，联系到了四川喜马拉雅雕塑艺术有限公司和珠峰软件开发有限公司，赞助了 40000 元人民币现金。我在展场一拿到这笔钱，马上兴奋地去付场租了。赞助不算多，却解决了我们展览的燃眉之急。对我及这个展览来说，张小涛和刘景活的帮助，可谓功莫大焉！

张小涛的参展作品《来自天堂的礼物之二》是一幅210厘米×400厘米的油画，他针对社会转型过程中，消费文化背后的欲望，甚至贪婪的现象，进行了微观抽样。刘景活也参加了展览，他的装置作品《亚健康》将一组玻璃钢喷漆的扭曲人体，横七竖八地铺陈于现成品的会议桌椅上，五颜六色的药丸、药片洒落中间。2007年，刘景活在重庆黄角坪创办了喜玛拉雅艺术书店。至今，在书店的墙面上，还挂着“左手与右手”的展览海报。

刘景活作品《亚健康》展览现场，摄影：映里

朱金石在德国有较多的关系和资源，他申请到了德国iaf和德国驻华使馆的赞助，共8000欧元，直接用于德国艺术家的作品运输、制作和往返机票等费用。但据朱金石后来和我讲，他和秦玉芬虽然是德籍艺术家，却没有享受到iaf的赞助，不知何故。

尽管如此，展览经费仍然非常拮据。朱金石又通过联系德国参展艺术家的七家代理画廊，分别承担了所代理艺术家的部分费用。有一位在柏林生活、创作的意大利艺术家康斯坦丁诺·西耶沃（Canstantio Ciervo）的往返机票费，我找到意大利驻华使馆文化处的汤荻，费用就由意大利驻华使馆赞助了。瑞典艺术家彼得·奥吉斯特赛（Peter Ojstersek）也是这种情况，由瑞典驻华使馆承担了。

德国艺术家 Birgit Brenne 作品在“时态空间”，摄影：映里

这种分散的、大而化小的赞助方式，在那时还是行之有效的。但也导致了有些我们以为特别符合展览主题的德国艺术家，由于条件有限，难以参展，不断调整艺术家的名单和作品。同时，大部分德国艺术家的作品都是在北京现场制作，主要由朱金石安排，并带着赵耀、朱迪、王泡泡等志愿者实施完成。所以，整个展览中，德国艺术家的作品分量相对比较薄弱。

还是因为展览经费的问题，始终没能出版画册，只有我和兀鹏辉编辑、印刷了一份宣传折页。我和朱金石一直抱憾至今。

展览海报和宣传折页，我是请杨阳的郎色设计公司设计的，没要一分钱，免费赞助。海报主视觉是一双粘接在一起的拳头，明确、直观而有力。

6

中国当代艺术的进程，对我们与其说是一个场景，不如说是一种当代文化推进的视觉显现。艺术家、策展人、评论家等从业者，是一座城市的另类，他们敏感、锐利和积淀的独特而奇异的经验，他们的反思、批判和实验行动，是非常值得关注的。新的艺术或许就在这种不确定的形态中产生，它是通过敏感于当代性和顺应时代潮流的艺术家、策展人，以艺术的转化方式来完成的，他们不仅是文化景观的观察者，更是帮助扩展其可能性的推动者。

首届“北京双年展”9月20日开幕前后，在北京有三十多个大小不同主题的外围展纷纷亮相。“左手与右手”展览9月18日开幕，还有顾振清策划的今日美术馆的“二手现实”和在北京犀锐艺术中心的“另一种现代性”两个展览，卢杰、邱志杰在798艺术区二万五千里文化传播中心策划的“民间的力量”，唐昕在顶层空间策划的“Control——Z”等。这些外围展如火如荼，大有“爆棚”之势。与“北京双年展”完全不同，这些外围主题性展更多地借鉴了当代艺术的观念和形式，其前卫性和实验色彩的特点，展现了中国艺术对世界艺术潮流敏锐的触觉和吸纳能力。

当时，我遇到了一个戏剧化的故事。一位希腊艺术家叫哈里斯·科多斯菲瑞斯（Harris Kondosphyris），他参加了首届“北京双年展”，其大型互动装置作品《雅典—北京》在中华世纪坛展场之中，算是比较好的作品之一。我值班那天，他正好去维修作品。我们相识后，当他得知是我在798策展的“左手与右手”展时，很激动地说：“我们这些国外艺术家，都不怎么看‘北京双年展’，因为太差了！我们都跑到798去看展览，您的展览是最棒的！”

不幸的是，他参展“北京双年展”的作品退件时，中国美协的工作人员将他的装置作品一半运回了希腊，另一半作品却运到了非洲的埃塞俄比亚。他很着急地请我帮助了解作品的下落，我几次询问“北京双年展”办公室，都被工作人员搪塞，之后如石沉大海。我估计他的作品至今还趴在埃塞俄比亚机场海关的仓库里。

7

当时，首届“北京双年展”组委会已经预料到会有外围展的出现，所以在8月19日的第一次新闻发布会上，就特意安排律师宣读了一份声明称：如果打着“北京双年展”外围展的旗号，与他们没有任何关系，都是不合法的，并将承担法律责任。而我是“北京双年展”宣传组组长，负责新闻发布会的组织工作，却正忙着筹备798艺术区的外围展。

其实，我们这些策展人，谁也没有公开、明确提出自己策划的展览是“北京双年展”的外围展，但谁都知道我们在“趁火打劫”。尤其是我和朱金石策划的“左手与右手”展览，有16位外国艺术家参展。我和朱金石商量后，决定“不管那么多了，先黑着做，过把瘾再说！”只是在挑选德国艺术家的作品时，我们多少也进行了“自我审查”。

好在那时比较宽松，展览得以公开、顺利地展出了。由此，我也获得了一个经验：在中国策展，要学会在夹缝中寻找灵活、可行的办法。

8 我当时考虑的策展方向，主要是为了呈现2002年首届广州三年展之后，以北京为主的当代艺术创作生态。因为首届广州三年展还是以回顾1990年代为主，尽管有一个“继续实验”单元。而798是北京刚刚形成的民间最活跃的艺术区，吸引着众多的年轻人，但还没有实施过一个大规模国际性的展览项目。可以说首届“北京双年展”提供了一次难得的机会。那时的798还有“浑水摸鱼”的可能，天时、地利、人和，激发了我的策展冲动。

朱金石在德国联系到的原东德艺术家比较多，直接影响了我对策展主题的考虑。既然是一次中德联展，具有各自的特点而又有交流的作用，势必要在中国和德国艺术家的历史、创作、背景等方面，寻找其中共同性与差异性的关联。同时，中国的改革开放和东德、西德的统一，成为后社会主义转型过程与全球化之间典型关系的国家之一，也形成了一种文化上同质化趋向。为此，我将“红色记忆”作为社会主义文化遗产的展览主题框架，以“红色墟”为展览题目。

在策展文章中，我是这样表述的：“‘红色记忆’是一种特殊历史环境下的产物，相对封闭和对某种政治神话的迷狂是它产生的不可缺少的时代条件。在视觉文化中，积累了丰富的红色经典创作经验和样式，这些作品不仅为人民大众所熟悉，培育了他们独特的欣赏、接受趣味，也成为支配艺术家创作的主要目标，并在持久的传统中变成了大众的集体记忆。”[1]

但在与歌德学院北京分院联系合作时，时任院长欧威（Ulrich Nowak）认为，“红色墟”作为展览题目太敏感，他首先“自我审查”掉了。为了得到歌德学院的支持，我做出妥协，将展览题目改为“左手与右手”，但主题框架和内容并没有改变，包括我的策展文章，还是用了“红色墟”的题目。

欧威院长比较强势，其做派和说话的语调，不知道为什么，总让我想起“二战”电影中的纳粹军官。最初，我们没有计划做开幕仪式，觉得没有必要像官方展览那样。但欧威院长说要安排德国驻华大使讲话，需要有一个正式的仪式，我们只好答应了。这些都是欧威院长作为与我们合作和承担开幕式及酒会 20000 元费用的必要条件。

我请黄锐在 798 的“at 咖啡”承办了开幕酒会。但开幕式之际，当德国大使到达“时态空间”的展览现场时，我们没有去迎接，欧威觉得我们失礼了。我解释说，我们是一个纯民间的展览活动，你不应该按照官方开幕式的模式来要求。他马上就不高兴了，又挑剔说酒水不够丰富，服务不到位，并当场发脾气。最后连这点费用也没有承担。我第一次直接感受到了德国官僚机构的呆板、霸道和无知。

9

当新世纪开始，由互联网导致的全球化呼啸而来之时，中国当代艺术系统陷入了由以往被体制压制所迸发出来的抵抗，同时又开始受到艺术市场的宰制。形成这种状况的原因，并不是利益化生活本身对艺术家精神深度的强制

1. 冯博一:《红色墟——关于策划“左手与右手——中德当代艺术联展”的札记》,《美术观察》, 2003 年, 第 11 期。

性伤害，而是一些艺术家受不了多重利益的诱惑，甚至自甘堕落。他们已越来越无法找回自我坚定的艺术信念和必要的自省能力，忽视了作为一个艺术家对一切扭曲个人立场的世俗利益与物质欲望的必要反抗。换句话说，即一些艺术家在作品中所批判、揭露、消解的对象，恰恰正是他们在现实生活中所享受的。为此，我的策展主旨就是试图针对这种现象，激发出一种以往的、积极的，甚至是亢奋的革命激情，通过视觉艺术方式，提示和表达出艺术家对那时的文化景观的一种反思、批判的立场和态度。并从“红色记忆”的模式中，剥离、转化、实验出新的创作起点和表达方式的生成。

“大窑炉”展厅入口的墙面上，投放的是邱志杰的影像作品《回音》，循环播放着1949年开国大典的纪录片，毛主席的“中华人民共和国成立了”的回声，一直荡漾在门厅的入口之处。与展厅最北头8米高的红底黄字竖幅所悬挂着的徐冰的新英文书法《艺术为人民》，遥相呼应。

徐冰作品《艺术为人民》，摄影：映里

黄锐的《重印共产党宣言》是专门为这次展览创作的作品。当时电脑在中国刚开始普及，王选发明的激光照排印刷技术已经替代了铅字排版，黄锐却将中文的《共产党宣言》按照铅字排版的方式，重置为一件装置作品。散落成一堆铅字的《共产党宣言》和台座上的文本，实际上可以视作一个借代、一个隐喻。

在宋庄的艺术家程广，正好做了一件大型装置作品《拆解，存档》，特别符合“红色墟”的主题概念。他将国产解放牌卡车、北京吉普车拆解，并喷上红颜色，如同红色遗产的废墟一般，构成了红色记忆的视觉样本。

冯博一与梁洁华在程广作品前

在临近开幕时，布展工作进入最紧张的时刻。程广带着一帮宋庄的艺术家兄弟们来救场，特仗义！记得我最开始将参展的作品《永久自行车》放在了展厅的北边，已经安装好了，后来我觉得位置不妥，带着他们十几个人，生生用手抬这件大型装置，平移了有 60 米的距离，搬到了展厅的南头。

作品《永久自行车》，摄影：映里

隋建国当时正在创作《衣纹研究》系列。他计划将“文革”时期各城市广场的伟人全身雕像，延续其风格样式地重新塑造。为了这个展览，他最先做了《右手》，更应景、吻合于我的展览题目。当隋建国将这件大型的雕塑搬到展场时，却发现体量太大了，根本进不去大门。隋建国灵机一动，转运到一个可以出入的北门，正好临近在 798 艺术区的中心大道。远远望去，嵌在建筑上而横空伸出一支巨大的右臂，还是挺骇人的。后来，这只大手，意外地成为了我们展览的广告。

2019 年，隋建国在北京民生美术馆大型个展上，将这件作品放在二层展厅的入口处，《右手》也像是个指路牌。

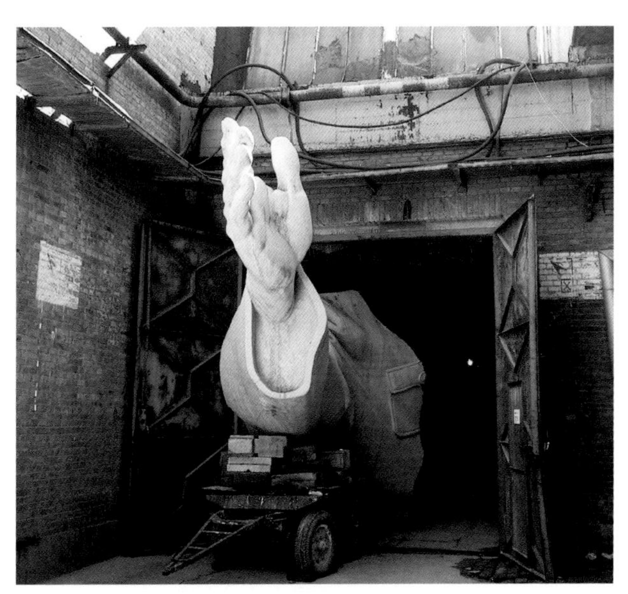

隋建国作品《衣纹研究——右手》，摄影：映里

10 布展时，尹秀珍将她收集的旧衣服，制作了两架“大飞机”，悬吊装在徐勇的“时态空间”当中。这件题为《国际航班》的装置作品，正是她从自身成长经验和生活处境中寻求创作和媒介依据，并开始过渡到由于空间位移所导致的一种本土与全球碰撞、磨合的新的题材及方式。

尹秀珍作品的前面是吕胜中的装置《畅所欲言》。他将一本《辞海》同样悬于半空，书页被剪成无数的纸条，并连接在一起，仿佛瀑布一般倾泻到地面。他们的作品都是在“时态空间”展场的中心位置。他俩的作品是前后挨着，布展时，吕胜中却非要再向东挪一米，尹秀珍觉得影响了她的作品，为此有些争执。其实，这都属于展览过程的正常情况。当我赶过去协调时，没想到老吕对着我暴跳如雷，唾沫星子喷我一脸。尹秀珍吓坏了，赶紧说：“吕老师，您随意挪腾吧！”

吕胜中作品《畅所欲言》，摄影：映里

尹秀珍作品《国际航班》，摄影：映里

11

因为“大窑炉”刚刚停产，空旷的废墟，有点瘆人。在废墟里好像什么都能碰到，呈现出中国社会主义工业化的时代痕迹。只有在了解废墟的时候，才能理解城市的变化。后来我看了苏联切尔诺贝利核电站事故的纪录片，总让我想起第一次进到“大窑炉”的印象。这些工厂的机器、废弃物散落在空间中，又不能移走，我们只好尽量地将这些东西挪到空间的四周，腾出展览的空间。有些艺术家就喜欢在颓败的场景中呈现他们的作品。

秦玉芬的作品是将她在柏林拍摄的同性恋游行的图片，打印成长卷，仿佛是晾晒的织物，波浪起伏地搭落在特制的铁架上。

王音的一组《鸡毛信》连环画灯箱、萧昱的《友好往来》装置，与废弃物并置在一起。旧物与儿时的小人书和新闻事件，构成了与物质的、视觉的文化记忆的一种对话。缪晓春的作品是一组摄影，其中《戏》拍摄的是某个动物园的猴山。他在作品陈述中说：“让我莫名其妙地联想到德拉克洛瓦的《自由女神引导人民》，某种莫名的激情，我们的近亲猴子们是否也曾拥有火红年代？”徐坦、李永斌的作品都是影像，我安排在展厅中的一间拆除不了的电机

秦玉芬作品，摄影：映里

王音作品《鸡毛信》，摄影：映里

房里。看他们的作品时，就像是在阴森环境中探监一般。顾德新把一堆猪脑和猪心，分别贮藏在两个冰柜中。冰柜是从旧货市场买的，一天到晚发出低沉的轰鸣声。

“大窑炉”只是一个临时的替代空间，缺乏像美术馆、艺术中心那种规范的日常管理和看护，我们请了一些朋友、志愿者轮流值班。我记得朱金石还邀请了1970年代北京“无名画会”的李珊过来帮忙。还有一位叫王泡泡的女生，当时正在读大学，每天过来看管展览场地，后来入了当代艺术的行当，现在也成为策展人了。

在展览期间，798有一位电工，他负责“大窑炉”展场的电力调控，时常狡黠地找各种理由，向我提出要求，我需要不时地塞给他一些小钱，以保证展厅的正常供电 。

12

张大力的作品也是新作，他的《种族》刚刚完成，首次亮相于“左手与右手”展览。张大力以中国改革开放后产生的特殊社会群体“民工”为模特，直接真人倒模翻制他们的身体。十六个沉淀着人体底色的裸体，从10米高厂房的天花板上，高低错落地倒挂在展厅当中。记录和展现着他们赤裸裸的粗糙和艰辛，反映了他们的社会地位，以及被颠倒的现实处境，体现出张大力的一种带有救赎、体恤的情怀。而下面正是被程广拆解的红色汽车遗存，映衬出了一种特别的“共生”关系的场景。

2017年，宋冬在上海外滩美术馆举办“不知天命”大型个展，他带着我坐电梯看展览，我猛然发现了一个“保安”赫然地立在电梯之中。在逼仄的电梯空间里，宋冬、我和“保安”又在一起了，一种既亲切又诧异的感觉，却丝毫没有违和之感，恍若于十四年前在“大窑炉”的“左手与右手”展览的复现。

13

展望的参展作品《武器盆景》最有意思。他从八一电影制片厂借来一台拍电影使用的迫击炮，正好利用厂房地面上的一个水泥池子，并放置了一些干冰，形成了烟雾缭绕的效果，一派中国传统盆景的样式。开幕时，他当场放了一炮，以示庆贺。当然，炮弹是假的，是拍电影用的，但效果逼真。因为在室内，声响比看电影时还要强烈。巨大的回声，给我们在场的、已经有心理准备的人都惊着了。旁边，王书刚的作品是许多小红人雕塑粘贴组成的猪头形象，炮声之后，小红人被震得噼里啪啦地掉在了地上。王书刚的德国太太尤利娅惊呼一声地跑到作品前，查看小红人受损情况。

展望作品《武器盆景》展览现场，摄影：映里

而一墙之隔，荣荣和映里正带着工人布展。第二天，荣荣见到我说："昨天的一声炮响，我正指挥着工人抬着沉重的铁制画框，每个人的手同时一震，向下顺滑了半尺。太吓人了！"好在布展工人没有把荣荣的作品扔到地上，也没有造成什么伤害。

14 因为展览经费紧张，参展的中国艺术家基本上是以在北京的为主。省了运输费，没有保险费，更没有参展费。布展前，曾梵志打电话给我，询问如何将他的三幅油画作品《2003我们》从工作室运到798。我说，自行解决吧。他说，好！二话没说地自己叫了一辆黄色“面的”，拉着作品直奔798“大窑炉”展场。李松松有三幅大油画，需要单独搭建展墙，预算2000元。我开玩笑说：“要钱没有，要命有一条！”他只好自费承担了材料费和人工费。

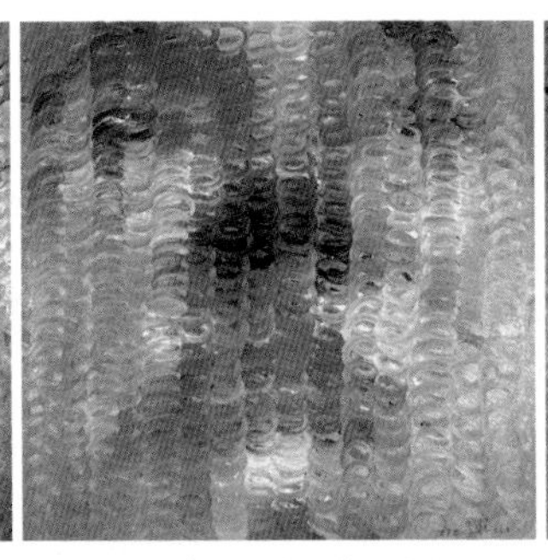
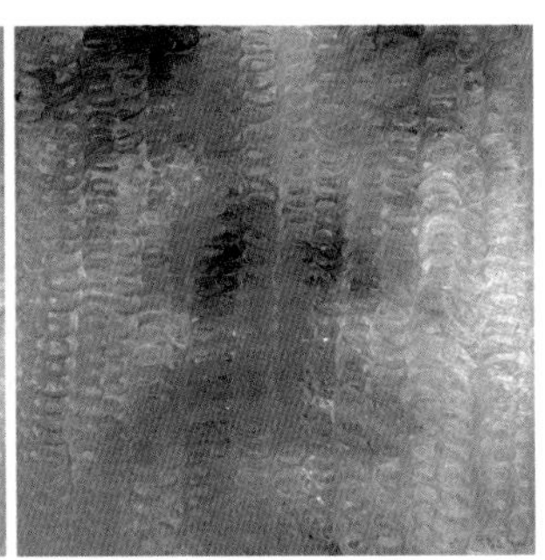

曾梵志作品《2003我们》，曾梵志提供

如果现在来做这种规模的大展，简直不可想象。艺术家或代理画廊的一套借展作品的程序、要求和费用，就会把策展人搞死。

我不知道随着所谓的社会发展、资本的裹挟、美术馆建设的“大跃进”，我们的艺术环境是越来越宽松了，还是越来越收紧了？后来，《艺术新闻》主编叶滢采访我，敏锐而直接地问道：“对策展人来说，现在在798做展览是不是反而变得不容易了？”我说：“那当然了！因为在2006年，798被管理和秩序化之后，所有的空间基本上都被租出去了，经济效益成为主要目标，做展览反而需要和他们，以及二房东、三房东商谈了。像‘左手与右手’的展览，临时租用空闲的厂房，已经完全不可能了！”[2]

---

2. 叶滢：《窑变798》，北京：新星出版社，2010年，第78页。

从某种角度来说，过于成熟的机制和秩序，如现在各类美术馆、艺术中心的规范要求，以及在公共空间诸多措施所造成的紧张感，往往给策展人的工作带来比较大的限制，对于实验性艺术展览来说，未必是件好事，远不如类似“大窑炉”废墟式的替代空间。

798 艺术区建立初期，策展人有着更多的发挥余地。有时候，当你的想法、热情和欲望一旦产生，就要迅速地把它实现，因为中国变化太快，过瘾的时间非常短暂。所以，时不我待地践行策展想法，避免错失良机，也就成为我的策展实践的一种经验了。

15

联系德国参展艺术家，主要由朱金石和在德国留学的助手赵耀负责。作为我个人策划的第一次国际性的联展，最大的感触是，以往中国艺术家和策展人更多的是处于被西方艺术系统所选择的境遇，由此造成了一些艺术家处心积虑地迎合西方人的态度、趣味，甚至制造更多的中国传统及现实的文化符号，以吸引他们的关注，形成了期待西方人来“候诊”的奇怪现象。

策展人冯博一与参展艺术家在布展中，左起：陈羚羊、杨阳、王书刚、黄锐、冯博一、徐勇、李松松、展望、庄辉、张小涛、程广

而这次“左手与右手”展览，我作为中国的独立策展人，等待的是德国艺术家来中国“候诊”，由我这个“大夫”进行“望闻切问”，挑选德国艺术家及作品。这并非是我的“小人得志”，这种心理和境遇是随着文化全球化和那时中国改革开放、崛起，策展人身份、地位逐步转变，国际文化的交流才得以变得相对正常和公平起来。对我们这一代策展人来说，应该都有着切身的感受。

16

陈羚羊当时是备受关注的年轻艺术家。她在“左手与右手”展览上的作品《2003年一天》，是将她小学四年级写的一篇作文，手抄成六页放大的稿纸，悬挂在墙面上。作文内容是她当年对未来的2003年的憧憬。她儿时的理想和长大成人之后面临的现实境遇之间，构成了一种对比关系。记得邱志杰说，陈羚羊的作品是这次展览中是最实在、最有意思的。2005年，邱志杰还邀请陈羚羊的这件作品，参加了他策划的“第二届中国艺术三年展——未来考古学”。后来陈羚羊远嫁法国，不再做艺术了，有点可惜！

展览之后，我在接受一家媒体采访时，以陈羚羊那时参加的七个外围展为例，谈到年轻艺术家参展过多、应接不暇的现象。而我在同时及之后的几年，平均每年都要策划大大小小 十几个展览，所以，在网上也有人质疑我的策展工作是疲于奔命，导致策展质量参差不齐，而没有资格指责年轻艺术家参展过多的问题。

现在回想起来，我那段时间做得真是有点疯狂。2007年，共策划了17个展览之多。艺术家张小涛经常跟我说，在北京，急速的变化，不断推着你往前走。

陈羚羊作品《2003年一天》展览现场，摄影：映里

红色墟

——关于策划“左手与右手——中德当代艺术联展”的札记

冯博一

但凡涉及两国或几国的艺术联展，共同展示和相互的交流是不言而喻的，但其实也是很空泛的，交流什么？如何交流？其共性与差异性体现在哪里？怎么体现？这都是需要策展人和参展艺术家考虑的问题。关于这次展览，我最初的想法是在中德两国的历史和现实文化中寻找一个交流的连接点，同时这个主题也应该是针对当下的现实文化情境而生发的，以使两国参展艺术家能够面对一个都有感觉的主题而进入创作语境。基于这样的考虑，我想到在中德两国的现代史中，都经历了不同的社会主义历史阶段，尽管其历史进程有所不同。由此我提出了“红色记忆”的命题。但在具体的现实操作中，由于受到了某些限制，我又将展览更名为“左手与右手”。

“左手与右手”是一个比较日常的名词，对这一概念也可以从一个很宽泛的角度去理解。因为从世界范围来说，文化全球化是人类文化发展的趋势，意味着人类文化由机械的单一化走向多元化的共存、交流、融合。而世界文化融合的实质在于，各个文化个体吸收和融合了其他文化个体的多样性的新的文化格局，即“和而不同”。以“左手与右手”作为展览的题目，是试图将“全球化”概念比附于人的身体机能，“左手”与“右手”比附于不同地域、不同国度的本土概念，意味着在文化全球化浪潮的趋势下，建立一种相互之间守望相助、彼此扶持的支撑关系，使全球化中的个人价值观和传统的集体性价值相互中和，寻求文化在全球语境中自我发展和自我更新的可能性，以适应文化全球化的变化。

我们邀请、选择的中德参展艺术家正是面对了全球化冲击之下的各自特殊处境，提供了一种对于全球化的另类的想象与表现。他们以本土的方式处理了不同的跨越时空的个人的生存状态，展现了在文化混杂时代里的不同体验。这里有来自传统的价值与新的环境的结合，也有力图表达出在个人价值之外的相互沟通和了解的不可或缺，从而为当代文化打造出一种新的、有趣的经验和样式。

尽管展览的名称改变了，但在文化全球化的框架内，我仍坚持以“红色记忆”作为此次展览的主题。“红色记忆”是一种特殊历史环境下的产物，相对封闭和对某种政治神话的迷狂是它产生的不可缺少的时代条件。在视觉艺术中积累了丰富的红色经典创作经验和样式，这些作品不仅为人民大众所熟悉，培育了他们独特的欣赏、接受趣味，而且成为支配艺术家创作的主要目标，并在持久的传统中变成了大众的集体记忆。在以往的岁月里，这些作品以强烈的情感色彩，实现了艺术为政治服务和教化功利的目的，也使革命的艺术找到了适宜表达这一内容的相应图式。因此，作为重要的、曾经的主流文化资源，它得到了当代艺术家的重视，并不断地被发掘和被利用。

目前的挖掘和利用，尽管媒介、材料及样式各有不同，但大多还是停留在质疑、消解、反讽、戏谑的语言方式的层面上。这类作品比比皆是，其原因是那时的作品的内在精神是高度意识形态化的，所有的题材都严格地服从当时的政治需要。它的图式是标准化的构图，人物形象是公式化的，所有的艺术场景也都在革命浪漫主义的名义下，远离了真实的生活。所以这样的解构有其逻辑上的必然性。

然而，倘若剥离这些作品的艺术为政治服务和宣喻教化功能，仅从作品的图像上分析，作者是富有激情的和真诚的，图像具有纯粹、力量、极简的特征。我的策展主旨是，试图在剥离之后提示出一种积极的甚至是亢奋的革命激情，通过图像和造型来表达出艺术家对当下文化场景的一种立场和态度，并从上述的模式中实验、转化出新的创作起点，促使一种新的语言表述方式的生成。

所以，展览的题目和主题没有必然的联系，如果说有关系，也只是一种大概念和具体的小概念的词汇转换，或是在大的文化全球化的框架内的一项来自民间的交流项目，属于在现实策划中的技术性处理，因为任何当下的文化艺术交流项目尽可涵盖其中。而我的本意或者说选择艺术家的标准，还是在“红色记忆”的规定性范围内。

“红色”和“记忆”在这次展览的语境中是富有象征意义的限定词。“红色”是诱惑、召唤、激情，甚至是疯狂的颜色，在历史中体现了革命者理想的亮色；而“记忆”是试图将已获得的经验保存下来，由此也产生了抗拒丧失的想象。两者相互构成彼此的表层与深度结构。这样的诉求方式带有对我们当代艺术现状的忧患和祈盼。所谓“忧患”是指，自20世纪末以来，中国当代艺术的问题已不是来自外部的限制和压抑，现在民间的活动空间已愈来愈大，而更多的是来自我们内部系统的自甘堕落。形成这种状况的原因，并不是利益化生活本身对艺术家精神深度的强制性伤害，而是艺术家面对多重利益的纠结与诱导，已越来越无法找回自我坚定的艺术信念和必要的自省能力，忽视了作为一个艺术家对一切扭曲个人立场的世俗利益与物质欲望的必要反抗。

换句话说，就是一些艺术家在作品中所批判、揭露、消解的对象，恰恰是其在现实生活中所享受的内容，这就在创作逻辑上形成了一种悖论与怪圈。所谓“祈盼”是指，对于一个真正的艺术家来说，创作只是对自我恪守的文化立场的一种检视与张扬。他是以时刻警惕和时刻怀疑的方式，融入喧嚣生活之中又退到其后，然后以独特的审美发现来展示自己对现实、历史以及人的生命的独到认知。即把那些对当下物欲横流的焦虑和对人文精神的急切呼唤投射到历史意识之中，通过对“红色记忆”的重新解读，为我们这个缺乏精神原创力的所谓“全球化”，挖掘出历史的红色遗产，也为21世纪无所适从的现代人缺乏英雄主义和理想主义的现状，寻求存在的合理依据。

对有过这些经历、经验的艺术家来说是“记忆”，而对于年轻的艺术家来说是“新知”，不同的意识形态可能会赋予他们不同的含义。从而重新接续起人们久别的历史情感，使人们通过“红色记忆”再次与历史发生联系，它修补了因断裂而造成的无限恐慌，将人们重新凝聚于历史想象的红色旗帜之下。

当然，这次展览的作品，尤其是作为中德两国的联展，究竟能在多大程度上体现我的策展理念，这也不是由我个人来评说的。我也深知这多少有一点乌托邦的理想主义色彩，但这是我目前观察和思考的一个问题。在文化多元主义的时代，在与断裂的历史建立微妙关系的现在，红色记忆的重新书写与想象，不仅为本土文化资源的开掘提供另一种可能，同时作为一种文化追求，或许会受到观众的某种期待和欢迎。如果能成为一种新的文化现象而引起关注，那是我的希望所在。

（原文刊载于《美术观察》，2003年，第11期）

9

东亚
生活样式

2004

"东亚生活样式"展览海报，东京画廊提供

TOKYO ART PROJECT
Road, Chaoyang District, Beijing, 100015
MAY - 16th JUNE 2004
Klein Dytham architects,
uaki Nagamine, Sakiko Nomura, MIKAN
Jianzhu (Zhang Yonghe, Jia Lianna, Ai Weiwei,
zhi, Zhang Jiner, Wu Ershan
a Design Association
Tokyo Art Project, Graduate Center of Architecture, University
Japan Institute of Architects, The Japan Industrial Design Promotion Organization
g Boyi - Beijing, Kaori Tsuji - Tokyo
CO.,LTD., The Japan Foundation Beijing Office
design, MIKAN - Tokyo, Matsubara - Beijing
contemporary art
Co.,Ltd., Hitachi, Ltd., Urban Planning and Development Systems,
Co.,Ltd., JAPAN DESIGN NET
00015 北京市朝陽区酒仙橋路4号 UHN国際村にて同時開催!
くみ 【中国】非常建築 (Zhang Yonghe, Jia Lianna, Chen Loug), 艾未未, 唐暉, 劉治治, 張綿児, 烏尔善
社団法人日本建築家協会 キュレーター: 馮博一 —北京, 辻香 —東京 協力: EPSON(CHINA) CO.,LTD.,
株式会社 日立製作所 都市開発システムグループ, 株式会社丹青社
t) 100015 北京市朝阳区酒仙桥路4号 *UHN国际村同时召开!
N 【中国】非常建筑 (Zhang Yonghe, Jia Lianna, Chen Loug), 艾未未, 唐晖, 刘治治, 张绵儿, 乌尔善
本产业设计振兴会 (JIDPO), 社团法人日本建筑家协会 策展人: 冯博一 —北京, 辻香 —东京 协力: 爱普生(中国)有限公司,
助: SUMIYA有限公司, 人民派对, 株式会社 日立制作所 都市开发系统集团, 株式会社丹青社, JAPAN DESIGN NET

只在我所在的空间
——混搭的“东亚生活样式”展览

1 2003 年，艺术家黄锐和法国策展人黎静（Bérénice Angremy）在 798 艺术区自发策划了“首届大山子国际艺术节——DIAF 2004（光音 / 光阴）”。东京画廊的老板田畑幸人先生响应了这个项目，他找到我，希望我与日本策展人辻香（Kaori Tsuji）在 798 的东京画廊，联合策划一个中日两国艺术家、建筑师、设计师共同参与的展览项目。据田畑幸人介绍，辻香的父母是他的老朋友，从 2000 年开始，辻香在北京开展了以中日文化交流为主的建筑策划展览活动。

作为“首届大山子国际艺术节”的特别展览项目，以“东亚生活样式”为主题的中日联展，于 2004 年 5 月 15 日—6 月 13 日在 798 艺术区东京画廊 + BTAP 举行。这是继 2002 年在东京画廊 + BTAP 策划的“北京‘浮世绘’”开业展、2003 年在北京亦庄的“蓝天不设防”艺术行动之后，我再一次与东京画廊的田畑幸人先生合作。

辻香关注中日当代建筑，她特别希望能够邀请中国建筑师张永和参展。2003 年夏季，在黄锐和专业地产服务商“红鹤沟通”

机构的李雪凇、郑刚的安排下，黄锐、张永和、田畑幸人、辻香和我，在北京朝阳区太阳宫 UHN 国际村的售楼处第一次见面，并谈了展览事项。

如何通过一次展览既能呈现中日城市化建设的生态，又能反映中日之间的共性与差异，成为我们讨论展览主题和方式的主要话题。

因为展览是中日两国艺术家、建筑师、设计师三个门类的混合，又考虑到东京画廊场地空间的有限，经过讨论，我提出了用一种日常的、相对微观的方式进行展示，即以一种“生活样式”的主题概念，涵盖参展艺术家对世俗生活方式的认知与理解，并艺术地转化为对城市化的想象与营造。这一策展思路的着眼点，获得了大家的认同。

最初的展览题目叫“亚洲生活样式”，但因为只是中日两国艺术家参展，后来从更具体的地理位置出发，改为“东亚生活样式”了。我和辻香开始分别负责中国、日本艺术家的挑选、邀请和联系等展览事项。

2

简单来说，“生活样式”是人类安置生存的方式，也是由个人趣味、爱好和审美取向所决定的生活行为的不同表现形式。

在 21 世纪初的中国文化语境中，“城市”越来越成为艺术家关注的一个焦点。城市化不仅被认作是一种现代化的表意符号和物质定向，亦被预设为一种催生新的人文机制和价值系统的媒介。当城市化以物质的形态向人们的生活方式全面渗透时，还蓄蕴着一种我们过去未曾有过的经验，但却代表着历史、文明进步的价值理念；同时，在这一过程中，城市化又是一种冷漠的拒绝，它用自己的隐形之手，塑造了一个压抑人的庞大的异己存在，都市人在心理层面上，更充满了欲望、诱惑和急功近利的状态。而对其中的思考和表达，已经成为许多中国艺术家创作“城市性”作品的前提和可利用的创作资源，且清晰、明确地敷衍在他们所创作的有关“城市性”的作品之中。

那时，我正好在装修新房，还请张永和帮忙提出设计建议。我整天想着购买家具，布置不同功能的房间。某一天，我灵机一动地想到，假如以一种家庭生活空间的形式，应该可以反映普通百姓对城市化的向往，又能见微知著地勾连出作为艺术家个人对生活样式的营造。能否将“生活样式”的概念分化和规定为一种最直接体现中国人当时对生活样式的家居形态？即将“生活样式”的概念，拆分为客厅、卧室、书房、餐厅、厨房、卫生间六个具体的、有着日常生活实际功能的单元给予呈现。

策展的过程其实是考察、思考和研究的过程，牵涉到策展人对当代文明程度和特征的关注、认知与敏感。当你想通过策展提示一个社会现象和问题时，在思考、阅读和处理信息的过程中，也许能在不经意的瞬间，找到对应你思考的切入点，如同戳破窗户纸一般的顺畅。策展并不存在所谓的突发奇想的灵感，只有经过不断地补充、丰富，才能逐渐形成一个既具有现实文化的针对性、逻辑性，又能自圆其说的策展概念和主题。现在流行的“研究性策展”方式，实际上是割裂了策展过程中“研究”的必要环节。按策展人王晓松的说法：“不研究，还做什么展览啊！”

通俗地说，作为策展人，你为什么要策划这个展览？你针对的是什么社会现象和问题？你想通过这个展览以及艺术家的创作提示出什么有价值的东西？对未来又能起到什么作用和影响？这不仅仅是简单地将中国当代艺术的进程与现实文化联系在一起，而是将艺术作为视觉文化的一种体现，以便通过一次展览形态，做出策展人的分析、判断和呈现。这才是策展人需要干的事儿！

3 根据我对中国艺术家在城市化题材创作方面的了解，以及对他们创作实验性能力与作品的判断，我首先邀请了唐晖、乌尔善等艺术家参展。

张永和推荐了刘治治，他那时刚从中央美术学院设计系毕业，作为平面设计师，这是他头一次参加艺术展览；贾莲娜、陈龙是清华大学建筑学院的研究生，也是刚毕业不久，都是张永和“非常建筑”工作室的助手，所以张永和是以“非常建筑”工作室的名义参展。

张锦儿不是艺术家，也是张永和介绍的。她学音乐出身，1997年，在北京工体西路经营着紫云轩餐厅。她简历中的自我介绍是“精致烹饪设计者，中国新古典主义风格烹饪及茶品的创始人”。也许张永和觉得她的紫云轩食物和室内设计，具有一种中式和西式的混搭感。而饮食作为文化的一个重要组成部分，参加这个展览项目或许更具有中国在日常生活上的典型。我曾为展览去过一次紫云轩，夸张的设计和餐厅奢靡的气氛，着实被惊到了。

日本策展人辻香在开幕式上介绍日本参展艺术家

“东亚生活样式”展览开幕式，左起：刘治治、贾莲娜、陈龙、张永和、乌尔善、冯博一、田畑幸人

4 如何将邀请的中国6位艺术家确定成六个物质生活空间？我想到了抓阄的游戏，这种方式既公平又好玩儿。我拿了六张纸片，分别写上“客厅”“卧室”“书房”“餐厅”“厨房”“卫生间”，请六位中国艺术家一起抓阄，结

果是：某知名艺术家——餐厅；刘治治——书房；唐晖——卧室；乌尔善——卫生间；张锦儿——客厅；非常建筑（张永和、贾莲娜、陈龙）——厨房。

在每个功能空间单元中，中国参展艺术家根据自身工作的特点和语言方式，相对充分地发挥了跨越身份界限的设计和制作。他们从满足人们日常生活需求出发，开始了对家庭居住空间的想象和设计。这种直接的营造，不再强调以往中国当代艺术所谓的神圣目的，或有意“躲避崇高”的影响，只是一种生活样式的世俗化体现。而我希望在这样的展览中，摆脱当代艺术的“宏大叙事”，仅从一个日常的侧面，找到艺术介入日常生活的别样视角。

考虑到展览空间的有限条件，在最初的展示方案中，日方提出每一位艺术家在 15 立方米的木箱内实施和完成作品。后来，因为木箱的制作成本太高，就改为所有参展作品的装置体量，限制在 15 立方米的范围内。

展览场地是田畑幸人先生免费提供的，展览经费都由辻香赞助承担，并提供给每位参展艺术家 10 万日元的材料费（约合人民币 7600 元）。在当时，这是一笔不菲的费用。

5

某知名艺术家把“餐厅”的概念，巧妙地做成一块 1 米的混凝土立方体。他将瓷质的餐盘、饭碗，以及筷子、餐椅腿儿，甚至牙签等与餐厅有关的器物的碎片，镶嵌其中。原计划还要配一盏大吊灯挂在上面，因为作品安置在室外，我只好把 1 米见方的混凝土体，直接、敦实地放在室外地面上了。这些餐厅的器物碎片般地聚集于混凝土体内的表面之后，构筑成一块水泥立方体，仿佛是城市水泥森林的一个缩影。

“非常建筑（张永和、贾莲娜、陈龙）”首先结合中国的生活经验，对“厨房”的概念、功能进行了梳理。张永和在作品方案中写道：“中国的生活方式里，厨房本质上仍不在空间的范畴之中，而是有关物体的问题。称呼一个空间为厨房不是因为空间本身的

作品《生活样式——餐厅》

“非常建筑”（张永和、贾莲娜、陈龙）作品《生活样式——厨房》

属性适宜成为厨房，而是因为具体的物体支持‘做饭’这一行为。在十年前中国的家庭里，厨房很多时候不是一间房。厨房可以在檐下、在过道，甚至在客厅，不仅可以是对公共空间的侵占，也可以是对其他生活空间的侵占。在今天，住房面积的增加以及生活水平的提高也并没有改变厨房的本质。”于是，“非常建筑”将15立方米的“厨房”设置为500厘米×100厘米×300厘米的三个连续的盒子，每个盒子的开合状态均带来两种高度，分别支持与厨房无关的通过行为和与厨房有关的操作行为。这不是一个供人进入的空间，而是张永和改变了厨房的使用功能，通过系列物体的状态来实现的。

刘治治认为“书房”在日常的生活中是一处“暧昧”的空间，甚至更像是居家房间的“寄生物”，他把“书房”处理成体积为200厘米×180厘米×180厘米的立方体。他对作品的说明是：“房间作为使用空间的意义就此将被完全消解，整个过程由拉与推两个动作完成，书房就此成为一个无内、无外的处所，一个实际存在的却无法真正‘介入’的空间。所有发生的一切，也正可以类比于一本书打开的过程……”但这一概念，多少是受到了张永和于1998年参加我策划的“生存痕迹”展览的作品《推拉折叠平开门》的影响。[1] 作为刚出道的年轻艺术家，或许也是在所难免的。

显然，他们对“生活样式”的艺术转化，和我们日常的功能生活空间完全不同，却直接对应和测度着中国城市化过程，以及对日常生活变迁的一种建筑与设计的想象。

6

最好玩儿的作品是乌尔善的《飞向天空》——对“厕所”空间的演绎。他制作了一个直径1.4米、高8米的火箭，矗立在东京画廊室外平台上，模仿一座待发射火箭的现场。火箭的四周镶嵌着六个蹲坑式的陶瓷马桶，外立面用马赛克瓷片粘贴。被展开的“厕所”都是现成品。他解释说：“我们需要火箭与便器，我们需要向上的突破或向下的抛弃，我们需要集体的宏伟理想和个体的身体现实，我们需要意识到作为人的伟大和庸常……”乌尔善夸张的火箭模型，将百姓的日常生活与国家宏伟的宇宙计划并置在一起，个体生存的真实，其实早已被虚幻的想象消解了，甚至变成了一种更为虚幻的承诺。虽然戏谑得令人捧腹，却依存于现实的荒诞，充满了调侃的后现代风格。

1. 张永和、非常建筑：《展览实验建造》，第18页。

乌尔善作品《飞向天空》(左)及作品局部(右),乌尔善提供

唐晖做的是“卧室”。他延续了他的《唐城计划》系列作品,以“悬置的卧室”方式,虚拟了一个“适合中国人居住的空间站”。当时他正好在巴黎驻村,也许受到影响,他挑选了粉色的人造皮毛和法国巴洛克的纹饰喷绘,制作了一个悬吊的大床。他在方案中说:“对异国情调的崇尚,似乎标志着一个国际化时代的降临。这一切都发生在一个正在建设中的城市......这是一种变异后的生活空间情趣。或许我们从城市的变迁与现代文明的冲突中,折射并探讨出与传统、与自然和与当代文化生存环境的某种关系。”反讽的意味,一目了然。

唐晖作品《唐城计划——悬置的卧室》草图

张锦儿的《客厅：无尽》也是一个2.5米的立方体，由反光铝制板构成，她将“客厅”抽象出几何的结构，并以一首诗，浪漫地对作品进行了说明：“上了庭院中的房子，房子外面像镜子的质地反射出，地上的石头、柱子、空瓦缸和透明的桌子……”她的作品似乎是一个迷宫，构成了一种欲望的反射和不间断的流动，成为人们所向往、追逐的现世天堂。当物质消费文化已经全面占有我们的社会生活时，人与物、人与人的关系经历了从存在到占有，然后到炫耀的演变。

7

中国6位艺术家、建筑师、设计师的作品方案非常有意思。相对来说，日本参展艺术家的作品，发挥更为自由，有充气塑料的半透明房屋，还有摄影、平面设计等。而参展的建筑师组合，摄影师tele-design、MIKAN、FOBA等展示了东京的城市景观和发展数据。MIKAN建筑事务所的建筑师竹内昌义认为，中国参展建筑师由于有同一的方向，作品风格更为统一，而日本参展人发挥更多一些，对于城市生活的景象也更为关注，他们的轻灵和中方的粗粝形成了对比。

展览室内场景

展览室外场景

在策展环节中，作品展示的空间形态，其实最为关键，尤其是各位艺术家的作品所构成的整体展览视觉效果，以及传递给观众的信息。我们都曾看过一些展览，可能策展的角度和思路不错，但由于布展的随意和粗糙等问题，难以体现策展人的策展概念，而使展览本身的有效性大打折扣。

这个展览，我就遭遇到了这种“混合场域”的状况。

因为是中日双方策展人合作的联展，我和辻香各自负责本国艺术家的作品，对日方的艺术家及作品情况，我不便过问太多。我曾就一些展览的常识性问题试图与她沟通，但没有得到回复，可能也有语言障碍的问题，基本上没有或难以沟通！在布展阶段，我才发现辻香只是将日本10位参展艺术家的作品拼凑在一起，相互之间缺乏联系，作品形态混杂，甚至日方抢占展览位置，使东京画廊400平方米的空间变得拥挤不堪。我只好临时将一位知名艺术家的作品从室内挪移到室外，而张永和、唐晖、刘治治的作品只能在混乱的空间中，插空儿吊装，使我的策展概念和形态被弄得支离破碎。

东京画廊老板田畑幸人（左一）、日本策展人辻香（左二）和日本艺术家在布展中

坦率地说，我和辻香的策展，以及中国和日本参展艺术家都不在一个层面上。我至今都不知道辻香的策展想法，因为她没有写策展文章。我也不知道日方的艺术家在做什么？其针对性又是什么？总的感觉就是混杂、混乱！基本上是各做各的，没有形成中日双方在策展、作品之间的对话与交流。我的策展理念在这次展览中被糟蹋了，至今引以为憾！

8

展览的所有费用都是辻香拉的赞助，画册的编辑、设计、出版也就都由她来负责了，我只是按照编辑要求提供了中国艺术家的图片和文字资料等。

画册是著名设计师孙浚良设计的，他曾在日本学习平面设计，在书籍设计这一行中，有着实验性设计师的名声。他强调书籍设计在于书的物理意义所制造出来的阅读世界，就材质和设计而言，他打破了以往画册设计的规矩，将纸张折叠、翻开，使图片与文字之和构成了书写以及新阅读方式。这本画册后来成为他书籍设计的代表作之一。

展览画册封面、内页

但可惜的是画册内中文表述极不规范，中、英、日三种语言也不是一一对应的翻译。尤其是中国艺术家的文字内容，并没有按照我提供的资料来编辑和翻译，可以说画册编辑得一塌糊涂，简直难以阅读。例如，一位参展艺术家的简历，最后一句话是“还有，最近设计了位于北京市内的店铺的室内装饰”。我都不知道辻香是从哪里找来的文字。虽然我已通过邮件明确指出了其中的若干问题，但辻香没有更改，也不回复我的意见。这不是语言的隔阂，而是策展人和编辑的常识和水平问题。

画册编辑与设计的反差，成为我难以承受的一次尴尬。

9 尽管这是一次被拆分了的展览，结果不尽如人意，也没有形成什么影响。但我觉得我负责中国部分的展览策划，无论是在策展概念还是方式上，在我的策展实践中都具有一定的实验性和代表性。

并且，我在这次联合策展的背后，看到了更多的是策展人个人和中日艺术家在沟通、交流上的纠结之处。交流的鸿沟是无法回避的，即使是面对面的合作，所使用的对话方式也是碎片和断续的连接。

实际上，心中期待的交流，也许永远不能和实际预设、想象的完全一致，可能本身就属于落花有意、流水无情的一厢情愿。

“生活样式”的营造与想象

冯博一

亚洲在面对全球化的时候，面临着许多共同的问题，也有共同的期望和渴求，而这些都是在面对西方的冲击时产生的。一方面，对西方生活样式充满着期待；另一方面，又需要一种温和的传统方式来“中和”西方的冲击力。那么，作为东方的亚洲，新的社会形态与意识是什么？是一种文化传统？还是一种东西方文化交织后的不伦不类？抑或是一种新的力量？

其实亚洲不仅仅是所谓的儒家文化圈或者历史传统的简单联系，而是当下经济高速发展中诞生的某种新的富有阶层的共同性。它给了中国年轻的白领一种自我想象的方式。这种中产阶层文化里有一种面向未来的自信心，特别是在中国已经愈来愈成为亚洲经济的火车头的时候。同时，一种以大众文化为先导的新的亚洲意识也在形成之中。这种意识不是追求将亚洲西方化，而是追求一种新的本地化的后现代生活，这种生活一方面紧紧跟随时代的潮流，但又有自身的特色。它既不是西方的，又不是传统的，而是两种或更多地域文化的混杂。这大概就是所谓的“全球本土化”，也就是在全球化的结构中适应本土性的要求。

所以，这个新的富有的亚洲形象是面向未来的，充满了前倾的冲动，充满了对于新生活的渴求，而不是眷恋过去的荣光。日本的现代化有过这样的过程，中国正在经历这样的过程。或许这正是这次展览策划主题确定为“生活样式”的一个文化背景和时机。作为中方的策展人，我更希望这次展览具有正面表达。

所谓的正面表达，是基于从1990年代以来中国前卫艺术对现实的揭露、批判、质疑、反讽、解构的语言方式过于泛滥，在创作意识上有着某种艺术社会学庸俗化倾向的考虑。在中国的当代艺术中，活跃的且充满诱惑的都市生活已经越来越成为艺术家进行创作和可提供艺术想象的主要资源，与消费主义的合法化相同构，理想与现实的界限模糊，获得幸福与追逐名利等同，日常生活的意义被放大为艺术的中心，而往昔的现代性价值被日常化了。民族情感和市场原则之间的内在张力变成了艺术创作的动因，自我存在和发展的能力变成了中等收入者艺术想象的一种必要的存在。它表现了中国发展的力量和中国艺术的活力，也显示了中国人改变自身命运的激情和对于新生活渴望的正当性。在具体生存环境的物化形态上，似乎可以从一个流行的家居设计与陈设的样式，体现出社会大众对生活的态度、趣味及向往的趋向。因为家居的样式可以以一种与中国中产阶层共同的方式来处理所面对的种种日常生活问题，即将人们的日常生活关系从地域情景移植到全球及亚洲的情景之中，于是形成了一种全球的或亚洲的共同的文化经验。如果从浅表的生活物态的样式来看，这些设计就发生在我们的身旁。

为此，我将“生活样式”的概念规定为一种最直接体现中国人目前生活样式的家居形态。即将“生活样式”的概念分为客厅、卧室、书房、餐厅、厨房、卫生间六个具体的、物质化的单元，也正好应对了中方的6位参展艺术家的人数。中方参展艺术家通过抓阄后确定的功能性单元为：某知名艺术家——餐厅；刘治治——书房；唐晖——卧室；乌尔善——卫生间；张锦儿——客厅；“非常建筑（张永和、贾莲娜、陈龙）”——厨房。

在每个功能性单元中，这些参展艺术家根据自身工作的特点和语言方式，相对充分地发挥了跨越身份界限的设计和制作。这种直观的营造不再强调超越感，其背后不再有神圣的目的，营造本身是世俗的，只是满足人们生活富裕居住的设计。试图在这样的展览中摆脱当代艺术的“宏大叙事”，从一个日常的侧面或视角重新找到艺术介入当代生活的某种方式。考虑到展览空间的有限条件，作品的装置限制在15立方米的范围。

为使建筑师、艺术家、设计师的不同作品具有相对直接的关系，展览的布置也以艺术家的作品协调、接连、装置，从而抽象虚拟地呈现出中国参展艺术家对“生活样式”形象的设计，更准确地说是通过艺术家对生活的趣味、理解而艺术地转化为都市的想象。

虽然这是一个带有实用功能性居家单元的奇思妙想和生活趣味的体现，但我在这些中国参展艺术家的作品中，感受到了一种新亚洲意识的自觉和价值取向。如果观众认同了这种感觉，我想我们展览策划的目的也就在某种程度上有所实现了。

（原文刊载于《中国艺术》，2004年，第4期）

10

空间的
多米诺计划

2009

空間的

多米諾計劃

DOMINO
PLAN IN THE SPACE
2009.6.6~8.30

梁遠葦
臧可心
秦沖
參展藝術家
6月6日

計劃實施:2009年6月6日~6月26日 全程開放　開幕式:2009年6月27日(周六)下午3:00~6:00　地點:**陳綾蕙當代空間** (北京・草場地)

展覽總監 陳綾蕙　策展人 馮博一　策展助理 劉蓓　藝術家 秦沖 臧可心 梁遠葦 于凡 梁碩 辛雲鵬 唐暉 史金淞 于吉

Exhibition Director: Chen Linghui　Curator: Feng Boyi　Curatorial Assistant: Lynette Liu　Artists: Qin Chong Zang Kexin Liang Yuanwei Yu Fan Liang Shuo Xin Yunpeng Tang Hui Shi Jinsong Yu Ji

北京 Beijing　陳綾蕙當代空間(北京・草場地) **Chen Ling Hui Contemporary Space (Beijing.Cao Chang Di)** 營業時間 每周二至周日上午十一時至下午七時 周一公休 Open Tuesday-Sunday 11am-7pm(Closed on Mondays)
北京市朝陽區崔各莊鄉北皋甲1號(100015)　No.A1 Beigao, Cuigezhuang Country, Chaoyang District, Beijing, 100015 P.R. China　TEL: 86 10 64318830 FAX: 86 10 64319609

台北 Taipei　陳綾蕙當代空間(台北) **Chen Ling Hui Contemporary Space (Tai pei)** 營業時間 每周二至周日上午十一時至下午七時 周一公休 Open Tuesday-Sunday 11am-7pm(Closed on Mondays)
台北市仁愛路四段300巷25弄2號1樓　Taipei: 1F., No.2, Alley 25, Lane 300, Sec. 4, Ren-ai Rd., Da-an District, Taipei 10693, Taiwan　TEL: 886 2 27032277 FAX: 886 2 27062291

CLH
陳綾蕙當代空間
Chen Ling Hui Contemporary Spac
www.chenlinghui.com
clh@chenlinghui.com

"空间的多米诺计划"展览海报（系列）

多米諾

空間的 DOMINO PLAN IN THE SPACE 計劃

2009.6.6~8.30

辛雲鵬
梁碩
于凡
參展藝術家
6月13日

計劃實施:2009年6月6日~6月26日 全程開放　開幕式:2009年6月27日(周六)下午3:00~6:00　地點:**陳綾蕙當代空間** (北京・草場地)

展覽總監 陳綾蕙　策展人 馮博一　策展助理 劉蓓　藝術家 秦沖 臧可心 梁遠葦 于凡 梁碩 辛雲鵬 唐暉 史金淞 于吉

Exhibition Director: Chen Linghui　Curator: Feng Boyi　Curatorial Assistant: Lynette Liu　Artists: Qin Chong Zang Kexin Liang Yuanwei Yu Fan Liang Shuo Xin Yunpeng Tang Hui Shi Jinsong Yu Ji

北京 Beijing　陳綾蕙當代空間(北京・草場地) **Chen Ling Hui Contemporary Space (Beijing.Cao Chang Di)** 營業時間: 每周二至周日上午十一時至下午七時 周一公休　Open Tuesday-Sunday 11am-7pm(Closed on Mondays)
北京市朝陽區崔各莊鄉北皋甲1號(100015)　No.A1 Beigao, Cuigezhuang Country, Chaoyang District, Beijing, 100015 P.R. China　TEL: 86 10 64318830　FAX: 86 10 64319609

台北 Taipei　陳綾蕙當代空間 (台北) **Chen Ling Hui Contemporary Space (Tai pei)** 營業時間: 每周二至周日上午十一時至下午七時 周一公休　Open Tuesday-Sunday 11am-7pm(Closed on Mondays)
台北市仁愛路四段300巷25弄2號1樓　Taipei: 1F., No.2, Alley 25, Lane 300, Sec. 4, Ren-ai Rd., Da-an District, Taipei 10693, Taiwan　TEL: 886 2 27032277　FAX: 886 2 27062291

CLH 陳綾蕙當代空間 Chen Ling Hui Contemporary Space

www.chenlinghui.com
clh@chenlinghui.com

計劃

DOMINO

PLAN IN THE SPACE

2009.6.6~8.30

空間的多米諾計劃

計劃實施:2009年6月6日~6月26日 全程開放　開幕式:2009年6月27日(周六)下午3:00~6:00　地點:**陳綾蕙當代空間** (北京·草場地)

于吉
史金淞
唐暉
參展藝術家
6月20日

展覽總監 陳綾蕙　策展人 馮博一　策展助理 劉蓓　藝術家 秦沖 臧可心 梁遠葦 于凡 梁碩 辛雲鵬 唐暉 史金淞 于吉

Exhibition Director: Chen Linghui　Curator: Feng Boyi　Curatorial Assistant: Lynette Liu　Artists: Qin Chong　Zang Kexin　Liang Yuanwei　Yu Fan　Liang Shuo　Xin Yunpeng　Tang Hui　Shi Jinsong　Yu Ji

北京 Beijing　陳綾蕙當代空間(北京·草場地) **Chen Ling Hui Contemporary Space (Beijing.Cao Chang Di)** 營業時間：每周二至周日上午十一時至下午七時 周一公休　Open Tuesday-Sunday 11am-7pm(Closed on Mondays)
北京市朝陽區崔各莊鄉北皋甲1號(100015)　No.A1 Beigao, Cuigezhuang Country, Chaoyang District, Beijing，100015 P.R. China　TEL：86 10 64318830　FAX：86 10 64319609

台北 Taipei　陳綾蕙當代空間(台北) **Chen Ling Hui Contemporary Space (Tai pei)** 營業時間：每周二至周日上午十一時至下午七時 周一公休　Open Tuesday-Sunday 11am-7pm(Closed on Mondays)
台北市仁愛路四段300巷25弄2號1樓　Taipei: 1F., No.2, Alley 25, Lane 300, Sec. 4, Ren-ai Rd., Da-an District, Taipei 10693, Taiwan　TEL：886 2 27032277　FAX：886 2 27062291

陳綾蕙當代空間
Chen Ling Hui Contemporary Space

www.chenlinghui.com
clh@chenlinghui.com

设置障碍，或跨越障碍
——曲折的“空间的多米诺计划”

1

2002 年参与策划“首届广州当代艺术三年展”之后，我对《美术家通讯》的编辑工作开始消极怠工。一是因为中国美协没有适应社会发展的开放环境；二是主编杨悦浦先生退休，而新任主编缺乏起码的工作能力，我难以在编辑中把握和实现自己的一些想法。尤其是我看到杨悦浦先生为中国美协兢兢业业的工作经历和后来的境遇，使我对美协的职能也变得愈来愈失望。

1988 年，在筹备第七届全国美展时，因为经费紧张，文化部在给中国美协信函中明确，经费“不足的部分，请用集资、展销方式或由你会补足”。为此，第七届全国美展组委会办公室还专门成立了“集资部”。杨悦浦先生作为办公室副主任兼集资部负责人，使出浑身解数拉赞助。其中，拉到了桂林复印机厂独家赞助的 30 万元广告费，并先后在北京、湖南株洲、江苏如皋与南通等地，策划、召开了一系列的创作发动会和研讨会。[1] 中国美协时

1. 《美术家通讯》，1989 年，第 1 期。

任领导葛维墨、董小明之前答应将根据赞助的数额给予奖励——那时，这种奖励方式都是公开号召、合法合规的。第七届全国美展闭幕之后，中国美协奖励给杨悦浦先生的奖金，我记得是40多元，我是20多元。我们都拒绝接受。这件事儿，使我清醒地意识到不能再沿着杨悦浦先生的老路走下去了。

冯博一与杨悦浦（右）合影

后来，在一次闲聊中，我向杨悦浦先生直接表露了这个想法。他当时没有回应，但他无奈的表情，我到现在还记忆犹新。2002年，杨悦浦先生60岁生日当天，他快速办理了退休手续，收拾好办公室的东西，悄然离去。

考虑到个人未来的发展，我从1990年代初，开始逐渐从体制内转向当代艺术的民间空间。1998年初，我在北京策划“生存痕迹”展览之后，有意识地以独立策展人身份，从事职业化的策展实践工作。

所谓“民间空间”，通俗讲，就是中国当代艺术的“江湖”。何谓“江湖”？它潜隐于我们的社会之中，跟我们看得见的世界平行，影响着我们的行为，但永远藏隐在我们视角之外。这样一个社会，也许正是我们真实生存状态的倒影。民间空间是广阔的，聚集着社会的能量，带有流动的、不确定的变异性和扩张性，因此也就有着多种发展的可能。中国当代艺术真正起作用的实验，其实都生发在非主流的边缘地带。或者说，这才是中国当代艺术特有的背景。

“秩序”意味着一种界限和限制，“失序”才能使我们这些独立策展人有机可乘！

2

策展是一种实践性和综合性工作，它既涉及策展人的知识和学术背景，还考量策展人对时代文化艺术变化敏锐的认知程度，因此，你所策划的展览项目应具有明确的现实针对性，同时，策展人还需要掌握一定的艺术家资源，维护与艺术家、主办方和其他合作机构之间的关系，以及具备周到、细致的沟通协调能力。我常说，策展是体力活儿，像“贫下中农”一样辛苦！2005 年，我参与策划的“景观：世纪与天堂——第二届成都双年展”的最大的收获是，我多少还具备策展人的基本素质和组织能力。

在我的策展实践中，策划大型展览受到各方的限制较多，而在一些不同空间的小型项目中，却往往有更多策展实验的可能。2008 年，来自我国台湾的陈绫蕙、张志成夫妇，在北京草场地建造了“陈绫蕙当代空间”，邀请我策划一档展览，给我的实验性策展提供了一次机会。

只要能够自主地实现我的策展想法，我不拒绝与任何艺术机构的合作。

2009 年 6 月 26 日—8 月 30 日，我在陈绫蕙当代空间，策划了题为“空间的多米诺计划”的展览。

“空间的多米诺计划”展览请柬

3 我首先向陈绫蕙提出不做销售性的展览，也不考虑作品是否好卖，仅仅将我那时对当代艺术的思考、判断通过一次展览呈现出来。坦率地讲，就是利用画廊提供的费用、场地、工作人员配合等条件，实现我的想法。陈绫蕙希望她的空间能尽快在北京落地，并建立起品牌效应，对我的策展思路和邀请的艺术家完全信任，丝毫没有干预我策展计划的实施。同时，她还慷慨地给每一位艺术家提供了3000元的创作材料补助费。

冯博一与陈绫蕙，摄影：李永斌

当时《Hi 艺术》杂志主编巩剑采访陈绫蕙时曾问："'空间的多米诺计划'的作品似乎很难出售？"她说："我压根没想过这个事，我热爱做展览。虽然我的力量很微小，但有机会我就做。所以这个展览我抱着学习的态度。对我来说，这个展览很特殊，以前我们不管跟策划人配合，还是给我们代理的艺术家做展览，都已经是做好的作品，从来没有请艺术家依照我们的现场来做创作。突然看到这些纯粹的东西我真的很激动。"[2] 现在想来，作为画廊老板，陈绫蕙那时对展览、策展人和艺术家的尊重态度，实属不易！

4 我做这个项目计划之前，已经陆续独立策展或参与策划了几十个展览，但这些展览基本上都是注重展览开幕后的完整形态，缺乏艺术家为展览本身创作作品的过程，缺少每一位艺术家的作品与其他参展艺术家作品之间的内在关联。观众看到的作品本身也只是一个完成形态。那么，这些作品为什么要这样做？又是怎么做出来的？它们之间的多重关系是如何构建的？能否有一种新的策展方式，充分利用社会空间、

2. 巩剑：《冯博一：北京老艺骨》，《Hi 艺术》，2009 年，第 7、8 月合刊。

物理空间来呈现当代艺术的一个侧面；同时，将这些过程、问题和提示呈现出来，超越自我和流行的策展模式？这是我当时在这个展览项目中关注和认为需要解决的问题。

为此，我提出了一个题为“空间的多米诺计划”的方案。

这个计划针对的是一代人的经验，包括代际的区别。在艺术创作中建立起一代人的感受，其中相当重要的工作是建立起一代人的记忆。而记忆本身就是一种视觉形象，艺术家往往将记忆中显现的画面，转化为现实中的创作。我之所以选用“建立”这个词，是因为记忆要进入艺术，需要经过一个视觉语言的转化过程，这个过程不会自动涌现，需要付出人的努力。对于策展人和艺术家来说，这个人为的演绎，既要有主办方、策展人搭建平台，也需要艺术家创作文化记忆的过程。而常常我们以为这是个人化的，其实是时代和社会塑造了我们集体共同的经验和记忆。

5

在“文化记忆”主题下，我所设定的展览方式，首先具有一定的规定性和限制性。“规定和限制”已经成为我们日常生活和艺术创作的常态，而在“限制”中或许更能激发出一种智慧的、幽默的、游戏化的新方式。

我邀请了 9 位活跃且具有实验性和智性品质的艺术家参展，其中于凡、秦冲、史金淞出生于 1960 年代，唐晖、梁硕、梁远苇是 1970 年代的，于吉、臧可心、辛云鹏是属于“80 后”的年轻艺术家。出生于不同时代的他们都是依据展览主题和陈绫蕙当代空间的环境创作的新作品。他们根据个人或集体记忆中经历的片段、一件事儿、一种社会现象等，寻找他们在不同城市和地域的文化记忆。尽管他们有着相同的历史文化、人文背景和地域根基，但在中国改革开放后的三十年历史中，每个人又有着不同的记忆与经验。我试图通过这些“规定”，呈现不同时代的艺术家在文化记忆上不同的艺术表达、想象与转化，以及在差异中寻求其内在联系的视觉呈现。

“空间的多米诺”指的是：参展艺术家在认同展览主题和考察完场地之后，提交参展作品的方案，在相互商量、协调的基础上，策展人根据每位艺术家方案的具体要求和整个展览空间的条件，划分每位艺术家的展示区域。从整个展览的策划、布置，到完成、展出，共分为三个阶段；9位艺术家又分为三批，每批3位艺术家。第一阶段是秦冲、梁远苇、臧可心从6月6日开始进入展厅布展；于凡、梁硕、辛云鹏在第二阶段，6月13日开始进入展场；唐晖、史金淞、于吉从第三阶段的6月20日开始，陆续、递进、接替进入展场，实施作品计划，直至6月25日全部作品完成。6月26日展览正式开幕，至8月30日结束。

这种“3+3+3”的创作、实施、布展、完成作品的计划与方式，类似于命题创作，也是艺术家在创作过程中的接力与接龙，类似于游戏化地将作品的“骨牌”在空间实现“多米诺”的连续效应。

6

当艺术家个人的记忆空间“转移”到一个公共的展示空间时，要求艺术家将陈绫蕙当代空间作为践行其近期创作的一个“实验场”，在其中完成并呈现一些尚处于未完成状态的或进行中的作品。当9位艺术家的9件作品悉数实施完成之后，也就构成了整个展览策划本身的一种实验方式。即把这次展览空间作为创作空间，以体现个人创作从工作室到公共空间的个人记忆与集体记忆空间的转换过程，意味着将社会、人文、心理、情感等诸多元素进行空间转化的一种视觉显现。

这种带有递进式、强策展的预设，将我以往策展惯常的单一模式，有意识地拉长为一个持续的过程，随时都有新作品形态和信息变化的显示。一方面，可以使艺术家超越承传或固有的想象，并在策展的规则中，获得一次自我“膨胀”的机会；另一方面，也像与其他参展艺术家较劲儿的比赛，体会相互竞争带来的压力与快感。

尽管这些作品有着碎片化的形态，却能够在多维度上以视觉语言叙述着个人的记忆，并以无限的方式相互参照，进入彼此的叙事中，建立和重构相互之间的联系。无论是艺术家及作品，还是策展人及方案，都构成了这次策展的挑战性、实验性和特殊性的因素。

这一策展思路和方式，后来在我策划“海峡两岸与香港、澳门地区艺术交流计划”的“1+1”和“因地制宜”等展览中，得到不断延展和深化。将惯常策展的线性思维，有意拉长为一个持续、堆叠、多维视点的创作、展示、传播的过程，构成了我多年策展实践的一种持续性、开创性、代表性的策展方式。现在，回过头来检视我的策展往事，“空间的多米诺计划”的策展构想，摆脱了那时流行的、单一的和均质化的策展模式，具有一定的前瞻性和实验性。这也是我后来一直在策展方面，摸索着如何在有限的条件下，突破个人的认知和局限，而寻求与众不同的策展创新，以及有效途径的个人经验。

7

我的策展计划引发了艺术家的头脑风暴。2009 年 5 月 4 日下午，我们在陈绫蕙当代空间进行了座谈讨论。

最初我确定的展览题目是“任意空间的多米诺效应”，试图将陈绫蕙当代空间作为一个对象空间，参展艺术家可以随便选位置，随便做作品，从这个角度上讲是“任意”的；“多米诺”是强调接续的过程。既然试图打破以往的策展、创作、布展等流行的展览模式，那么这个项目计划直接牵涉到如何构成艺术家“3+3+3”的搭配。也就是说，第一批的 3 位艺术家及后续的第二、第三批艺术家是自由组合，还是由策展人排序？

展览方案讨论现场，左起：于凡、秦冲、冯博一、梁硕、梁远苇、史金淞、唐晖

经过讨论，我们都认同于在自由组合的基础上，根据艺术家以往

创作的媒介方式、代际关系和展期的时间节点，在策展人的协调、安排下，形成一个组合、结构和先后顺序。同时，依据每一位艺术家的作品方案，在场地安排上，尽量尊重艺术家对作品位置的挑选，划分出相对应的场地。

参展艺术家对参展作品之间的内在关联，比较关注，展开了广泛的讨论。于凡说："我强调在创作和作品形态上有一个比较直接的或内在的关系，但并不意味着破坏或覆盖某一位艺术家的作品，除非这位艺术家同意，否则就有些勉为其难了。如果现在提出'3+3+3'的概念，这三个人就应该有关系，三人就是一个单元，否则只有年龄差别而互相没关系。"史金淞说："我看过以往的展览，很少有艺术家跟艺术家作品之间有关系，他们都是策展人在布展时候的一种经营策划。这次老冯强硬地要求，我会努力做到跟其他艺术家作品发生点关系。"梁硕说："作品跟作品之间的关系才是这次展览最有意思的部分。"[3]

考虑到参展作品的委托创作的要求，梁硕表示："限制越来越多了，前面这个作品就是进来之后随便做，顺着自己的路子走。我觉得有意思的，其实是一部分作品不是顺自己的路子，是被动的，靠别人而存在着。即使没有展览也要自己找一个'限制条件'。如果是一个群展，这个限制是一个逻辑上必需的东西，不光是空间、主题上的。在具体做的过程中，物理上的或者是里面发生的事，都可以成为限制。我也不想有什么具体的限制，但我对这个限制本身特感兴趣。在这一行为的过程中，自然会出现一些意想不到的，或者说跟你平时一贯思考的东西有某种联系，我觉得这个就挺好的。"史金淞说："其实老冯的记忆是每个艺术家创作的线索，在同一年龄阶段，它呈现的视觉效果会有一点点联系。像你们这种'80后'啊，'90后'啊，给人的视觉感觉又是另外一种东西，放在一起让大家产生一种时间的线索。"[4]

3. 《空间的多米诺计划》，北京：陈绫蕙当代空间，2009年，第12页。

4. 同上，第18页。

2008 年，博客刚刚兴起，如何利用网上的功能传播推广展览的有效影响，梁硕提议：“专为这个展览建立一个博客，谁做了作品之后就赶紧发一个上去。到时候这个博客连图带文字，像一个流水账似的。等展览结束了，就可以编辑、设计成一本画册了。”秦冲补充说：“由画廊做这个工作较好，因为这是一个公共的博客。”我当时也觉得这个利用网络进行实时传播的建议特别好，在 90 天的展览期间，每天都有从文字、草图到创作、布展整个过程的实时记录，类似展览日志。当时委托刚刚从台北来陈绫蕙当代空间工作的张莉娸负责（张莉娸现为上海昊美术馆执行馆长）。[5] 虽然这个想法获得了大家的认同，但因为我身体抱恙，最后没有跟进落实，挺遗憾的！

8

秦冲、梁远苇、臧可心、于凡、梁硕、辛云鹏、唐晖、史金淞、于吉，这 9 位艺术家依据他们不同的年龄和生存经验，在现实的时空中寻找历时性和共时性的文化记忆，以一种时空对位法来测度存在于记忆空间的变化，并由此显示他们对这种变化的认知、态度与采用的媒介方式。这既是一种记忆被不断唤醒后的自然表现，也折射了个人文化记忆对他

于凡作品《池中之兽》创作现场，于凡提供

5. 《空间的多米诺计划》，北京：陈绫蕙当代空间，2009 年，第 19 页。

唐晖作品《广场》（局部），唐晖提供

史金淞作品《做把刀子》，史金淞提供

们后来人生的潜在规约。虽然，他们专注于个人的艺术创作，但在时代背景或人的命运变化上，总会自觉或不自觉地嵌入某些大历史环境，以便能够通过个人的记忆来审视历史的、集体的文化记忆。而历史和记忆是无尽的，有时会在我们的视野之外。因而，通过展览，不断地“照亮”，才能够接续个人记忆的情怀。

实施作品的过程即是这次展览展出的开始，布展期间不闭馆，观众可以正常全程参观。为充分地体现这次展览的多米诺效应，展览的布展和展出衔接进行，使观众能了解建构、完成作品的全过程，而过程本身实际上也是作品的一个组成部分，以体验艺术的创作和展览没有固定的模式，艺术表达与展示具有无限的可能。或者说，它呈现出异于通常展览模式的另一种策展方式。

秦冲作品《过去·未来》，秦冲提供

于吉作品《我要改变你》创作中，于吉提供

为了展览的完整性，我在策展及编辑画册时，特别注重对每位艺术家从作品方案的思考、草图、调整，到实施、布展，观众参与的每一个步骤，以及我的策展思考、方案等整个过程的记录。例如，每一位艺术家的作品位置平面示意图；梁远苇三个创作方案的不断演进，梁硕创作完成作品后的感想，臧可心对作品意外情况的说明等；此外，还包括考察场地、座谈会、新闻发布会、开幕式等现场的报道。在设计师孙琦的精心设计下，这本展后册将展览的三个主要环节——策展人的方案、艺术家的作品、陈绫蕙当代空间——的关系及合作方式、沟通情况，比较充分地给予了反映和体现，构成了与展览本身相得益彰的记录文本。

9

在这9位艺术家中，梁远苇和梁硕的作品最有意思。

在5月4日的座谈会上，梁远苇最初考虑的方案是：在布展开始时，用胶布把展厅的一块地面封粘起来，开幕后再把这块遮蔽地面的胶布揭开，同时录制和播放一小段视频，展示展览期间观众行走的过程。她对作品的解释是：胶布将承载展厅地面对整个展览的记忆。这一部分的“记忆”，是由展览参与者共同制造的“历史”，却被设定为在地的整个历史，终将被抹去。所以，她的作品题目刚开始叫《为了忘却的记忆》。梁远苇说，实际上展出的东西是“空”的，但是这个“空”是来自之前的遮蔽。这个想法来源于她日常的生活经验。她住的公寓是水泥地，上面有地毯和放置的东西，当搬家时把这些东西拿开后，露出来的地面颜色和质感跟其他经常擦地、踩踏的地方很不一样，虽然它们是同样的地面。那部分曾经遮盖在其上的“历史”是被剪掉了，或者说是失忆了。这个展览恰好给了她一个可以发展的思考机会。[6]

后来有人提醒梁远苇，说英国艺术家吉姆·兰比（Jim Lambie）做过很多彩色胶带的地面作品。虽然材料和观念都不同，但在作品形态上还是有点像。看完场地之后，她更新了方案。她在给我的邮件里说：“（我）准备把苏珊·桑塔格《疾病的隐喻》（整个五月份我在反复读这本书）的文字版面原样放大三倍，逐页搬到地面上，用医用白胶布照葫芦画瓢地贴出一行行文字的样子。我想这样的改动使作品更清晰了。”[7]最后，梁远苇的作品叫《球》，她“参照《疾病的隐喻》一书的中文版版式，用白色胶布将展厅二层地面（179.3平方米）完全封住，任人踩踏。待整个展览结束，她把布满脚印的胶布揭开，做成了一个球”。[8]

梁远苇的作品逐渐形成和完善的过程，正是我策展希望达到

6.《空间的多米诺计划》，北京：陈绫蕙当代空间，2009年，第14、15页。

7. 2009年6月5日、6日，“梁远苇致冯博一”。

8.《空间的多米诺计划》，北京：陈绫蕙当代空间，2009年，第58—67页。

梁远苇作品《球》的创作过程，梁远苇提供

的效果。而作品最终的形态，又是由观众在看展览的不经意过程中留下的脚步来完成的，从而在公共空间形成了观众参与作品之间贴近距离的互动关系。

梁硕的《改楼梯》是这次最“较劲儿”的作品之一，他是一位较劲儿的艺术家。记得2000年初，我带日本福冈亚洲美术馆的策展人池田寿子去他的工作室考察，他有一件习作，是将一根拇指粗的钢筋条切割成若干段，然后再费劲地焊接在一起，形成了一根七扭八歪的钢筋。

梁硕在陈绫蕙当代空间一层到二层的水泥台阶上，做了一层非正常的，甚至偏移了楼梯功能的木质台阶。最初他希望将楼梯全部覆盖，故意制造了上下楼的障碍。但考虑到公共空间观众的安全问题，梁硕妥协地保留了30厘米宽的原台阶通道。这件作品与空间、观众之间，不仅产生了一种“行走、观看”上的困境，还带有在行动上被迫参与的限制，使作品的互动性又发展出更为直接的障碍。同时，梁硕还有意识地与楼上梁远苇的作品建立了直接的联系。因为梁远苇的作品一定是需要观众上楼，并不间断地在她的作品上“践踏”出痕迹。这种多维度的关联构成了梁硕作品丰富的含义，以及行为上的强度、视觉上的张力。

梁硕作品《改楼梯》

但他在《完成在陈绫蕙当代空间〈改楼梯〉后的想法》一文中写道:“最初的方案意味着观众将别无选择地通过这段不太好走的楼梯上到二层看其他艺术家的作品(此画廊只有这一个楼梯通向二层),这是我理解的‘空间多米诺’的意思(一个空间如何衔接另一个空间,一个作品如何衔接另一个作品)。但这同时也意味着观众将被强迫参与作品,我不确定是否应把老弱病残及其他一切对此不感兴趣的人排除在‘观众’之外。这就造成了两难:观众不走改装过的楼梯,作品就因此变成了摆设而失去意义;不留安全通道可能会有安全隐患。但我不喜欢放弃,于是宁可选择前者而不是后者,这是妥协。妥协很正常,但目前的妥协方式抽掉了作品的物理功能,只剩下简单的概念和形式,作品最重要的性质没有了。”[9]

这是梁硕创作后的隐忧。而妥协意味着遗憾,遗憾也是一种障碍。

---

9. 《空间的多米诺计划》,北京:陈绫蕙当代空间,2009 年,第 96 页。

10 也许因为我预设的展览方式具有不确定的过程，展览中发生了一件意外的事。

旅居德国的艺术家臧可心的作品《演算的偶然》，有点神神道道，按她的说法叫“摄影行为艺术”。她首先依据《易经》的空间和数学概念进行推衍，再通过掷硬币的偶然结果和用指南针测量出东西南北四方，标记及确定她在陈绫蕙当代空间进行现场创作的具体位置；然后使用大画幅相机拍摄。

臧可心作品《演算的偶然》实施中

整个创作的行为过程既严谨，又周密。当她有条不紊地准备拍摄时，却突然发现精心准备的4×5英寸的胶片没有带来。好在她镇静地将错就错，继续进行没有胶片的“空镜”拍摄。这一意外直接导致了她展出的五幅摄影作品都是一样的黑片儿。最后，她在作品标签上解释：“既然是‘偶然’，那么就展示这个偶然的结果——无胶片摄影。在我的策划里，拍摄的结果只是我行为艺术的‘痕迹’之一。五个没有照片的画框，是这个现场行为的真实记录。”[10]

10.《空间的多米诺计划》，北京：陈绫蕙当代空间，2009年，第50页。

这个有趣的“事故”，倒也应和了她作品题目中“偶然”的关键词。因为，“偶然”也是现场和过程的一部分！但我至今疑惑的是，既然利用了包含“天地万物”的《易经》资源与方法，怎么就没有算出胶片的遗漏呢？看来，还是人算不如天算！这不仅对她是一种意外，也正好验证了我策展方案中关于“具有不确定性过程”的一种意外的设置。

11 辛云鹏是我邀请的9位艺术家之一，我看中他以往作品的机智、挑衅的个性特色。

他作品的方案是利用陈绫蕙当代空间的工作人员进行创作，他希望在布展的一周时间内，向刚到大陆工作的张莉娸学习台湾“普通话”来完成他的作品，并计划在展览中以视频方式展示这个过程。

辛云鹏在方案中写道：“学‘几句台普’，‘说’我‘自己’的话，给‘别人’听。”并提出了一个实施条件：在这七天内，任由他来安排张莉娸的时间和行动。他在给我的邮件中说：“我的作品跟空间发生七天的关系，在我的作品结构里，这个空间与创作主体的关系已经转换为员工莉娸和我的关系。我想在她的工作时间里进行语言学习或带她去其他空间（旷野、电影院、咖啡厅）去聊天，打断她在陈绫蕙当代空间的日常工作，而不只是在陈绫蕙当代空间进行创作，来实现我这七天和这个空间发生的矛盾关系。”[11]

坦率地说，这个作品方案是利用现有的社会系统和机制进行艺术创作的一种典型方式，挺有意思的。辛云鹏计划将陈绫蕙当代空间中来自台湾的员工和画廊系统作为他作品的媒介，并以日常化的行为介入其中，既构成了大陆与台湾之间由于历史所造成的隔阂，又将文化记忆的差异与共性，通过个人聊天的交流方式，

11. 2009年6月15日，“辛云鹏致冯博一”。

联系在他的艺术创作和现实的社会空间之中。但这种方式直接影响了画廊日常的管理安排，意味着张莉娸有七天时间无法正常地完成本职工作。画廊老板陈绫蕙难以接受，她希望我与辛云鹏商量，能否调整一下作品方案。可以利用张莉娸下班后的业余时间来落实他的作品。我觉得这样的调整是可行的，因为既然是日常化的方式，在业余时间进行，并不影响辛云鹏作品的概念与实施。

但这一建议遭到了辛云鹏的拒绝。6 月 14 日，他去陈绫蕙当代空间，欲带走张莉娸，“呈现她脱离工作岗位后在其他空间的状态”。陈绫蕙没有同意。因为辛云鹏无法实施拍摄外景的工作，他就在空间里，面对镜头大声讲台普，并想拍摄下来，作为影像作品在开幕当天循环播放。

我也没有同意他的这一做法。因为既然是利用现有的系统创作，其前提应该是不强制破坏或影响系统的正常运转，否则如何利用及落实？但辛云鹏却固执地认为他的作品“从来没有遇到过这么多的行政干预”，“这种沟通如果无效，希望您给我最真实的回应，因为我只认艺术水准，其他的没有底线。所以很希望不要曲解我的作品来伤害我的真诚”。我在回复他的邮件中强调：“画廊、艺术家、策展人以及其他工作人员，是展览链条中的各个环节。我们是一种平等的合作关系，各司其职，各有所获，由此构成了整个展览的完整、顺遂。出现问题应该可以沟通，避免指责与影射，总会有办法解决。陈绫蕙当代空间能够在当下主办这次展览，我觉得还是不容易的。我们需要相互理解与尊重。”[12]

后来我又想到一个解决方式：不以作品的方式出现，而是将我们为解决这个问题的多次沟通的往来邮件放在画册里，作为一个未实现的作品文本记录。但辛云鹏还是没有同意，甚至在他的博客中指责画廊不地道，表面上做实验性的展览，实际上在骗人。[13]

---

12. 2009 年 6 月 15 日，辛云鹏与冯博一的往来邮件。

13. 巩剑：《冯博一：北京老艺骨》，《Hi 艺术》，2009 年，第 7、8 月合刊。

也许辛云鹏就是想制造一种对画廊管理系统的障碍，甚至是“事端”来实施、完成他的作品。这一矛盾冲突由于辛云鹏的不肯妥协和我的协调失败，合作被迫停止，多米诺骨牌由此中断。最后展览只有8位艺术家参展。

12 在2005—2009年间，我与陈绫蕙共合作七个展览项目，包括胡介鸣的“城市混响——影像艺术展”、UNMASK小组作品展、“此在——Ziboy”温凌个展、“栖居与行旅：王顷2005—2006作品展”、“七零八落”艺术展和“自由落体——陈绫蕙当代空间开业展”，以及这次的“空间的多米诺计划”。陈绫蕙是一位比较爽快的画廊老板，我们的合作顺利而愉快。

展览开幕前，我已经生病，等着做手术。展览闭幕不久，陈绫蕙却因为高利贷逼债，于2009年12月11日不幸在台北自杀身亡。没有想到的是，我还活着，她却倏然而去！

世事沧桑，回首不胜唏嘘！时常想起她萌萌的样子，爽朗的笑声环绕耳际……

关于实施“空间的多米诺计划”的一种叙述或报告

冯博一

引言

当代人写当代史，看当代史，有其有利的一面。每一个当代的“我”，都是从这个“当代”的风风雨雨中走过来的，近距离，亲闻所见，什么是谎言，什么是真话，什么是虚话，看得清清楚楚。但是，也有不大有利的一面。正因为是亲身经历，人在“江湖”，各有局限，也为各自利害、好恶、爱憎所遮蔽，反而看不清楚历史真相，甚至是非颠倒，一片模糊。这便成为历史真实的屏障。

作为当代艺术的展览史，以往的展览大都是呈现开幕后的完整与光鲜，以及极尽能事的宣传推广，在哲理、醒目的主题和热闹、喧嚣的背后，隐藏着鲜为人知的过程和“故事”。但我相信，也知道参与一个展览的艺术家、机构、空间和策展人等都存有过程中不断博弈与调整的细节。或许这些背后的细节，以及彼此间复杂的关系，也是构成每次展览的精彩与丰富所在，由此也为所谓的策展史提供一些实在的资料。

因此，我试图将构成展览链条的几个必要环节的职能工作，以文本的方式给予呈现。

这本画册记录了参展艺术家从思考作品方案伊始，到实施作品，以及最后落实完成的整个过程，图文并茂；而此文则是我作为参与者之一或亲历者，看当代史的一种叙述。目的是想从历史的蔽障中，通过一些经历、见闻和思考，寻找一点我以为的真实和相对全面的过程资料。同时，“它们最后在展览中的装置方法和视觉效果可以说是策展人和艺术家共同实验的结果。这种实验结合了艺术创作、观念探讨和建筑设计”，[1] 为现在尚在延续的当代艺术史，留下历史的踪影、痕迹与片段，抑或也是见微知著地述说着复杂的当代艺术景观。是耶，非耶？叙述的报告而已。

恰如《庵上坊》一书中所写到的，“一千年以后，假如牌坊仍立在原地，或被考古学家从地下发掘出来，而这种种风格不同、内容却极为相近的‘文献’，被人们同时从故纸堆中发现，那么，谁能保证这些文字不会被当作‘信史’，反过来用以‘复原’这座牌坊修建的背景和过程呢？”[2] 当然，不同的言说方式，尤其是对其的态度，恰恰构成了另一种意义上的标本——它至少表明，我们对于过往历史的反思远远不够，许多人难以面对昔日自己的所作所为，乃至有意做选择性的叙述。就普遍现象而言，历史真相被封闭和有意淡忘的现实，导致了整个社会集体记忆的衰退。而这一现实，又给当代史的写作提出了挑战和求真的任务。

作为一次展览个案，这次展览是根据陈绫蕙当代空间的特殊性而策划并实施的一次带有实验性的创作、展示。最初是想于2007年在何香凝美术馆策划深、港、澳三地的“多米诺计

---

1. 巫鸿：《作品与展场——巫鸿论中国当代艺术》，广州：岭南美术出版社，2005，第259页。
2. 郑岩、汪悦进：《庵上坊——口述、文字和图像》，北京：生活·读书·新知三联书店，2008年，第94页。

划”；2008年底与陈绫蕙谈及这一想法，并获得合作的共识；2009年2月18日，草拟了题为“任意空间的多米诺效应”方案；2009年5月初，完成策展方案，展览题目定为“3 + 3 + 3……任意空间的多米诺效应”。经过与应邀参展艺术家就展览策划进行的座谈、沟通，最后展览题目确定为“空间的多米诺计划”。

我在展览策划方案中，就展览主题和方式做如下设想与阐释：

策展与方案

展览理念与描述

一、此方案是根据陈绫蕙当代空间的特殊性策划并实施的一次带有实验性的展览。拟分别邀请9位艺术家，并依据这些艺术家个人或集体记忆中的一件事、一个经历的片段、一种文化现象等，寻找他们关于不同城市和地域的文化记忆。这些艺术家在年龄层次上大致分为1960、1970、1980三个年代，他们有着相同历史文化的人文背景和地域根基，但在中国改革开放后的三十年历史中又有着不同的记忆与经验。展览试图呈现不同的历史年代在城市记忆和利用不同媒介方式的艺术表达、想象与转化上的差异性，以及在差异中寻求其内在联系的视觉呈现。类似于在“记忆”的框架内，将个人的记忆空间“迻译”到一个公共空间。因此，要求艺术家将陈绫蕙当代空间作为实践其近期创作观念的一个“实验场”，并在其中完成并呈现一些尚处于未完成状态的以及正在进行中的作品。当9位艺术家的作品实施完成之后，也就构成了整个展览策划本身的一种实验方式。即把这次展览空间作为创作空间，以体现个人创作从工作室到公共空间的转换过程和记忆空间的转换过程，亦即社会、人文、心理、情感空间的转换过程。

二、所谓“空间的多米诺”是指：参展艺术家在认同展览主题和考察完场地之后，提交展览作品的方案，在相互商量的基础上，策展人根据每位艺术家的作品方案、要求和整个展览场地，大致划分每位艺术家作品的区域，实施作品时不得越界。整个展览的布置、完成、展出共分为三个阶段，每一阶段是3位艺术家，共9位。每个阶段的布展、展出、撤展均为一个月时间，其中，实施布展的时间大致在7天左右（可根据具体作品实施的时间确定）。实施作品的过程即是这次展览展出的开始，布展期间不闭馆，观众仍可以正常参观。而三个月的三个阶段连续性展出，产生类似于记忆空间的“多米诺”的连续性效应。通过应邀参展艺术家的主题性创作和利用多媒介的材料方式，构成这次展览的一种实验性和特殊性。

三、为相应地体现展览的多米诺效应，展览的撤展与布展衔接接替进行，使观众了解建构、完成作品形态的全过程。从而使观者得以更加深层地关注艺术的创作过程，而过程本身实际上也是作品的一个组成部分，以体验艺术的创作和展览是没有固定的模式，艺术表达与展示具有无限的可能性。或者说，它呈现出异于通常展览模式的另一种相反模式。

四、在创作和作品呈现方式上，此次展览有着命题创作的意味，全部作品都是利用多媒介材料和方式为此次展览而创作的新作。因为是专为此次展览所创作的新作品，将为参展艺术家提供材料补助费，以保证展览作品计划的实施完成。根据各位参展艺术家的作品方案，尽量提供较大的展览空间，使作品能充分地展示。在此过程中，策展人及主办方与艺术家将保持密切合作，使其在展览技术实施及展出效果上有较为充分的把握性。

展览的有效性

一、艺术家参与这种类型的创作和展览，并不是简单地将自己的作品移植到这个空间环境，而是通过自身作品的想象，巧妙地利用展览空间的特点与场地的某种局限性，相对充分地将局限性转化为最有效的作品展示因素，使作品找寻到了一种与环境以及与艺术品之间的奇妙关系。

二、这些作品既不是传统概念的室外公共性艺术作品的制作，也不是与外界阻隔的封闭式的展厅内的艺术展示，而是陈绫蕙当代空间的环境与各自作品的媒介，以及与艺术资源之间的利用与被利用的关系，也是一种以往观看作品视觉经验的看与被看之间的新型的视觉角度。希望给观者提示出对文化时空和物理时空的新概念，即以陈绫蕙当代空间的自身部分而延伸出的景观，构成一种有意味的变异与转换。而这种转换是以作品本身的材料构成了最具有触碰性的衔接效果。进一步的指涉是，在一种传统文化基因身上变异出了与它既有关联又完全不同的一种异体形态，一种个人记忆与集体记忆的“你中有我，我中有你”的包容关系。

三、同时，当一件作品从艺术家的工作室运抵展场时，作品与空间、作品与作品、观者与作品之间将会产生类似于化学反应的效果。这既是艺术作品在工作室的独立性移植到展览现场后，与其他方面发生视觉的和审美的关系之后的新语境与语意的产生，也是构成展览整体视觉效果的关键所在。

实施与完成

这个方案是我策划这次展览的基本宗旨与目的。概括起来有两点：

一是在个人记忆中寻求集体的文化记忆；二是在展览方式上，尝试着一种连续过程关系中的有效性展示。在邀请艺术家人选方面，我更看重的是艺术家的创作和生存状态与主流艺术保持着“疏离”的“边缘”关系。这种疏离与边缘关系的界定，是相对于中国前卫“江湖”中在创作上过度表现泛政治、社会学与意识形态的符号化而言的。我所要求的艺术，不是简单地受外在社会现实制约而获得的独立姿态。这个独立性的体现是艺术态度的认真执着和艺术创作自主的实验性。

对策展人来说，方案仅是一个计划，或者是策展人对当代艺术思考和理解，并以一个展览为依托的表达与呈现方式的结果；对艺术家来说，亦是自身艺术创作的延展，或是一次实验的机会；对画廊来说，则是通过这样的展览表明画廊的学术定位，以及未来发展的方向。这些都是展览机制链条中的必要环节，由此构成了当代艺术发展中展览的基本生态。那么，它是否可以成为当代艺术展览史中有着研究价值的一个切片、个案？或许这既是希望，也是策划这次展览和采取这种编辑画册方式的目的之一。

如何将文化记忆概念与陈绫蕙当代空间的场地发生有机联系，是策划这次展览的初衷，也是参展艺术家着重考虑或体现得较为充分的方面。

旅德女艺术家臧可心的摄影行为《演算的偶然》，是根据她的作品在展场的具体位置，利用《易经》起卦演算的方式，以确定摄影方位，并在现场空间进行拍摄、影像记录和展示（见臧可心方案）。这意味着展览的作品是与这个展示空间的“地理”有着最直接的联系；或者说，经过她爻卦后的展览空间，使她这件作品得以实施完成，并具有中国传统文化的《易经》元素，其过程更像是一个游戏。秦冲的作品题目叫《过去·未来》，燃烧后的白纸一端留有烧结的黑白痕迹，复数般错落有致地摆放，可以附会出种种含义，包括历史与记忆。我感兴趣的是，“留下的‘纸灰’落在地面上，观众不自觉地把脚下的纸灰带走”——从展厅到室外（见秦冲方案）。

梁远苇的作品也有着异曲同工之妙。她参照苏珊·桑塔格《疾病的隐喻》一书的中文版版式，用白色胶布将展厅二层地面完全封住，任人踩踏。在整个展览结束之时，将布满脚印痕迹的胶布揭开，团成一个球形（见梁远苇方案）。这一过程的显现，使布满脚印的胶带与被粘封的原地面之间，形成痕迹和视觉上的差异。我理解作品的针对性在于，历史或记忆经过时间与人为的消解之后的遮蔽与被遮蔽的关系，进一步指涉的是历史或记忆的痕迹与真相之间的关系。

于吉的几百块小石膏方块组合的地板，使“表面展示了地面灰尘所形成的微弱色差”（见于吉方案四）。于凡试图用蜡的材料塑造一个《池中之兽》的浮雕，在阳光的照射下，将“记忆”的概念“流淌”下来。史金淞邀请与这次展览有关的“策划人、参展艺术家、现场观众，以及展出空间的朋友们，随机提供一些金属的零碎物件，并将这些零碎物件熔接、折叠锻打”成“刀”型（见史金淞方案），似乎是将“记忆”给予凝固和锻造。这些作品都使原型在空间、时间，甚至在人为的消融下变异，意味着客观历史与记忆的印象所形成的错位与差距，构成了地理的、物质的灰尘与意识的记忆空间之间视觉与媒介的连接点。而唐晖的《广场》是将纪念性“广场”建筑的空间与意识形态空间象征性的双重概念，移植到作为展场的空间之中。“试图营造一种‘崇高精神圣地’的‘广场’”，以强调艺术家可以通过接近真实的细致描绘，实现一种假想、追忆和暗示，表达无法弥补的现实生活和精神圣地遗失的遗憾，达到“对记忆中，过去曾经神圣的‘广场’的某种追忆的情绪的释放”（见唐晖方案）。

当地标性质的公共建筑经过细致的描绘，与精致的模型置放在室内的展示空间时，凸显的就是一种被隐匿的仪式，而表面上的日常图景，则因为深处的仪式作用，获得了异样的面貌，从而升华了我们的常识。

梁硕的《改楼梯》在这次参展的所有作品中，我以为是最典型，也是最“较劲儿”的作品之一。他将陈绫蕙当代空间正常的有着实际功能的台阶进行改造，故意人为地制造了“上楼”的困难，从而与这个空间发生一种“行走”上的物理障碍关系——如果你要上楼看展览，你就要努力、小心、费劲地攀登被他改造过的楼梯，且充满着恐慌的危险。梁硕最初的方案是将楼梯全部改造，考虑到公共空间的安全性，调整为预留了30厘米宽的正常通道。但仍没有影响这件作品的观念和实际强度，以及视觉张力。

辛云鹏是原邀请的参展艺术家，在他逐渐完善的作品方案中，他是以向陈绫蕙当代空间的台湾工作人员“学说话”的方式，以及与工作人员在工作期间脱离工作空间的“聊天”来进行影像记录，从而与陈绫蕙当代空间的运行机制产生一种非物理的障碍关系。或者说他是通过利用画廊管理系统，制造对经营模式的障碍来与空间发生关系。遗憾的是，这将影响陈绫蕙当代空间和这次展览的正常工作，方案无法实施，导致合作终止，“多米诺”中断。这一意外的出现，其实牵涉到作为艺术家、策展人、空间机构等展览链条中的各个环节，它们构成了整个展览的完整、顺遂。而各个环节是一种平等的合作关系，各有诉求，各司其职，各有所获。这是方案、展览可实施的规则，也是常识。

问题与疑虑

可以说他们的作品都尝试着在文化记忆的空间范畴内与陈绫蕙当代空间、与参观的观众建立一种或直接或微妙的联系，尽管有些是在延展着他们以往作品的创作思路，有些正好是此时的切身感受，有些是一种心绪的释放，甚至有些是自我修炼的方式。从这次展览具体实施过程和展示的效果来看，在参展作品的实施与计划、设想之间仍存有诸多问题，以及策划这种实验性展览在方法、方式上的随机应变。为避免当代艺术系统内对作品、展览时常进行的“过度阐释”和“过度溢美”

的嫌疑，我在评介参展艺术家作品的同时，也将展览涉及的我以为的问题和疑虑提示出来。而这种问题与疑虑，更多的是从我的身份角度和以往的经验给予的分析与判断。我的问题与疑虑在于：

一、这次参展艺术家的作品和展览本身如何异于现在通行的创作与策展模式，是此次展览需要面对和试图解决的问题之一。那么，有些作品的方式似乎可以与任何一个概念空间产生关联，而与陈绫蕙的这个具体的公共空间的联系是否仅是停留在物理层面的随机性或偶发性？或在具有各种“限制”的条件下，能否建立一种必要的或难以替代的联系？

二、利用传统文化资源和符号进行创作，已是中国当代艺术中较为普遍的现象，作为不了解某些传统文化知识的观众来说，这种传统资源的利用与所拍摄对象的联系的必然性和逻辑性，体现在什么方面？举一个比较典型的例子：徐冰一直以中国汉字为元素进行创作，但他将汉字经过改造和转换为“天书”或“新英文书法”。创造性的变异形态与样式的针对性在于，对由文字构成的文化以及对不同地域文化间的交流沟通的质疑、揶揄和创造性转化。那么，倘若能从偶然的随机性中揭示出表象的结果，或开启另一认知空间，或许是创作面临的关键问题。

三、相对于传统创作的手工性绘画、雕塑和摄影等类型来说，似乎如果没有专业的训练和多年的手上功夫的积累，难以对绘画造型进行基本的驾驭和表现。通俗地说，如果手上没有几十年的功夫，画得不好，一眼还是能够看得出来，是糊弄不了的。但随着艺术的不断变化，现成品作为作品也是理所当然，尤其是后现代主义的挪用、复制、拟像等手段的花样翻新已成为显流。由此导致了在当代艺术“江湖”中，一些缺乏“手艺”的艺术家，以标榜“观念艺术”为旗号混迹其中，从而造成所谓前卫艺术或实验艺术圈子的滥竽充数而泥沙俱下。好像观念的、实验的艺术创作就是一个主意、一个点子，或是质疑、颠覆一切，或是“怎么弄都行”的随机应变，并故弄玄虚地附会出深奥晦涩的哲学概念，披挂着沉重的文化外衣，而流于概念化和简单化的处理，缺乏深思熟虑的内在逻辑和媒介方式的唯一性体现。甚至陷入被“他”审视的当代艺术系统中的问题和现象，恰恰又在“他”的所谓前卫艺术作品被利用和被体现的悖论、怪圈之中。

这种“流行病”泛滥于当代艺术系统已多时矣。其实，实验艺术在实验阶段，其特点是传统模式的价值标准受到颠覆，而新的价值体系尚处在形成时期，它是在“破”与“立”的反复实验之中建构评介系统与审美标准。从这点来说，这是对艺术家最大的挑战与考量，也涉及对艺术的基本立场和态度问题。因为，对当代文化的思考与敏感，将导致在艺术观念、方法论上，乃至材料、媒介、语言方式上的改变。

结语

随着时光的流逝，我们不断地改变对文化、对艺术、对生存的看法，并不断地改变种种表达方式，甚至不表达。这样单调而机械的状态与处境或许会令人产生厌倦。厌倦是一种人类的普遍情绪，在不断克服厌倦的时候，厌倦正在不断地产生。在这个过程中，即便你跨越了一道障碍，接着你得准备跨越下一道障碍。跨越障碍是一个痛苦的过程，但是如果没有障碍，也就没有跨越障碍时的升华。所以，有许多障碍，并非他人为你设置，却是你自己为你自己设置。

卡夫卡说，人从“阻碍”这个意识中，推知自己是活着的。所以，设置障碍和跨越障碍，这正是我们要做的事儿，也正是我们生存与表达的一种工作方式。

（原文刊载于《荣宝斋·当代艺术版》创刊号，2010年，第1期）

11

海峡两岸与香港、澳门地区艺术交流计划

2010—2014

此地与彼岸：一种想象的艺术共同体
—— 持续“海峡两岸与香港、澳门地区艺术交流计划”的殊途回声

1

2005年，黄专在深圳华侨城集团公司总裁任克雷的支持下，成立了以整合海内外艺术资源，推动中国当代艺术与国际接轨的华侨城“OCAT当代艺术中心”（英文名称：“OCT CONTEMPORARY ART TERMINAL”，简称“OCAT”）。为了全身心地投入这一新项目，黄专推荐我接替他担任何香凝美术馆馆聘策展人。从2006年开始，我先后兼任了何香凝美术馆策展人、策划部主任、艺术总监，直至2017年。

兼职期间，我参与了第一届，并在此后主策划了五届——前后共六届的“海峡两岸与香港、澳门地区艺术交流计划”系列展览，使这一项目逐渐成为何香凝美术馆主办，与港澳台艺术家、策展人及艺术机构合作、交流的常设展览项目。

展览副标题的表述是中国内地和香港、澳门、台湾的一种地理上的说法。策展人王晓松说，在内地机场，与“国内航班”的标示牌和区域相对应的是“国际／港澳台”，这个处在国际和国内之间的问题，随着相互之间交往的频繁与深入，越来越凸显出来。[1]

有记者曾采访阿城，问他这“四地”的人有什么不一样？阿城说：“这倒不是一个大哉问，但也是个中哉问。问题是我有什么资格回答我没有深入过的香港、台湾？”李欧梵在《都市漫游者》中称澳门为“历史幽魂的栖息地”。香港到处是新建的“现代化”高楼，澳门却相对的到处是“废墟”。[2]

以上是王晓松的敏感观察和阿城、李欧梵对“四地”社会形态的一种形容。其实，它们的历史与现实，包括个人处境，往往比我们想象和梳理的更为微妙。我作为大陆的策展人，出于策展工作的缘故，多次往来于深圳和港澳台地区，更早之前不仅需要港澳台的通行证签注，即便是去深圳，也还有一线关的特区签注证明。每次为签注通行证而颇费周折，曾有因为繁杂手续的疏漏，被滞留在深圳特区之外和台北、澳门机场海关的尴尬经历。我们并没有因为都是中国人和地理上的相邻性而自由、顺利地往来于港澳台之间，我们只能在人为的界限内，在“此地是他乡”中旅行。

如果过去不再延续，那么对中国内地、香港、澳门、台湾，由于历史所导致的社会隔阂，就需要被重新建构，借此与以往、与现状建立一种新的文化艺术的连接点。

2

2008年12月28日，由黄专和我担任“艺术主持”，方立华、王东、王景、谢安宇策划的“出境——广深港澳当代艺术展览”在何香凝美术馆开幕，这是“海峡两岸与香港、澳门地区艺术交流计划”的肇始（下文简称“艺术交流计划”）。方立华、王景是OCAT代表，王东、谢安宇是何香凝美术馆的年轻策展人，大家一起联合策展。“出境”参展艺术家的身份，仅限于广州、深圳和香港、澳门四地。

---

1. 王晓松：《国际及港澳台——四地艺术交流的混乱隐喻》，《因地制宜——四地艺术交流计划》，深圳：何香凝美术馆，2015年，第56页。
2. 李欧梵：《都市漫游者：文化观察》，桂林：广西师范大学出版社，2003年，第4页。

从2010年开始，在乐正维副馆长的全力支持下，我将这一项目确定为何香凝美术馆每年一届的艺术交流计划。先后共有95位艺术家参展，20位策展人参与，并分别与港澳台地区十余家艺术机构进行了合作。我主策展的是“蝴蝶效应”“1+1”“四不像”“交叉口·异空间”和“因地制宜”，共五届。其中，“出境”和“蝴蝶效应”两届，只在深圳何香凝美术馆一地展出；2011年的“1+1”开始在深圳、香港、台北三地展出；2012年的“四不像”、2013年的“交叉口·异空间”和2014年的“因地制宜”三届展览，先后在何香凝美术馆和港澳台地区巡展。这个交流项目逐步延伸、辐射到更多的地方。

“出境——广深港澳当代艺术展”海报

我们在共同考察、研究、讨论的前提下，从策展理念、策展方式的不断实验，到艺术家创作、交流不断深入的过程，呈现了“艺术交流计划”的认知、想象和转化，特别涉及了当代艺术与现实处境等相关问题。

3

艺术因交流而产生！当我开始担任何香凝美术馆馆聘策展人之时，就一直在考虑和关注：如何在社会公共艺术空间的学术展览与地域文化之间建立具有针对性的交流合作的关系。

深圳是改革开放后的新兴移民城市，已经成为世界认识当代中国的一个主要窗口。而地处深圳的何香凝美术馆隶属于国务院侨务办公室，地理位置近邻于港澳台地区。国务院侨办之所以将何香凝美术馆建立在深圳，也是考虑到在文化艺术上与港澳台地区进行沟通的便利。而内地与港澳台地区的历史与现实处境、复杂的张力关系，构成了展览对象区域之间的特殊性关联。因此，

何香凝美术馆外景，何香凝美术馆提供

加强相互之间的艺术交流，既是何香凝美术馆的责任和学术定位的选择，也是何香凝美术馆自身特点的一种体现。

在内地，我们往往根据有限的信息来源和经验，看待、判断港澳台地区的社会情况。当然，也存在着港澳台地区对内地隔岸的不同观察。这种互望却往往忽略或没有过多考虑、在意于港澳台地区之间的互看与观望，以及产生与我们内地不同的视角。所以，建立这种艺术交流机制，就不仅仅是从内地的角度，而是有意在它们之间形成一种相互交叉、观察的叠加方式。这种交错的对视与观看，对内地来说是值得关注的现象之一，在既联系又对立的位置上，因观察和交流而产生出彼此的“他者”形象，即是构成和建立“艺术交流计划”项目的依据之一。

4

我一直以为，策展人需要面对纷繁的视觉文化，艺术家的创作，乃至个人的考察、思考、研究，尝试通过策展理念、主题和展览形态，包括撰写的展览论文、画册文本的编辑等环节，提示出策展人对社会文化的一种观点，并转化为艺术展览的形态。只不过策展人的认知是通过他策划的展览来给予支撑和呈现的。而联展或个展等，又是由艺术家的若干作品来构成的。因此，展览本身也是策展人“创作”的一件“作品”。

我曾调侃地比喻说，策展人就像是一个厨师，而艺术家则是策展人手中的一道道“菜”，如何烹饪出一桌盛宴，就看厨师的手艺啦！当然，策展人需要忙活的就更多一些，他所面对的问题和头绪更繁杂，包括展览前的考察研究，经费的筹集，场地的落实，艺术家的邀请及作品挑选，参展作品方案的讨论与调整，画册的编辑、设计，展览空间的视觉把控，宣传、推广及公共教育，甚至与布展工人、运输、保险公司等第三方供应商的纠葛等。所以，我也经常自嘲说："我就是一个包工头，像贫下中农一样辛苦！"如果用一个好听的比喻，艺术家像是电影中的演员，把角色演好即可，而策展人更像是导演，需要对影片整体把控。

因此，我主策展的这项"艺术交流计划"系列展览的基本理念在于：充分利用何香凝美术馆的位置、资源，以每年不同的策展主题和方式，邀请"四地"的艺术家、策展人、艺术机构，以展览合作交流的方式展开。其目的是寻求"四地"的历史、记忆、现状以及未来的存在关系，提示出关于"四地"当代文化因历史、地域、意识等所导致的不同境遇，并以不断变化的策展方式和展览形态，展现出在当代视觉文化领域之中的"四地"艺术家创作的共性与差异的现实状态。以便加强和促进相互之间的艺术交流和沟通，逐步建立"四地"在地缘文化意义上的当代艺术交流机制。

5

从策展概念、方式到展览形态进行反观与回顾，"艺术交流计划"是一个带有强策展、递进式的深化过程。这个过程，既根据以往的策展经验，又有对每一届举办之后的总结、思考，尤其是针对时局的变化而不断调整、博弈的现实策略。

我和王晓松一起策划的"蝴蝶效应——海峡两岸与香港、澳门地区艺术交流计划"于2010年3月27日—5月16日在深圳何香凝美术馆举行。这是这项"艺术交流计划"的真正开始。

"蝴蝶效应"一词，是1963年由美国气象学家爱德华·罗伦兹（Edward Lorenz）首次提出的。一只南美洲亚马逊河流域热带雨林中的蝴蝶，偶尔挥动几下翅膀，可能在两周后引起美国得克萨斯的一场龙卷风。意指在一个动力系统中，初始条件下微小的变

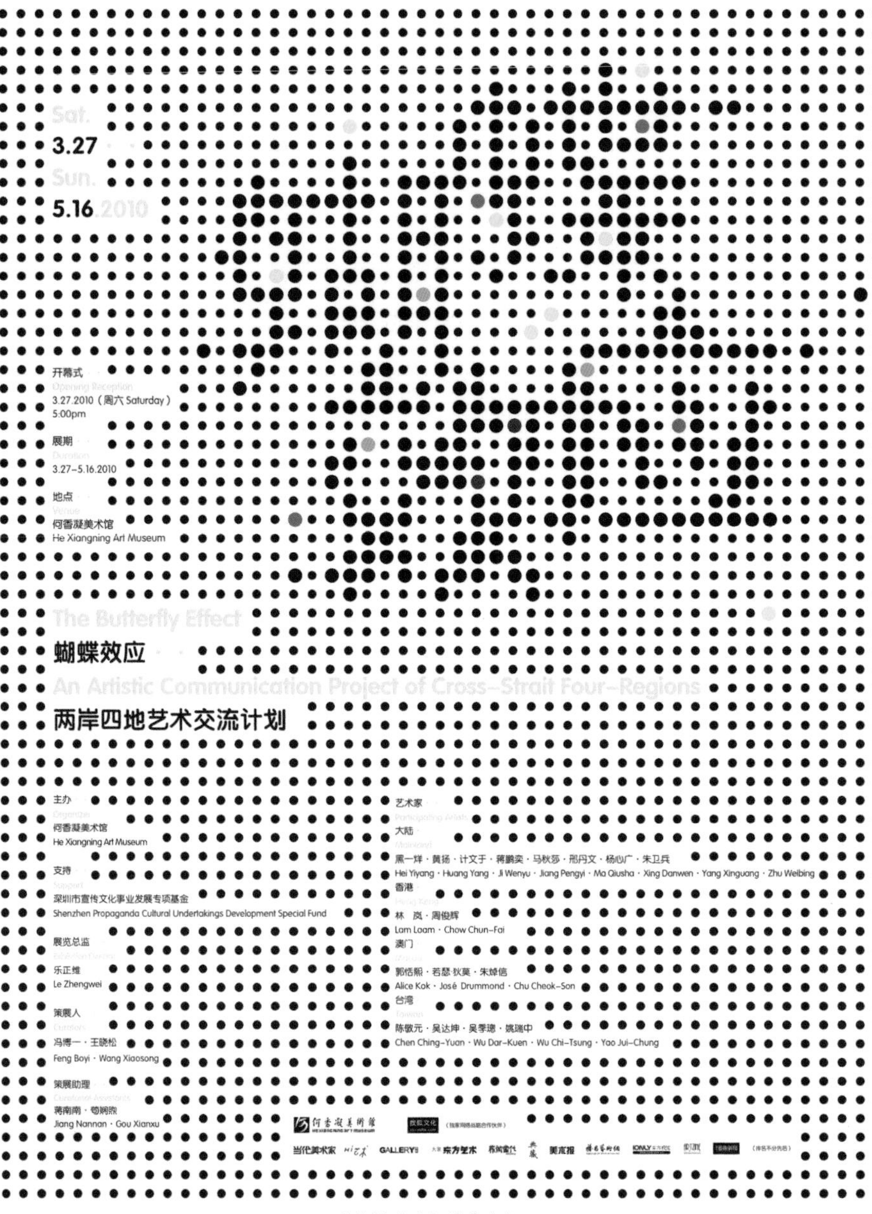

Sat.
3.27
Sun.
5.16.2010
开幕式
3.27.2010（周六 Saturday）
5:00pm
展期
3.27–5.16.2010
地点
何香凝美术馆
He Xiangning Art Museum
The Butterfly Effect
蝴蝶效应
An Artistic Communication Project of Cross-Strait Four-Regions
两岸四地艺术交流计划
主办
何香凝美术馆
He Xiangning Art Museum
支持
深圳市宣传文化事业发展专项基金
Shenzhen Propaganda Cultural Undertakings Development Special Fund
展览总监
乐正维
Le Zhengwei
策展人
冯博一 · 王晓松
Feng Boyi · Wang Xiaosong
策展助理
蒋南南 · 苟娴煦
Jiang Nannan · Gou Xianxu
艺术家
大陆
黑一烊 · 黄扬 · 计文于 · 蒋鹏奕 · 马秋莎 · 邢丹文 · 杨心广 · 朱卫兵
Hei Yiyang · Huang Yang · Ji Wenyu · Jiang Pengyi · Ma Qiusha · Xing Danwen · Yang Xinguang · Zhu Weibing
香港
林 岚 · 周俊辉
Lam Laam · Chow Chun-Fai
澳门
郭恬熙 · 若瑟·狄莫 · 朱焯信
Alice Kok · José Drummond · Chu Cheok-Son
台湾
陈敬元 · 吴达坤 · 吴季璁 · 姚瑞中
Chen Ching-Yuan · Wu Dar-Kuen · Wu Chi-Tsung · Yao Jui-Chung
何香凝美術館
当代美术家
GALLERY
东方艺术
美术报

“蝴蝶效应”展览海报

化能带动整个系统长期而巨大的连锁反应。我们利用“蝴蝶效应”这一名词概念的隐喻在于，“四地”的历史文化来源和当下面对的世界的共同状况，决定了它们之间相互依存的密切关系。我们希望以艺术交流合作上的“蝴蝶效应”，整合各自资源，建立区域化艺术活动的可能性和现实紧迫性。

展览基本延续了以往的策展模式，分别挑选和邀请了“四地”的艺术家参展。但我们更强调对“交流”概念的理解及表现。为了体现直接的对话和交流性展览的策划过程，策展团队先后分别去台湾、香港和澳门考察艺术家创作的情况，进行座谈，听取艺术家对展览主题的意见，及时调整策展方案。

6

记得当时我们去香港火炭艺术区的周俊辉、林岚工作室时，林岚说：“从来没有见过内地策展人为了一个展览，亲自跑到工作室来考察的。你们也是我第一个碰到肯坐下来谈的策展人，所以我觉得很开心。”[3] 去台北时，我和姚瑞中、吴达坤、吴季璁、陈敬元聊完后，因为我是大陆客，他们四位 AA 制地请我吃了日本料理。这是我在大陆少见的请客方式。

对于“四地”以及这次展览主题，吴达坤觉得深圳、香港、台北和澳门，面临的某些文化处境是很相近和微妙的，但交流的机会很少，对香港和澳门的了解不多。“但是我们注定是在相对边缘的位置。台湾在某种程度上的一小部分优势，可能是我们的发展时间比较长，还有一些根基。香港和澳门，相对来讲它们的自由度很大。台湾一直都有认同上的问题，只是每个时代的面对方式不

冯博一在台北姚瑞中工作室考察，左起：姚瑞中、冯博一、吴季聰、陈敬元，2009 年

3. 《蝴蝶效应——四地艺术交流计划》，深圳：何香凝美术馆，2010 年，第 12 页。

吴达坤作品《32个字的梦幻》

林岚作品《转行》

一样，这个关联性还是很有趣的。”[4]

香港艺术家周俊辉也认同这种“四地”的连接关系。他说：“不同的地方可能有不同的组合，香港艺术家与欧美的组合比较多，对内地的认识比较少，这也跟个人的不同经验有关。沟通的时候，其实就是把自己的一些材料、资源展示出来。当不同的资源放在一起的时候，是一个交接的方式。对我来说，‘四地’的沟通就是把不同的网再交接，变得更加密实。”香港艺术家林岚的

4. 《蝴蝶效应——四地艺术交流计划》，深圳：何香凝美术馆，2010年，第13页、第15页。

身份与周俊辉有所不同，她说：“我在香港实在是太尴尬了。我是11岁来香港的，许多词语我只学到11岁，11岁以后的东西，我不懂。如果叫我现在回内地生活，又不是那么习惯了。但是在香港生活，我有很多东西跟香港不一样，也不习惯，所以最好就是到外国，到外国去就没有那种感觉了。”[5]

周俊辉作品《血溅鸳鸯楼》

内地艺术家马秋莎将这项“艺术交流计划”，形象地比喻成“像左手抚摸右手”。她说：“这次展览挺好玩的，因为我认识了一些朋友，有香港的年轻人，有台湾的、澳门的，非常不一样，即使我们年龄很相近，但是所关注的，所受的影响完全不同。比如台湾人所模仿、追逐的，往往和日本有关，反过来说，大陆人根本不了解或不想了解。对香港人，内地人觉得挺陌生的，但有好奇心，感觉是另外一个系统。澳门人好像没有我们压力大，挺随心所欲的。”[6]

---

5. 《蝴蝶效应——四地艺术交流计划》，深圳：何香凝美术馆，2010年，第30页。
6. 同上书。

马秋莎作品《我们》

7 为了解和强化对“四地”的认知，我们事先还设置了六个问题，请艺术家以简短文字回答，并作为画册的内容之一。访谈问题有：1. 你经常去内地、香港、澳门、台湾吗？一般是干什么？2. 你能用几个关键词概括对内地、香港、澳门、台湾的印象与感觉吗？3. 你最喜欢的其他“三地”的艺术家或文化人士是谁？4. 你有文化身份上的困惑吗？5. 你觉得“四地”在文化认同上的共同性与差异性是什么？6. 作为艺术家，你对“四地”文化交流的未来趋势有何想象？

回答自然是多种多样的。除了有些调侃的回答之外，我惊讶于“四地”特别缺乏或不屑于相互了解，许多艺术家都并未到过其他“三地”，对对方的印象与感觉，只是通过电视、网络、报刊等碎片信息的浮光掠影，谈不上有什么艺术交流，并对所在地的文化形态往往描述得比较悲观。其中，有一些有意思的回答，如澳门艺术家朱焯信认为，“内地日新月异；香港停滞不前；澳门自以为是；台湾庸人自扰”。台湾艺术家吴季璁认为，大陆是无奇不有的原始丛林、无所不能的未来世界；香港是逐渐没落的电影之都；澳门只知道有赌场；台湾是娱乐政治、自我消费。[7]

7. 《蝴蝶效应——四地艺术交流计划》，深圳：何香凝美术馆，2010 年，第 87 页、第 115 页。

在弹丸之地的澳门，我们和三位艺术家座谈时，他们对“四地”的关系不太在意，或根本没有比较，他们的创作也比较个人化。其中有一位是葡裔澳门艺术家若瑟·狄莫（José Drummond），1994年移居澳门，更关注于自我文化身份问题，这也是我们挑选他参展的一个理由。总的感觉是，澳门艺术家对这一项目并不积极，甚至有个别艺术家，都不愿意来一趟深圳参加开幕式。尽管如此，这次展览可以说是我们有意识地将他们与其他“三地”的艺术家勾连起来，并开启了相互之间交流的先河。

这些具体策展措施的主要目的，是为了避免第一次“出境”展览筹备的仓促和范围狭小。作为“四地”的交流性展览，不是仅以我们策展人的眼光挑选“四地”的艺术家及作品，然后拼凑出一个展览，而是细致入微地进行考察、对话和讨论，在求同存异的基础上，尽力将“四地交流计划”筹备得更深入和规范。而建立在对话基础上的访谈，既是这次艺术交流项目的重要内容之一，也意味着策展人需要具有讨论问题的能力。

8

蝴蝶飞行是本能，仿佛也是艺术家创作的职能。尽管“蝴蝶飞过”，引起了一些有效性影响，但大部分还是旧作品。我们只是根据展览主题挑选及重新解读了艺术家的作品而已。其实，这种交流性展览还是一种比较表象、比较套路的策展方式。既然是“艺术交流”，不应是将“四地”的艺术家和作品拼凑在何香凝美术馆的简单展示，而是由交流所引发的问题意识，并寻求一种融合的结果。那么如何进行深入的交流，便成为“蝴蝶效应”之后，在策展上需要考虑的主要问题了。

2011年，我以“1+1”的方式，先后在深圳何香凝美术馆、香港艺术中心和台北艺术大学关渡美术馆实施了第三届四地艺术交流计划。

所谓“1+1”方式，我作为主策展人，分别邀请“四地”的策展人王晓松（内地）、梁展峰（香港）、杨子健（澳门）、王德瑜

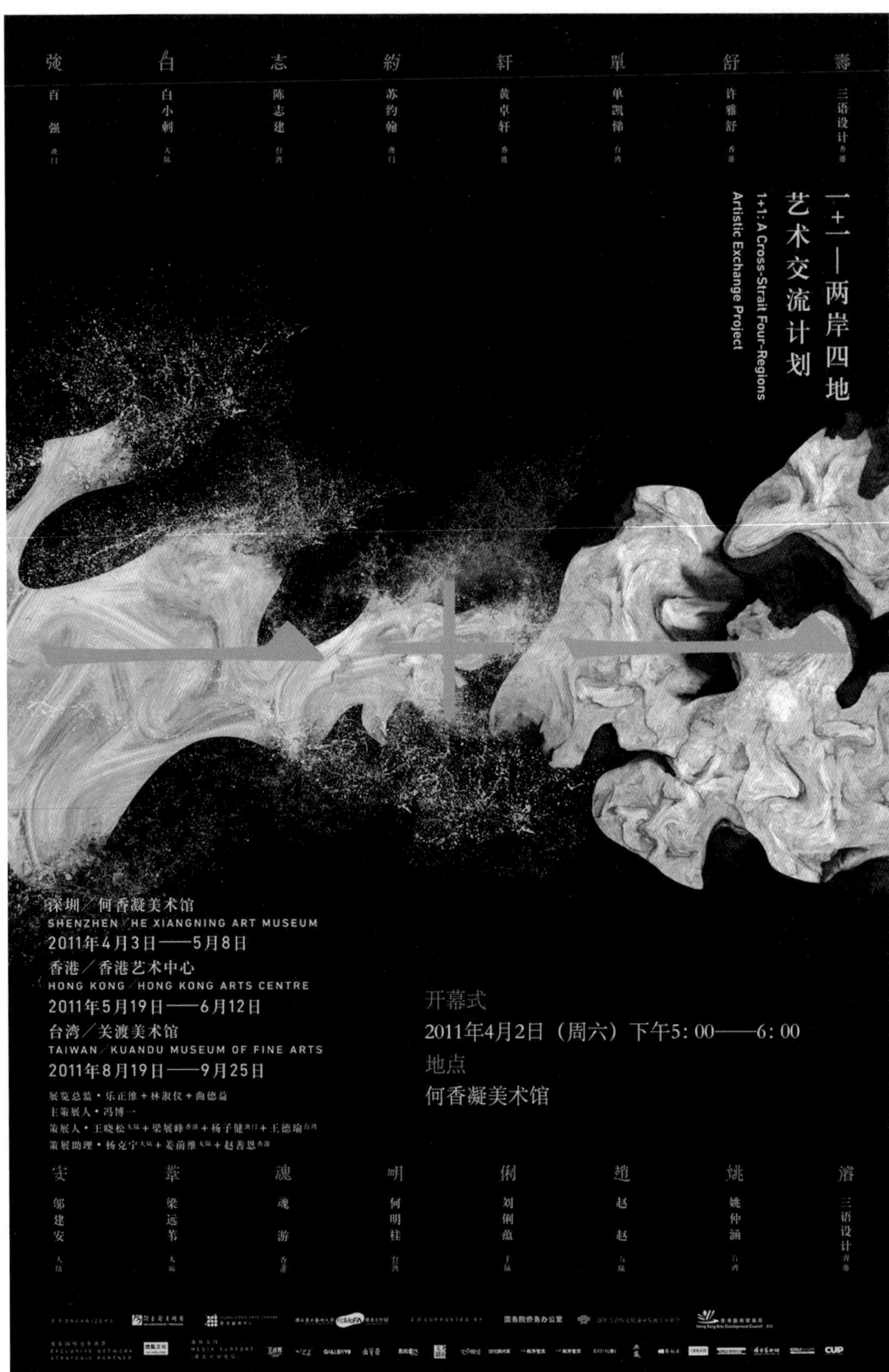

一+一——两岸四地
艺术交流计划
1+1: A Cross-Strait Four-Regions
Artistic Exchange Project
深圳／何香凝美术馆
SHENZHEN / HE XIANGNING ART MUSEUM
2011年4月3日——5月8日
香港／香港艺术中心
HONG KONG / HONG KONG ARTS CENTRE
2011年5月19日——6月12日
台湾／关渡美术馆
TAIWAN / KUANDU MUSEUM OF FINE ARTS
2011年8月19日——9月25日
开幕式
2011年4月2日（周六）下午5：00——6：00
地点
何香凝美术馆

"1+1" 展览海报

艺术家、策展人在何香凝美术馆召开筹备工作会议后合影

（台湾），共同提名“四地”艺术家人选，经过讨论确定参展艺术家名单。在策展上，我事先预设了一个游戏规则，即由“四地”的五位策展人邀请所属地的年轻艺术家参展，并于半年前将艺术家聚集于何香凝美术馆，在自愿的前提下进行不同地区的“1+1”配对。开句玩笑的话，就叫“拉郎配”，然后开始他们之间的初步结识，并就如何共同合作完成一件专为这次展览创作的新作品，进行协商而“渐入佳境”。同时，我还邀请了内地、香港的平面设计师，他们也以参展艺术家身份参与其中。

这种策展的规定性具有一种冒险的实验性，带有强策展的意味，多少打破了以往艺术家单独创作的惯例。

9

“1+1”展览预算共有103万元人民币，其中国务院侨办支持了50万元，我们又向深圳市宣传文化事业发展专项基金申请、批复了53万元。政府拿出一百多万元做这个展览，已经是非常“奢侈”了，其原因主要在于，政府希望通过这种展览加强内地与港澳台地区在文化艺术上的联系。我们是利用了这样的契机，做了我认为的“四地”艺术交流应该做的策展工作。

为了保证“1+1”合作参展作品的完整、充分，何香凝美术馆提供给每一位艺术家5000元人民币的材料费。因为是政府支持的费用，这笔材料费的花费，需要按照相关财务要求，提供相应的发票。有一件有趣的事儿：香港艺术家魂游为创作作品，将往返交通票价也算入其中，但她在香港使用的是八通卡，没有票据，询问我们怎么办？我有些诧异于她的问题和计较。这类细节在内地艺术家身上是不会生发的，早就自行解决或忽略不计了。

在另一对内地艺术家刘俐蕴和香港艺术家黄卓轩的合作中，黄卓轩特意从香港来到刘俐蕴在北京的工作室，进行了为期两周的驻留和共同创作，他们合作的装置作品《介·乎，之·间》，成为这一交流项目最成功的视觉样本。合作期间，刘俐蕴暂时承担了黄卓轩在北京的所有花费，并口头约定另一半的费用由黄卓轩返还给刘俐蕴。展览开幕后，黄卓轩拿到材料费，却爽约了，一直不愿意承担那一半的欠费。在我再三地催问后，才勉强归还了这笔费用，成为他们最后合作的遗憾。

一起合作创作没什么问题，一旦涉及经费却出了岔子。给的材料费越多，事儿就越多，都是钱闹的！对此，至今我都难以理解。

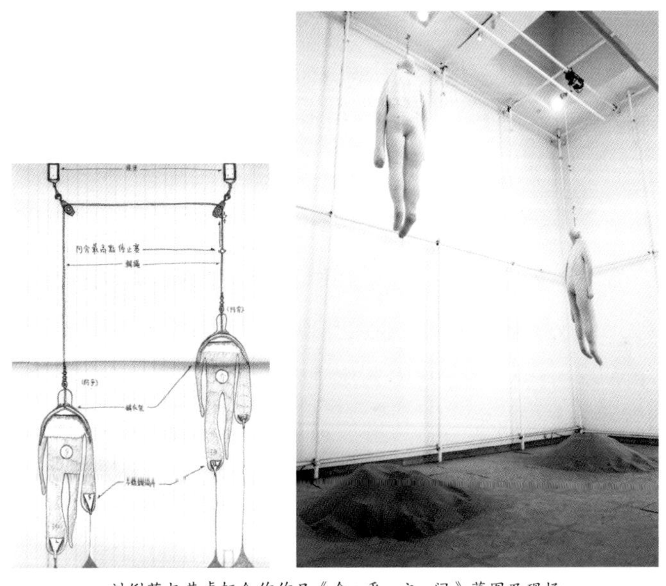

刘俐蕴与黄卓轩合作作品《介·乎，之·间》草图及现场

10 在“1+1”展览中，有一个有趣的“梗”。港澳台地区艺术家之间的随意组合，很快就顺利完成了，但对内地艺术家，却有着避之不及的疏远。内地艺术家好像也不屑于和港澳台地区艺术家组合，最后只能是梁远苇与白小刺两位内地艺术家组合，这是违反这次展览游戏规则的无奈之举。

还有两个意外。内地设计师刘治治之所以没有参与到这个项目——放了我的鸽子——据他后来跟我说，压根没有看上香港的“三语设计”，不愿意与他们“共舞”。内地艺术家赵赵和台湾艺术家单凯蒂的合作，由于单凯蒂在北京赵赵工作室进行合作的过程中，遭遇赵赵的“不礼貌的举动”，搭档合作被迫中断，只好在展览开幕时，各自展出了以往的旧作品。

“1+1”合作的过程，使我们与他们在共同文化传统的语境之下进行对话，品性、修养或许都在交流的工作过程和结果中自动显现，从而也就不同程度地折射出相互之间的共性和差异的烙印，以及面临诸多交流细节上的不同处理方式。

11 为了“艺术交流计划”，以及其他的展览项目，我没少和港澳台地区艺术家打交道。总的感觉是，香港、澳门艺术家，大部分都是满脸的冷漠与隔膜，甚至拽拽的，鲜有能够成为工作之外的朋友。而相对稔熟一些的，还是从内地过去的，如香港的林岚、澳门的吴方洲等。而对台湾艺术家，却有着一种天然的好感，大多成为朋友并至今保持联系。我不知道个中原因，也许介乎于之间，不仅意味着地理的隔阂，更是文化环境与个人“隔膜”的显现。这多少使我设定的交流切口，产生了一定程度的撕裂。但也正好验证了我在深入交流上的“企图交流或难以交流”的障碍问题。

其实，更深层的原因还是在于文化认同问题。

香港与珠江三角洲保有粤文化的传统和习俗，尽管 1997 年

“1+1”展览中的交流文字成为展览重要的组成部分，何香凝美术馆展览现场

香港回归了，然而并不意味着完全接受了内地的文化。对台湾而言，闽南人、客家人、外省人和原住民共居，有着自身发展的历史脉络。

尽管如此，我们仍试图从适宜于观察对象和勘测的视角，通过“四地”的艺术创作和交流，以视觉文化的交流呈现其中内在的差异性，并抵达一种艺术想象的“共同体”。

12 对于“四地”之间潜隐的角力，我不禁有些无奈和尴尬，其代表了“四地”关系不断变化的处境，而非一个固定的地域或文化上的共同体。或许这才是决定“四地”未来的一个非常重要的力量。抑或“共同体”只能是一种乌托邦的意向。

真正交流的鸿沟，其实是无法回避的，即使是面对面的合作，所使用的对话方式也是碎片和断续的连接。因此，心中期待的交流对象，也许永远不能够和实际预设、想象完全一致。把直接共享的真相托付于交流，顶多只是进行有限的操作，以激起对方最真实的形象或再现未经修饰的真相，其可能本身就属落花有意、流水无情的一厢情愿吧。

实际上，交流的互动本来就不是思想的交融，充其量不过是交流的舞蹈，在这个共舞中也许能够触碰对方。而衡量交流是否实现的一个比较实际的尺度，就是看后续的行动效果是否协调。因而交流不应该成为难以承受的尴尬和纠结，更不必把试图交流又无法交流视为无望的虚妄。

交流的障碍正是来自对交流的期待。

13 作为主策展人，我想强调的是“四地”艺术家“1+1”地异地配对、合作创作一件作品，进而体现整个“交流”过程的诸多环节，包括观念、方式、习惯、品质，甚至个人情感、修养等的共通性与差异性，以至于产生出合作交流的顺遂、相互妥协、不合作等几种不同结果，甚至牵涉到非艺术范围的一些“意外”的细节。而作为一种展览策划实验，我尝试着超越一般惯常的、流行的异地联展的不同地域、国度作品与作品之间的单向度对话，以及简单化的并置展示方式，而具有“艺术创作 + 日常行为规范”的多维度、立体化的广泛性交流的诉求。

在“1+1”展览开幕之前，我某天偶然看到 2011 年 1 月 27 日《新京报》上一篇对冬季达沃斯论坛的报道，谈到该论坛致力于研究和探讨当今世界经济的现状和前景，促进国际经济技术的合作与交流。有专家提出并预测各国经济之间的合作会产生“1+1=11”的乐观结果。我敏感于这样的数字排列，但通过策划这次“1+1”的交流计划，我验证和解读的艺术交流，可能还是各自的“1”与“1”。

14 在 2012 年的“艺术交流计划”的策展中，我以“四不像”为展览主题。

所谓“四不像” 是借助于中国自然界特有的动物——麋鹿，它因为“角似鹿非鹿、面似马非马、尾似驴非驴、蹄似牛非牛”，所以被俗称为“四不像”。依此隐喻和象征“四地”不同的地缘政治，以及文化艺术的当下状态。历史的嬗变、社会的

四不像

IT TAKES FOUR SORTS

两岸四地艺术交流计划 2012

A CROSS-STRAIT FOUR-REGIONS ARTISTIC EXCHANGE PROJECT

主办 ORGANIZED BY　何香凝美術館 HE XIANGNING ART MUSEUM　澳門特別行政區政府文化局 INSTITUTO CULTURAL do Governo da R.A.E. de Macau　臺北市立美術館 TAIPEI FINE ARTS MUSEUM　osage art foundation

支持 SUPPORTED BY　国务院侨务办公室 Overseas Chinese Affairs Office of The State Council　 深圳市宣传文化事业发展专项基金　 香港藝術發展局 Hong Kong Arts Development Council

主策展人 冯博一 CHIEF CURATOR FENG BOYI	台湾单元 TAIWAN	澳门单元 MACAU	香港单元 HONG KONG	大陆单元 MAINLAND CHINA
策展人 CURATOR	朱惠信（澳門） JAMES CHU (MACAU)	林帆（深圳） LIN FAN (SHENZHEN)	张晴文（台北） CHANG CHING-WEN (TAIPEI)	陈育强（香港） CHAN YUK KEUNG (HONG KONG)
主题 THEME	时间、人物、地点 WHEN, WHO, WHERE	半空幻景 SUSPENDING MIRAGE	B计划 PLAN B	哈啰!陌生人 HELLO! STRANGER
参展艺术家（按姓氏中文拼音顺序排列） ARTISTS (IN CHINESE ALPHABETIC ORDER)	林俊良 牛俊强 余政达 JUN-LIANG LIN NIU CHUN-CHIANG CHENG-TA YU	陈嘉强 黎小杰 吴方洲 CHAN KA KEONG LAI SIO KIT NG FONG CHAO,NOAH	陈素珊 李俊峰 罗至杰 姚妙丽 CHEN SUSHAN LEE CHUN-FUNG LO CHI KIT JOE YIU	郭鹏 胡筱潇 陆扬 章清 GUO PENG HU XIAOXIAO LU YANG ZHANG QING

四地展览资讯 TOURED INFO	台北市立美术馆 TAIPEI FINE ARTS MUSEUM 2012.5.19~7.15	澳门南湾旧法院大楼 MACAU OLD COURT BUILDING 2012.8.3~9.2	香港奥沙艺术空间 OSAGE GALLERY KWAN TONG 2012.9.14~10.14	深圳何香凝美术馆 SHENZHEN HE XIANGNING ART MUSEUM 2012.10.21~11.18
媒体支持 MEDIA SUPPORT				学术研讨会 ACADEMIC SEMINAR 2012.10.22

“四不像”展览海报

变迁、文化记忆的断裂而导致的社会形态，已是物非物，人非人。文化身份认同与未来归属有着价值观上的差异，更多的是纠葛和维持各自的一种现实境遇罢了。

我以“四不像”为主题，分别邀请“四地”的策展人，不是针对所在区域的艺术生态，而是跨区域地面向其他“三地”。经策展人团队自我选择和商议之后，何香凝美术馆策展人林帆策划的是澳门单元，香港策展人陈育强策划的是内地单元，澳门策展人朱焯信策划的是台湾单元，台湾策展人张晴文策划的是香港单元；先后分别在台北市立美术馆、澳门南湾旧法院大楼、香港奥沙艺术空间和深圳何香凝美术馆展出。

“四不像”展览在台北市立美术馆展出时的展览海报

如果说2011年的“1+1”“四地艺术交流计划”是艺术家在“偶对”中交流，那么“四不像”可以视为“四地”策展人之间，在“隔岸相望”的不同地域的当代艺术“策展”方式上的又一次尝试。通过“不在我所不在的空间”的策展交流，体现“四地”策展人的对话交流，强调的是“四地”策展人“复眼”于跨地域策划单元的展览过程，从单元主题，到参展艺术家及作品挑选和布展上的考量等。

15 我以为这样的展览策划，一是强制性地要求应邀的“四地”策展人，自愿挑选他们感兴趣的“异地”艺术家，从“在地”的文化背景、策展经验的边缘和旁观者的视角出发，获得“四地”不同策展人对某一“异地”当代艺术生态的考察、了解和判断；二是使“四地”策展人的学术水平、认知能力在交流的层面上得以体现，以避免在复杂多变的艺术领域，延续或接受一些简单现成的“罐装思维”的定式，以对“四地”的当代艺术提供别样的展览呈现；三是意味着“四地”策展人如何通过这种跨地域的“自我”策展方式，提示出对“异地”当代艺术的一次检视与判断。

或者说，我是将“四地”策展人作为观察者，以引出“我们怎么看？谁在看我们？我们被谁看？”等系列的关系问题。并将个人经验提升到所谓的“异地”经验的层面，同时也就吊诡地从边缘到中心的心态统摄出对“异地”的目光所及，使其成为一个艺术展览。自我与他者所带来的距离感，反而会在“四地”之间建立起某种超越历史、现实的艺术上的象征性联系，构成了“四地”当代艺术视觉识别的一个组成部分。

因此，所有的策展工作、过程和展览结果，都是在相互观望的位置上，生产出彼此的他者形象。这是我将2012年这届“四地艺术交流计划”的主题规定在“四不像”比喻中的一个理念和关键词。

16

香港中文大学艺术系的陈育强教授既是艺术家，也是策展人。他对内地当代艺术还比较关注与了解，他用英文“Hello! Stranger!”（哈啰！陌生人！）作为展览题目，是他对“四地”既熟悉又陌生的感受。看似是呼唤陌生人，其实也是和熟人打招呼的一种调侃语。他说：“我选择以内地的艺术家作为策展对象，是缘于我对内地的印象在过去几十年间的不断变化。在港英时代，这个地方曾经只是邻近地区，除了经典的中国传统语言和文化，其地和我似无切身关系。及至香港正式回归，相互关系经历了在文化优越感上主客互置的嬗变。对内地当代艺术的印象，自知不可能回避自己对他者的‘标签化’；同时，经过论述他者的过程，亦不免间接地揭示了自己在内地崛起的对照下，对香港作为‘弱势文化’的心理反应。”[8]

---

8. 《蝴蝶效应——四地艺术交流计划》，深圳：何香凝美术馆，2010年，第87页、第115页。

陈育强选定的内地艺术家是陆扬、章青、郭棚、胡筱潇，都是中国艺术成功地和西方现代艺术接轨后第三代的“80后”艺术家。但陆扬好像并不认同陈育强的挑选，以及作为其他策展人异地的艺术家人选。她私下婉转地说，参展艺术家并没有什么代表性。这也是她不太积极参与这个展览项目的原因之一。

台湾策展人张晴文看上去温文尔雅，其实内心“狂野”！她对于香港艺术环境的认识是有限的，因为参与这次策展，才使她有机会接触香港当地的艺术创作，了解与他们创作相关的各种社会现状。

张晴文最初的策展方案A，因为触及一些社会问题，我只得请她调整方案。她借此就以“B计划”为名，挑选的艺术家更多是针对香港日常生活的现状，以幽默手法响应现实处境的作品。她说，这些艺术表现和社会现象对她来说并不难理解，因为这不是香港的问题，而是在台湾也不会陌生的局面。对于观众来说，多少有些是难以面对而沉重的笑话。她在策展后记中写道：“创作与言论的自由，是艺术家绝不退守的最后底线。香港年轻一代的艺术家们回应历史、社会、政治的创作火力热烈，目前在夹缝中尚有表达的空间，但隐忧仍在……我相信这样受限的处境不仅仅是香港艺术家的现实。在巨大的政治和经济的结构之下，我们是否还能期待全然自由的表达空间？”[9]

对这次策展的实验性，作为主策展人，我提示出展览主题、框架和策展方式，其他四位策展人有自己独立的面向，每位都按照个人的考察、研究、判断及兴趣，选择能够反映所负责的区域的当代艺术的单元主题。这样一来，我们的展览就如同棱镜一样，折射出不同颜色。最终，每位策展人负责自己涉及的领域，而在挑选作品时不受另外四位策展人的影响。显然，我们经常处于相

---

9. 张晴文：《艺术及其面对的现实——“B计划”策展后记》，《现代美术》，2012年，第6期。

由策展人王晓松主持的“偏见——四地文化艺术论坛”在何香凝美术馆召开

互观照的语境里，也一起讨论了展览的一些独立的主题。我们所有人在共同完成一个大展览——而不是一个屋檐下的四个小展览——的策划工作。其目的是展示全球化语境下“四地”区域艺术进程的特点，彰显和突出其中的艺术实践，用一种新的视角思考各区域间的相互联系和影响，以体现“四地”当代艺术最迫切的问题意识。

17 随着文化全球化的蔓延和互联网的急速变化，出现了艺术家在生存、创作空间上的不断位移的现象。这种流动性空间包括：一是从以往的生存地和文化环境到另一个不同文化环境中的迁徙、游牧；二是频繁地到世界各地以驻村和工作坊的形式从事创作和举办展览等；三是先后旅居海外，近些年又频繁回国，在来往穿梭中从事艺术创作。具体到当代艺术创作领域，全球化造成了艺术家的流动和各种文化在某种场合的碰撞，使他们在非母文化的环境下创作了与当地发生联系的作品。这种创作状态和以前在母文化的环境中创作出作品，再走出去举办展览相比，已经有很大区别，特别是内地从封闭到开放后，表现得最为明显。

这是空间位移、流动后的一种现象，也是全球化艺术的一种再现形式。这种新的带有差异性、流动性和不确定性的存在，不仅仅是物理空间位移的概念，更是一种生活、创作观念及表述语言的生成，引发了对流动或变化的新栖居地的思考。

在这一背景下，2013 年，我与王东（内地）、吴方洲（澳门）、谢佩霓（台北）、连美娇（香港）共同策划了“交叉口·异空间”展览。

交叉口·异空间

两岸四地艺术交流计划(2013)

CROSSROADS · ANOTHER DIMENSION

A CROSS-STRAIT FOUR-REGIONS ARTISTIC EXCHANGE PROJECT 2013

何香凝美术馆
He Xiangning Art Museum | 2013.6.1～6.30

主办 Organizers：何香凝美術館 澳門藝術博物館 高雄市立美術館 apo

支持 Support：国务院侨务办公室 Overseas Chinese Affairs Office of The State Council　深圳市宣传文化事业发展专项基金　民政總署 INSTITUTO PARA OS ASSUNTOS CÍVICOS E MUNICIPAIS　康樂及文化事務署 Leisure and Cultural Services Department

开幕式 Opening：2013年6月1日（星期六）17:00-18:00
5:00-6:00 PM, June 1st (Saturday), 2013

展期 Duration：2013年6月1日-2013年6月30日
June 1st (Saturday) - June 30th, 2013

地点 Venue：何香凝美术馆4-8展厅
Exhibition hall No. 4-8 at He Xiangning Art Museum

展览总监 Exhibition Directors：乐正维　陈浩星　谢佩霓　刘凤霞
Le Zhengwei　Chan Hou Seng　Pei-ni Beatrice Hsieh　Lesley Lau

主策展人 Chief Curator：冯博一
Feng Boyi

策展人 Curators：王东（大陆）吴方洲（澳门）谢宛真（台湾）连美娇（香港）
Wang Dong (Mainland China)　Ng Fong Chao, Noah (Macau)　Iris Sie (Taiwan)　Ivy Lin (Hong Kong)

参展艺术家（按姓氏中文拼音顺序排序）Artists (In Chinese Alphabetic Order)

大陆 Mainland China：厉槟源　徐冰　徐跋骋　尹秀珍
Li Binyuan　Xu Bing　Xu Bacheng　Yin Xiuzhen

澳门 Macau：君士坦丁　李少莊　彭韫　唐重
Konstantin Bessmertny　Bianca Lei Sio Chong　Peng Yun　Tong Chong

台湾 Taiwan：陈伯义　崔广宇　林介文　李明则
Chen Po-i　Tsui Kuang-yu　Labay Eyong　Lee Ming-tse

香港 Hong Kong：黄国才　梁志和　伍韶劲　杨嘉辉
Kacey Wong　Leung Chi Wo　Kingsley Ng　Samson Young

展期及地点 Duration and Venue

深圳: 何香凝美术馆	澳门: 澳门艺术博物馆	台湾: 高雄市立美术馆	香港: 香港大会堂
Shenzhen: He Xiangning Art Museum	Maocao: Macao Museum of Art	Taiwan: Kaohsiung Museum of Fine Arts	Hong Kong: Hong Kong City Hall
2013.6.1-2013.6.30	2013.7.17-2013.8.18	2013.9.7-2013.11.3	2014.1.18-2014.2.13

论坛 Forum：时代·介入·转型：两岸四地的艺术实践与社会转型
Epoch · Intervention · Transformation: Cross-Strait Four-Regions Art Praxis and Social Transformation

主办 Organizers：何香凝美术馆、广州美术学院港台文化艺术研究所
He Xiangning Art Museum, Institute of Taiwan and Hong Kong Culture and Art Research, Guangzhou Academy of Fine Arts

时间 Time：2013年6月2日—3日上午
June 2nd-June 3rd Morning, 2013

地点 Venue：何香凝美术馆报告厅
Lecture Hall of He Xiangning Art Museum

研讨会总监 Seminar Director：乐正维 Le Zhengwei

研讨会策划、学术主持 Convener and Academic Host：李公明（广州美术学院）Li Gongming (Guangzhou Academy of Fine Arts)

策划助理 Assistant Convener：王东（何香凝美术馆）Wang Dong (He Xiangning Art Museum)

与会专家（按姓氏中文拼音顺序排序）Guest Speakers (In Chinese Alphabetic Order)：陈明　陈育强　邓晓炯　冯博一　胡斌　李公明　李行远　林志明　谢佩霓　周博　张宁　朱其

战略合作媒体 Strategic Media Partners　新视线　合作媒体 Media Partners　Hi艺术　GALLERY　当代美术家

开馆时间: 9:30-17:00（星期一闭馆）　地址: 深圳南山区华侨城　电话: +86-755-26604540　26918118　传真: +86-755-26605299　邮箱: hxn@hxnart.com　网址: www.hxnart.com
Opening Time: 9:30-17:00 (Closed on Mondays)　Address: Overseas Chinese Town, Nanshan District, Shenzhen　Tel. +86-755-26604540　26918118　Fax +86-755-26605299　Email: hxn@hxnart.com　Website: www.hxnart.com

"交叉口·异空间"展览海报

18 这种“空间位移”的概念，具有美国社会学家雷·奥尔登堡（Ray Oldenburg）提出的“第三空间”特征。“第三空间”（The Third Space），从物理的空间来看，它是从以往原住地的家——“第一空间”（私人空间）和单位、公司的“第二空间”（公共空间）中解脱出来的，是这两个空间之间的结合点。“第三”既非此亦非彼，而是交流的公共场所。德国学者尤尔根·哈贝马斯（Jürgen Habermas）从18、19世纪欧洲城市出发，提出了“市民社会”和“公共空间”的概念，将欧洲近代化发生、发展的原因和机制放在一个颇令人意外的角度中进行了解释。在他看来，欧洲当时的咖啡馆、报馆、沙龙、商会等是形成“舆论”的重要空间，也是欧洲民主政治发展的重要基础。

在对生活方式的梦想终于获得经济支撑的今天，内地的“第三空间”逐渐与国际接轨，并日趋文雅而人文，比如798艺术区在北京的形成，吸引了中国文青、白领、小资们对前卫艺术、时尚文化的追逐与向往。对内地来说，“第三空间”不是一个脆弱的经济基础和封闭的国度的上层建筑，它是改革开放和全球化趋势下出现的一种现象与结果。

19 2004年，在纽约时，我曾问过徐冰在美国十几年的感受。他说，还是有些陌生，因为有许多你不熟悉的东西。像徐冰之类旅居海外的艺术家，他们的创作空间既不完全在中国本土，也不在旅居的栖居地，而是在本土与旅居地之间的“接壤地带”。如果中国本土意味着“第一空间”，海外是“第二空间”，那么这一“接壤地带”是否可以视为“第三空间”？而由“第三空间”延伸出来的“边界创作”，则是全球与地方、强势与弱势、中心与边缘之间的文化冲突、协调与和解的必然结果。而这些具有多重身份的艺术家仍需诉诸主流文化，并在言及自己民族与文化身份时，也仍会坚持自己的文化传统。

这种“边界创作”在徐冰的作品《新英文书法》中，最具有代表性。正如徐冰自己所说：“我的‘方块字’是在不属于任何国家的一类空间里才能创作出来的。如果我一直在国内生活，我可能不会想到用英文来做什么作品。有人问我：你的‘方块字’是不是惹得中国人不高兴呀？因为你把中国字改造成了英文了。我说：其实中国人挺高兴的，因为我也把英文改造成中文了。‘方块字’的确处于一个介于两个文化空间的特殊位置上。”[10] 实际上，这是他在空间位移后的一种特殊的创作实践，也是后来他参与西方当代艺术的一种很有反差性的经验。

徐冰作品《新英文书法》在日本福冈亚洲美术馆展览现场，
徐冰工作室提供

当我在思考空间位移的问题时，也曾问过尹秀珍在2000年创作作品《旅行箱》的情况。她说，这件作品最初的想法是在飞往澳大利亚的旅途中候机时产生的。2001年以后，她又相继创作了《可携带的城市》等系列作品，用旧衣服装置成她曾到过的城市标志性建筑物样式，这与她早在1995、1996年创作的《衣箱》《废都》等作品有着明显的区别。1990年代，她的创作基本上是以自

10.《何香凝美术馆第二届学术论坛纪要》，《艺术当代》，2005年，第4期。

身的成长经验和在生活处境中寻求创作的构想和媒介依据，更多的是从本土文化出发。而新世纪之后，她不断地往来于国内外创作作品和参加展览，一年中大部分时间是在各国之间的驻场或流动，在非本土的文化环境中创作与所在地发生某种联系的作品。这既保持了一定的对外或对“之间”场域的向往，同时又延续了她的本土文化和以往作品媒介的品格。

尹秀珍作品《旅行箱》

这种创作、展示已经不能简单地评价说她的创作是从传统的、现实的文化中派生出来的某种现代性，而是文化全球化的一种再现形式，也是我反复提到的空间位移后的一种本土与全球化碰撞、磨合的结果。

20 当代艺术已经从观念艺术发展到了“上下文”的艺术，“原创性”已被放到了次要地位。一些艺术家利用中国传统文化的资源与符号进行创作，也有一些艺术家是借助某种想法和异文化的特殊元素创作作品，这实际上是一种新的创作现象。策展人要判断、评价此类艺术，就需要借助新的描述，才更能把握住这种新的发展趋势。过去谈艺术，认为是观念赋予了作品意义，现在更多地从上下文中发现作品意义。我们已经不能简单地说一位艺术家的创作是从某种传统文化中派生出了现代性，不能把“传统”作为批评的主要依据，而是要更多地看到他与异文化之间的磨合、联系、沟通、理解等。所以在评价这些艺术家的作品时，就需要从一个全新的观点和角度予以判断，这或许就是空间位移带来的艺术创作的变化之一，抑或也是在交叉口、异空间中的文化游牧一般。

“交叉口”“异空间”意味着“进”是一种离开，“出”也是一种进入；从一个空间到另一个空间的位移，或在“之间”的栖居，携带着两个时空和“之间”的迁徙痕迹。因此，提出“空间位移”的概念，并作为策划第五届“艺术交流计划”的展览主题，是根据“四地”艺术创作形成的新现象，试图通过“四地”艺术家对空间位移的思考与表达，促使新的文化资源的利用和艺术创作方式的转化。同时，艺术家在生存空间不断位移的过程中，他们的创作、展示也是通过一系列时间和空间的体验、想象来完成的。对展览本身和参展艺术家来说，这既是一种空间替代、位移的交流，又是同一作品在“四地”不同空间呈现的不同结果，显示出一种新的多元表达方式和叙事话语。而这种结果、方式，与其说是艺术家个人的，不如说是群体的，或许也是一种我们此时此地、身临其境的现实感受。

“交叉口·异空间”展览现场

林介文作品《尾巴》展览现场

21

一般当代艺术的交流性展览，主要是由艺术家及作品、策展人及策展思路所构成和展开的。随着“艺术交流计划”的持续举办，如何见微知著地与“四地”的现实环境循环深入交流，便成为考量我作为主策展人对交流概念、方式等进行深化的思考与把握。

“出境”“蝴蝶效应”延续的是“四地”艺术家作品联展的一般交流性展览的模式；“1+1”是“四地”艺术家一对一、点对点的一种交流的深化；“交叉口 · 异空间”则是关注在全球化背景下，艺术家栖居与行旅所产生的创作上的不同转向；而“四不像”更多强调的是“四地”策展人对异地艺术家创作隔岸相望的认知与判断。

2014 年，作为第六届的“艺术交流计划”，我又提出了“因地制宜”的主题概念。

“因地制宜”澳门展座谈会现场

“因地制宜”一词，原意是根据土地的实际情况栽植适宜的树木，专指农作物种植要合乎天时地利。我借用这一成语，意味着参展艺术家在“四地”艺术交流与对话的前提下，进行随时变通的“就地创作、就地展示”。参展方式是希望，甚至要求艺术家依据以往的经验，创作一件与“四地”自然与人义环境相关的新作品，并改变了之前的“艺术交流计划”都是从何香凝美术馆开始的惯例，而首展于澳门艺术博物馆，随后到屏东美术馆、深圳何香凝美术馆，最后以香港大学美术博物馆为终点。

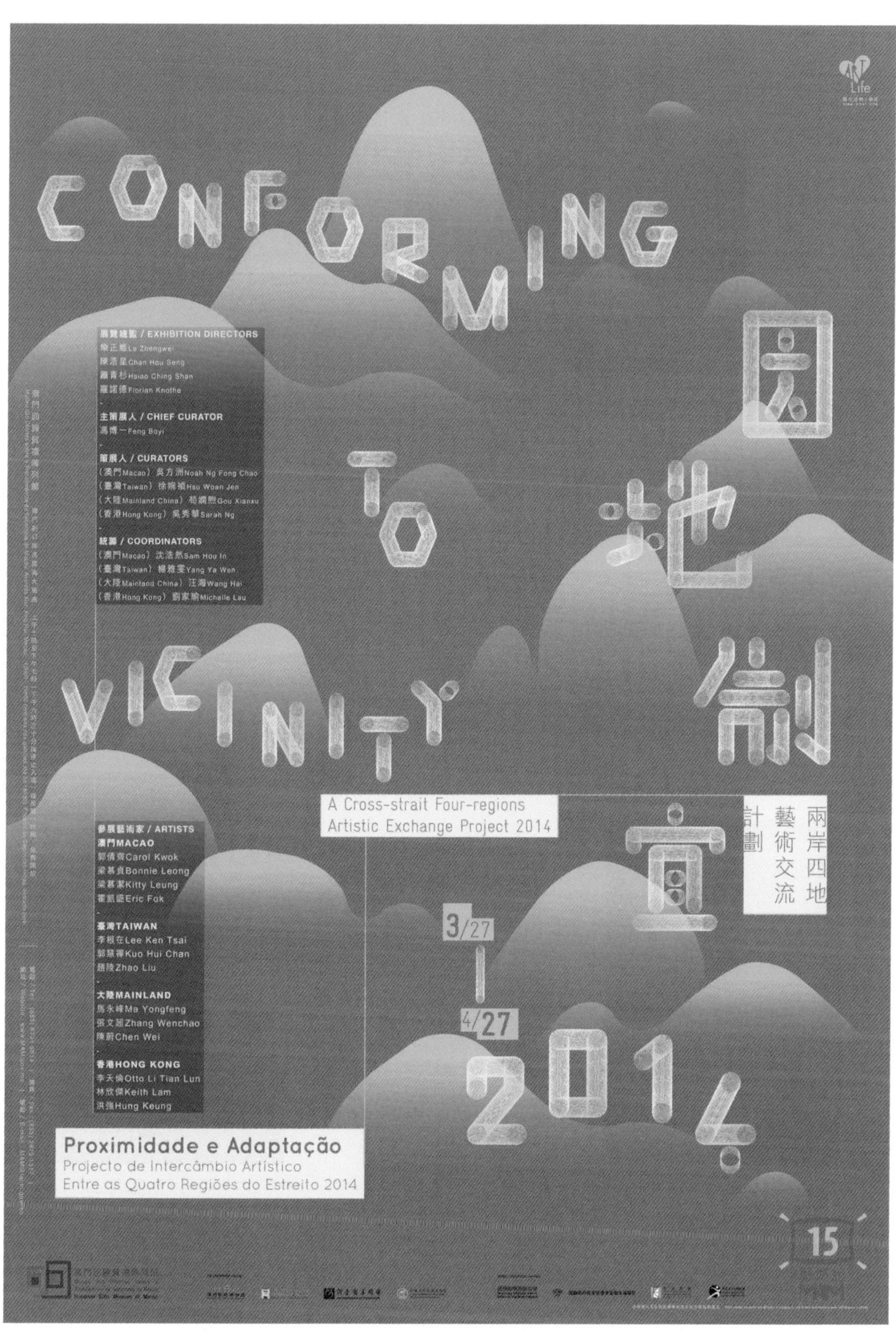
CONFORMING
TO
VICINITY
因地制宜
展覽總監 / EXHIBITION DIRECTORS
樂正維 Le Zhengwei
陳浩星 Chan Hou Seng
蕭青杉 Hsiao Ching Shan
羅諾德 Florian Knothe
主策展人 / CHIEF CURATOR
馮博一 Feng Boyi
策展人 / CURATORS
(澳門 Macao) 吳方洲 Noah Ng Fong Chao
(臺灣 Taiwan) 徐婉禎 Hsu Woan Jen
(大陸 Mainland China) 苟鋼憲 Gou Xianxu
(香港 Hong Kong) 吳秀華 Sarah Ng
統籌 / COORDINATORS
(澳門 Macao) 沈浩然 Sam Hou In
(臺灣 Taiwan) 楊雅雯 Yang Ya Wen
(大陸 Mainland China) 汪海 Wang Hai
(香港 Hong Kong) 劉家瑜 Michelle Lau
A Cross-strait Four-regions
Artistic Exchange Project 2014
兩岸四地
藝術交流
計劃
參展藝術家 / ARTISTS
澳門MACAO
郭倩霞 Carol Kwok
梁慕貞 Bonnie Leong
梁慕潔 Kitty Leung
霍凱盛 Eric Fok
臺灣TAIWAN
李根在 Lee Ken Tsai
郭慧禪 Kuo Hui Chan
趙陸 Zhao Liu
大陸MAINLAND
馬永峰 Ma Yongfeng
張文超 Zhang Wenchao
陳蔚 Chen Wei
香港HONG KONG
李天倫 Otto Li Tian Lun
林欣傑 Keith Lam
洪強 Hung Keung
3/27
4/27
2014
Proximidade e Adaptação
Projecto de Intercâmbio Artístico
Entre as Quatro Regiões do Estreito 2014
15
“因地制宜”澳门展海报

“因地制宜”展览前言厅，何香凝美术馆

一路下来，参展艺术家在每一站的考察、行旅中，根据“四地”区位的不同，不断添加作品的内容，演绎及扩展作品的形态，使作品既具有一条基本思路与脉络主线，又携带着有对“四地”不同地理、文化环境特征的认知与表现痕迹。同时，也使“四地”不同的观众了解艺术家建构、完成作品的整体过程，感受当代艺术创作和策展形式的不确定变化，以及艺术表达所具有的多种可能性。

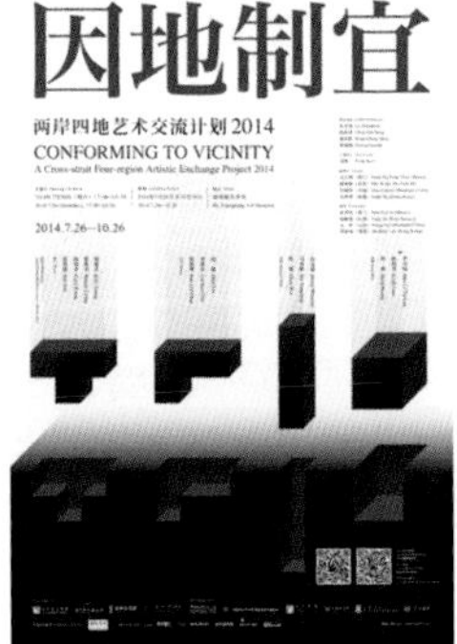

“因地制宜”（左）台湾屏东美术馆、（中）香港大学美术博物馆、（右）何香凝美术馆展览海报

这种增强现实的交织和递进接龙、合成的创作方式，形成了艺术家个人和“四地”文化生态之间的一种新的交接界面，以呼应“因地制宜”策展概念的实践。对各位参展艺术家来说，也是一次跨地域的创作连续性、深入交流实验性的挑战与竞争。

2014年3月26日，我与吴方洲（澳门）、徐婉祯（台湾）、苟娴煦（深圳）、吴秀华（香港）四位策展人策划的“因地制宜”展览，在澳门艺术博物馆举行了首展。

“因地制宜”策展团队座谈会，左起：苟娴煦、徐婉祯、吴方洲、吴秀华、冯博一，何香凝美术馆

22 在“因地制宜”的交流计划中，有几位艺术家的创作令人印象颇深。

陈蔚早在2011年便开始创作《拾荒者笔记》系列作品。如同本雅明的“拾荒者”，捡拾起被时代潮流中的人丢弃的碎片，发现它们包含的经验细节，构成了另一个维度的废墟及个人记忆，使我们对当下经验获得新的理解。这是我们邀请她参展的主要理由。

陈蔚在“因地制宜”项目中的作品《拾荒者笔记2014》，深入“四地”城市街巷的犄角旮旯，在水泥森林的缝隙中搜寻到属于当地人的历史痕迹和记忆碎片，产生出丰富的层次和丛生的岔路。她说：“我将携带与自身成长情感紧密相关的旧物，从首站澳门出发，与当地寻找之物共同展出。这种方式就像多米诺骨牌的游戏，一站结束之后，此地作品将带到下一站，如此延伸到‘四地’……最后，这些随着捡拾找寻而自然‘长出’的碎片，将枝节相连为一件完整的作品。这些‘被唤醒’的旧东西，将作为储满中国人含蓄而朴素的情感的‘特殊底片’而存在，它是一种新的历史叙事的‘再生’。”[11]

11.《因时制宜——四地艺术交流计划（2014）》，深圳：何香凝美术馆，2014年，第115页。

陈蔚作品《拾荒者笔记 2014》展览现场

陈蔚作品《拾荒者笔记 2014》（局部）

张文超的绘画、动画装置作品《“围城游戏”：失序的地带》是根据“四地”的地图形状，设计成四块展板，将当下“四地”之间被切割又敏感的连带关系、流动生态和自然演变，进行记录与联想。在他的这个系统中，借助动态的光影痕迹，转化为一场穿越“围城”的游戏。这些“单向度”的角色，共同演绎的是“四地”在接纳与排斥、影响与制约，抑或失序的交替中，产生相互依存而又不确定的联系。内地策展人荀娴煦写道：“张文超的创作每站递增，绘画描绘的澳门、台湾两座城池源于他的直观印象，游乐场和热带岛屿的氛围彰显着澳门和台湾截然不同的性格；深圳站加入的城市绘画基于他在北京的生活经验，除了画面中的瓦砾和建筑组件，画布本身也以模块形式组装在一起。对于每一座城市，他所选择放大的特质夹杂着他对于城市生态、文化、价值观的个人判断。动画投影让每座城池彼此交织牵连，历史和现实中人的迁徙轨迹带动着城池之间的各种能量流转。”[12]

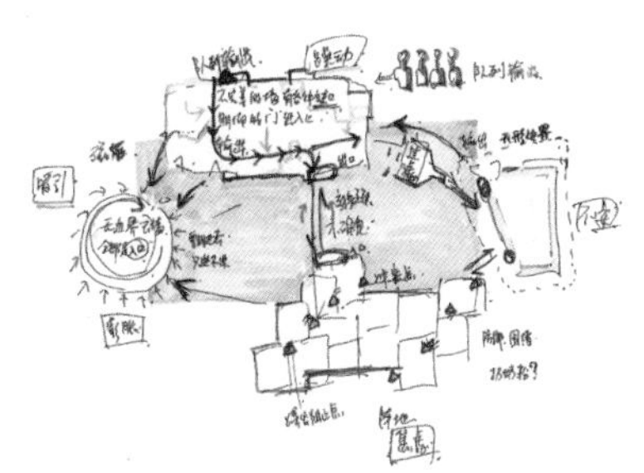

张文超作品《“围城游戏”：失序的地带》草图

张文超《“围城游戏”：失序的地带》作品在香港大学美术博物馆展出现场

马永峰的装置《分离的海洋》，原计划制作 10—15 个经过特殊防水处理的包装纸箱，在澳门、台湾、深圳、香港四个地方展览时，分别从当地收集来的海水倒入这些纸箱之中，并将大小规格不同的纸箱随机摆放在当地展场的地板上。对这个作品方案，我觉得稍显简单化，试图与他沟通、调整方案，比如除了海水，还有什么能够“因地制宜”地连接“四地”，他不以为然。而在港澳

12. 荀娴煦：《一场关于创作生成的实验》，《因时制宜——四地艺术交流计划（2014）》，深圳：何香凝美术馆，2014 年，第 111 页。

台地区实施时，纸箱经常漏水，只好改为每一个场地只有一个纸箱，更简单了。

尽管马永峰对自己作品的介绍是："倒入纸箱的海水和经处理的包装纸箱之间形成一种特殊的'渗透'和'反渗透'，同时作品通过不同属性材料之间的对比关系，试图营造出一种紧张、脆弱、怀疑的氛围，以此来隐喻'四地'不同的地理环境中事物之间的张力，以及从更深的层次来探讨'四地'之间微妙的平衡关系。"[13] 我认为，这是当代艺术中，过度阐释自己作品，而作品本身的形态与观念产生错位的典型例子。

马永峰作品《分离的海洋》在台湾屏东美术馆展出现场

台湾艺术家赵陆的创作过程有些周折。他最初的方案是"钞票计划"，利用主办方提供的制作费，将新台币换澳门币，澳门币换回新台币，新台币再换成人民币，依此类推……这种不断兑换现钞的方式，使现金在每一次的兑换过程中不断"缩水"。但这一方案因为与一位知名艺术家多年以前的旧作《换钱》颇为类似，被我给否了。赵陆又改变了方案，依然以"四地"的不同钞票为素材，在澳门艺术博物馆用澳门钞票拼贴成标志性建筑大三巴牌楼

13.《因时制宜——四地艺术交流计划（2014）》，深圳：何香凝美术馆，2014 年，第 129 页。

的钞票风景画；在台湾屏东美术馆以《一分为二》为总题目，展出的是新台币风景画等；在深圳何香凝美术馆的总题目是《继续一分为二》，展出了钞票人物画《当我们在一起》和钞票年画《毛主席在人民中》等。

记得开幕时，深圳文化局的一位巡视员对赵陆用人民币创作存有异议，提出不宜展出。好在华侨城总裁任克雷说，将人民币现成品作为媒介材料，并没有歪曲和丑化人民币本身的形象。任总的一句话，化解了当时的尴尬，赵陆的作品得以在何香凝美术馆继续展出。

但在 2014 年 11 月 14 日香港最后一站展出时，赵陆的作品还是出了点问题。他原计划的作品，因为有些敏感，他同意改为《抽象构成练习之向马勒维奇致敬一、二》。布展时，他再改为《一分之三》了，包括港币的钞票历史画和钞票即景写生画等。题目的变化、钞票的变换和代表“四地”不同的图像标识，牵引出“四地”的历史、现状与以“钞票”代表的资本、商业之间的关联，构成了他的“因地制宜”。

23

“因地制宜”展览的最后一站是 2014 年 11 月 14 日—2015 年 2 月 1 日在香港大学美术博物馆举行，并于开幕之际召开了题为“接受与对抗——在四地之间”的研讨会。

香港艺术家李天伦在澳门、台湾、深圳展出的作品《发展中的音域》是声音装置，他通过记录在香港生活中的不同时段、不同地方和人群的声音变化，借助电脑程序的演算，撷取声波信息， 转化出每一段立体的

“接受与对抗——在四地之间”研讨会嘉宾合影，左起：吴方洲、徐婉祯、吴秀华、潘禘、梁学彬、冯博一、胡斌、梁宝山、王晓松

声音结构，形成并利用地图的折叠交织去重新呈现声音与城市变化的关系。这种无形的声响抓住了一座城市的生活节奏和精神面貌。城市中的声音是我们每天所体验的感受，却常常被忽略。这些“声音景观”不但反映了他每一天生活中的各种情景，其高低、抑扬的声波形态，也展现出有机演变的城市生命体。

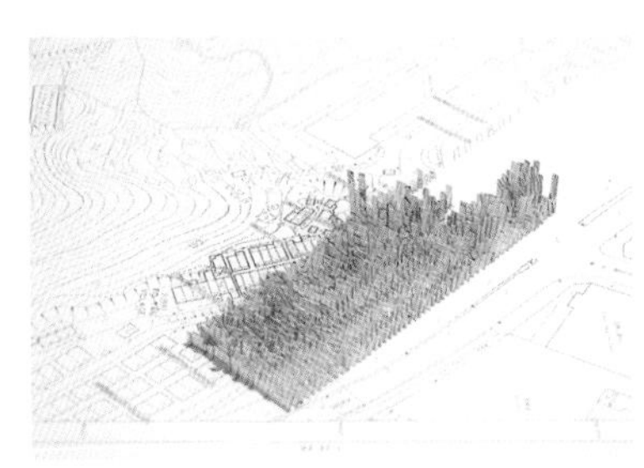

李天伦作品《发展中的音域》草图

在香港最后一站前，李天伦又创作了与香港有关的作品《面块的真相》——一组“四地”人物3D打印的肖像雕塑，计划作为他作品的一部分在香港站展出。香港大学美术博物馆馆长弗劳瑞·罗诺德（Florian Knothe）却对李天伦新加的这组雕塑持有质疑，认为与他之前在深圳、屏东、澳门展出的作品《发展中的音域》没有直接的关联。展出这样的作品，对其他艺术家来说，有失公允，所以不同意展出。李天伦辩解说：“‘因地制宜’的理念、意义在于对应在地状况去创作，香港现在的情况，我作为艺术家、香港人，认为有必要通过问题的根本去反映。这作品是在最合适的时机——以‘四地’作比较为命题去创作、展出，我个人觉得其他的展览机会都不及这次展出的意义。”[14]

李天伦的新作虽然符合“因地制宜”的展览规则，但这些雕塑作品题材和形态又颇为敏感。其实，这才是“争执”背后的深层原因。

作为主策展人，我觉得没有任何问题。因为是“因地制宜”，允许“四地”艺术家的作品不断延展，而李天伦并没有违反事先确定的展览规则。这恰好说明了这次策展、艺术家的创作方式“因地制宜”的殊异之处。我于2014年11月5日给弗劳瑞·罗诺

---

14. 2014年11月6日，“李天伦致吴秀华、荀娴煦”邮件。

李天伦作品《发展中的音域》展览现场

德的邮件中明确说明："我很是理解您对展出李天伦新作品的意见，但由于这一突发事件，或许容易产生将两件事情混淆而导致的误会。同时，也将使李天伦所承担的责任和压力变得难以承受。其实，是应该我们何香凝美术馆来承担这一责任而不是李天伦。因此，我作为主策展人，特别希望他的新作品能够在贵馆充分实施，恳请您同意李天伦的新作顺利呈现在您的最后一站之中。"[15] 同时，我与香港大学美术博物馆策展人吴秀华、何香凝美术馆策展人苟娴煦，在李天伦和弗劳瑞·罗诺德之间，不断地进行沟通、协商，希望妥善处理好这件作品，使其正常、顺利展出。

香港大学美术博物馆馆长弗劳瑞·罗诺德与香港艺术家李天伦、林欣杰、洪强、策展人吴秀华等合影

出于礼貌和尊重，我于 2014 年 11 月 5 日通过邮件，特别发给了港澳台主办机构负责人一封信函，阐明我们的立场，并调整了展览的结构。

15. 2014 年 11 月 5 日，"冯博一致弗劳瑞·罗诺德"邮件。

24 2015 年 2 月 1 日，香港站展览结束后，按李天伦的说法是：“Florian 作为展览总监的决定，即使在事件中及事件过后，他也从未亲自对我交代作品不被展出的理由。事件在来回继续讨论下没有任何进展，关注事态的艺术界人士联络了记者，把它提升到公众舆论的层面。我觉得有责任向你们交代这事件将会被香港的媒体报道。在访问中，我虽有交代事件的经过和日程，但已再三叮嘱传媒尽量避免提及内地策展团队及何馆牵涉此事件，即使在书册子‘撤名’，也只是表明不干预、不牵涉事件的立场，希望至少能做一个保障。”[16]

另据知情人透露，在李天伦新作品能否参展的争执过程中，有香港策展人曾与李天伦讨论这一事件，鼓励他与弗劳瑞·罗诺德会面，共商对策，但李天伦多次拒绝面谈。直到展览闭幕，他到香港大学美术博物馆撤展和查究新作被拒绝参的原因时，再度拒绝与弗劳瑞·罗诺德直接面谈，坚持只以电邮进行沟通，令人费解。

最初计划在香港站之后，出版一本完整的画册。由于意外事件的发生，我不得不将画册编辑、设计拆分为两本：一本是澳门、台湾和内地；香港则单独一本别册，删除了作为发起机构和作为主办方之一的何香凝美术馆的所有信息。

25 持续六年、六届的“艺术交流计划”，因为后来发生的种种意外情况，陷入尴尬境地，夭折和终止便成为最后的归宿。

意料之外，却也在意料之中。

我原计划 2015 年继续主持策划第七届“艺术交流计划”。当时，我根据社会变化，已经确定了展览主题为“非常近，非常远”，意指“四地”虽然处于“非常近”的地理位置，但从现实层面来

16. 2015 年 2 月 9 日，“李天伦致冯博一和荀娴煦”邮件。

看，却有着“非常远”的距离。

历史、现实本身的复杂，不是某一个体自我自然生长出来的，也不是个体自我主动求索所能得到的，而是一个时代和社会强加给我们的。几乎没有谁能够躲避和拒绝这种强加，我们只好按照时代和社会的规定性来成长，到后来就造成这样的历史事实：我们以为是我们个人的经验和判断，其实差不多是我们共同的经验和集体的文化记忆。而“艺术交流计划”就是希望提供给“四地”艺术家这么一种交流机会，注重过程的共性与差异，而不奢求有一个明确的和谐结果。其现实意义不仅在于用一种视觉表现所处的生存环境，还在于为自身的存在记录了精神和情感的历史。创作或想象或虚置，不是简单地记录事实的活动，而是观照个人在历史、在日常生活中的境遇，并阐释在这样境遇中的直觉感受以及态度。

我试图从展览策划的角度，为“四地”的艺术家、策展人和艺术机构设置一种交流的机制，使其纳入这一艺术的交流范围。最终不同环节、层次交流的结果，与其说是通过艺术家多媒介方式构成的一次实验性展览形态，不如说是我们一起对文化记忆和现实景观觉知的表达、折射和隐喻。表达需要理由，表达就是理由；过程即是全部，结局却处在无法把握的不确定之中。

没有刻意的记忆和保留，岁月会消磨掉过往的所有痕迹。

关于“海峡两岸及香港、澳门地区艺术交流计划”的策展、认知与现实处境

冯博一

由何香凝美术馆主办的“海峡两岸及香港、澳门地区艺术交流计划”展览项目，从2008年开始至2014年，共举办了六届。[1]作为连续的“艺术交流计划”，每年以不同的策展主题和方式，邀请“四地”的艺术家、策展人、艺术机构共同参与。其目的是试图寻求在“四地”的历史、记忆、现状以及未来的关系中，呈现当代艺术创作的异质同构和不断加深的现实依存，提示出关于香港当代文化艺术因地域的不同所具有的共性与差异，以促进彼此之间的艺术交流。本文通过笔者策划的“蝴蝶效应”“1+1”“四不像”“交叉口·异空间”和“因地制宜”共五届“艺术交流计划”的展览，从策展理念到策展方式的不断实验，以及参展艺术家创作、交流的过程，去研究、分析对“艺术交流计划”的认知、想象和其中的现实处境等问题，并为两岸各地艺术交流提供策展实践经验和相关资料。

一 艺术交流计划的认知

2008年底，方立华、王东、王景、谢安宇策划的“出

1. “海峡两岸及香港、澳门地区艺术交流计划”共举办了六届，展览信息如下：

“出境——广深港澳当代艺术展”，艺术总监：黄专、冯博一，策展人：方立华、王东、王景、谢安宇，20位参展艺术家。广州：段建宇、甘小二、黄小鹏、秦晋、徐坦、周滔；深圳：戴耘、蒋志、刘卓泉、滕斐、肖全、杨勇、姚志燕；香港：白双全、程展纬、梁美萍、林东鹏、徐世琪；澳门：李锐奋、杨子健；2008年12月28日—2009年2月28日，何香凝美术馆。

“蝴蝶效应”展览，策展人：冯博一、王晓松，策展助理：蒋南南、苟娴煦，17位参展艺术家。内地：黑一烊、黄扬、计文于、蒋鹏奕、马秋莎、邢丹文、杨心广、朱卫兵；香港：林岚、周俊辉；澳门：郭恬熙、José Drummond（澳门籍）、朱焯信；台湾：陈敬元、吴达坤、吴季璁、姚瑞中；2010年3月27日—5月16日，何香凝美术馆。

“1+1”展览，主策展人：冯博一，策展人：王晓松（内地）、梁展峰（香港）、杨子健（澳门）、王德瑜（台湾），策展助理：杨克宁（内地）、姜前维（内地）、赵善恩（香港），14位参展艺术家。内地：白小刺、刘俐蕴、梁远苇、邬建安、赵赵；台湾：陈志建、何明桂、单凯蒂、姚仲函；香港：黄卓轩、魂游、许雅舒、Trilingua（设计师组合）；澳门：百强、苏约翰；何香凝美术馆（2011年4月3日—5月8日），香港艺术中心（2011年5月19日—6月12日），台湾关渡美术馆（2011年8月19日—9月25日）。

“四不像”展览，主策展人：冯博一；香港单元“B计划”，策展人：张晴文（台湾），艺术家：陈素珊、李俊峰、罗至杰、姚妙丽；澳门单元“半空幻景”，策展人：林帆（内地），艺术家：陈嘉强、黎小杰、吴方洲；台湾单元“时间、人物、地点”，策展人：朱焯信（澳门），艺术家：林俊良、牛俊强、余政达；大陆单元“哈啰！陌生人！”，策展人：陈育强（香港），艺术家：郭棚、胡筱潇、陆扬、章清；台北市立美术馆（2012年5月19日—7月15日），澳门南湾旧法院大楼（2012年8月3日—9月2日），香港奥沙艺术中心（2012年9月14日—10月14日），深圳何香凝美术馆（2012年10月21日—11月18日）；研讨会“偏见——四地文化艺术论坛”，2012年10月22日，何香凝美术馆资讯厅，策划：冯博一、王晓松、林帆；与会专家：冯博一、黄海鸣、杭间、雷颐、李展鹏、王璜生、王晓松、徐文瑞、杨小彦、杨阳。

“交叉口·异空间”展览，主策展人：冯博一，策展人：王东（内地）、吴方洲（澳门）、谢佩霓（高雄）、连美娇（香港），16位参展艺术家。内地：厉槟源、徐冰、徐跋骋、尹秀珍；澳门：君士坦丁、李少庄、彭韫、唐重；台湾：陈伯义、崔广宇、林介文、李明则；香港：黄国才、梁志和、伍韶劲、杨嘉辉；何香凝美术馆（2013年6月1日—6月30日），澳门艺术博物馆（2013年7月17日—8月18日），高雄市立美术馆（2013年9月7日—11月3日），香港大会堂（2014年1月18日—2月13日）；深圳研讨会“时代·介入·转型：四地的艺术实践与社会转型”，策划、学术主持：李公明，策划助理：王东，2013年6月2日至3日上午，何香凝美术馆报告厅，与会专家学者：陈明、陈育强、邓晓炯、冯博一、胡斌、李公明、李行远、林志明、谢佩霓、张宁、周博、朱其；香港研讨会“中国性”，2014年1月19日至20日，香港中文大学，策划：陈育强、冯博一，与会专家：陈育强、冯博一、韦一空（Frank Vignervon）、高千惠、李公明、田霏宇、皮力、连美娇、屈志仁、宋冬、王东、王晓松、吴方洲、姚进庄、谢佩妮。

“因地制宜”展览，主策展人：冯博一，策展人：吴方洲（澳门）、徐婉祯（台湾）、苟娴煦（深圳）、吴秀华（香港），展览统筹：沈浩然（澳门）、杨雅雯（台湾）、汪海（内地）、刘家瑜（香港），13位艺术家。澳门：霍凯盛、郭倩齐、梁慕贞&梁慕洁；台湾：郭慧禅、李根在、赵陆；内地：陈蔚、马永峰、张文超；香港：洪强、林欣杰、李天伦；澳门艺术博物馆（2014年3月26日—4月27日），屏东美术馆（2014年5月16日—7月6日），何香凝美术馆（2014年7月26日—10月26日），香港大学美术博物馆（2014年11月14日—2015年2月1日）；研讨会“接受与对抗——在四地之间”，策划：弗劳瑞·罗诺德（Florian Knothe）、冯博一，策划助理：吴秀华、苟娴煦，2014年11月15日，香港大学美术博物馆，与会专家：冯博一、胡斌、梁宝山、梁学彬、潘禤、倪再沁、王晓松、吴秀华。

境——广深港澳当代艺术展览”在何香凝美术馆举办，这是“艺术交流计划”的雏形。2010年，笔者在此基础上，开始将这一项目确定为每年一届的持续交流计划，并以“蝴蝶效应”为第二届的展览题目。作为何香凝美术馆的艺术总监和策展人，我一直在考虑如何在社会公共艺术空间的学术展览与地域性文化之间建立具有针对性的联系。深圳是中国改革开放后的新兴移民城市，地处深圳的何香凝美术馆又隶属于国务院侨务办公室，地理位置近邻于港澳台地区。内地与港澳台地区的历史与现实处境，以及其中的张力关系，构成了海峡两岸及香港、澳门地区的特殊性关联。因此，加强相互之间的艺术交流既是何香凝美术馆的责任，是其学术定位的一种选择，也是何香凝美术馆自身特征的具体体现。前两届的“出境”“蝴蝶效应”，只是在深圳何香凝美术馆一地展出；2011年的“1+1”开始在深圳、香港、台北三地展出；2012年的“四不像”、2013年的“交叉口·异空间”和2014年的“因地制宜”这三届展览，先后在何香凝美术馆和港澳台地区巡展，从而使这个交流项目不断地延续、扩大和深化。原计划于2015年继续策划第七届展览，但因故夭折，这一“艺术交流计划”不得不终止。正如想将展览主题命名为“非常近，非常远”一样——虽然海峡两岸及香港、澳门地区处于“非常近”的位置，但从历史与现实来看，却又是“非常远”的境遇。

海峡两岸及香港、澳门地区文化艺术出现的所谓共性、差异性，是指它们都以各自的方式继承着中国传统文化，而这个共同文化的归属感是依靠一个“大中国”概念来维系的。中国在改革开放30多年的快速发展与崛起中，相应地形成和获得了一种新的发展模式。它的模式是在现有的文化资源和文化现象中不存在的，既不是西方的也不是中国传统的模式。当然，这与中国社会的复杂性和文化的多层次有关，与中国文化在一个时段内被证明是否对人类文化发展起作用的有效性有关。但是，这种新的发展模式的未来趋向又是处在不断变化之中，具有不确定的因素。与内地相比，台湾、香港、澳门地区有着自身地域文化的特殊地理、历史与现状，并以不同的文化生态存在。例如：对台湾地区而言，闽南人、客家人、外省人和原住民共居，有着自身的发展脉络和历史，尤其是20世纪70年代之后其在国际上的处境和经济发展的种种变化。而随着台湾地区政坛的动荡，始终与大陆处于不稳定的关系当中。香港、澳门既与广东等地一样保有粤语文化的传统，又有着不同的历史。香港、澳门处于两种制度与文化中间，独特的本土文化——一种糅合中西都市的当代文化，已经在两者的夹缝中产生。对这些问题的认识，多少代表了越来越多海峡两岸及香港、澳门地区之间关系的共同处境，或许这才是决定海峡两岸及香港、澳门地区未来的一个非常直接的力量。

那么，作为海峡两岸及香港、澳门地区的艺术家，在这样的文化环境中是如何生存与创作的？或者说，海峡两岸及香港、澳门地区艺术家的创作是如何体现出这种特殊性关系的？我希望以一种预设的、持续的艺术交流计划，在从整体上丰富中国当代艺术创作的同时，不断多元和多样化地为之注入自我更新的活力。这不仅是对历史状况的梳理、对现实的思考，还将为未来的创作提示出有意义的展望。所以，这个项目从一开始就是在"共性"和"差异"中，以策划、整合当代艺术展览的具体方式，尝试着建构互为关联的多种因素。作为一种"想象性的群体"，以区域划分的统一文化其实并不是单质同一的，其权力的合法性需要以统一文化为基础，但其本身也是在"整合"和"差异"的张力中产生和维持的。所以"共性"只是海峡两岸及香港、澳门地区现实文化的一个方面，而"差异"也是它的另一个不可忽视的方面。文化交流本身并不一定会削弱一些主体意识，或者一定会导致在如资本、普遍性价值或意识形态等作用下被吸纳进某种以"同化"或"整合"为目的的趋势。

因此，海峡两岸及香港、澳门地区的文化地理，与其说是一个地域概念，还不如说是一个群体概念。在这个群体中，生存空间的流动导致了一种既不是自我的也不是原地域空间概念与现象的生成，即地理和意识上的“空间位移”，以及由此带来的“跨边界创作”的表现形式；或许，还能产生出一种新的现象，以及具有不确定的、有待思考和挖掘的研究课题。

在文化全球化与在地性的“四地”不同区域之间，已然形成了一种空间的联系，包括政治、经济和文化艺术等。每一个地域的活动都不可能是静止和孤立的，它们始终处在一种交换或交流的状态，而又具有不同的层级关系。不仅是地域或市场，政治、经济、文化乃至各种信息传递等，都已经或可以被置于一种空间网络中重新加以考察。如何理解现代、现代性以及由此带来的后现代、后殖民等复杂问题，成为文化交流的触因以及文化转向中一再遇到的诸多问题。因为，历史、现实本身的混杂不全是某一个体自我自然生长出来的，也不是个体自我主动求索所能得到的，而部分地是一个时代和社会附加给我们的，几乎没有谁能够躲避和拒绝这种附加。我们只好按照时代和社会的规定性来成长，到后来就造成了这样的历史事实：我们以为是我们个人的经验和判断的东西，其实差不多都是我们共同的经验和集体的文化记忆与文化意识。而“艺术交流计划”就是希望提供给“四地”艺术家这么一种交流机会，去注重过程的共性与差异，而不奢求有一个明确的和谐结果。

所以，我在2013年的“交叉口·异空间”展览提出了“空间位移”的概念，指涉的是随着文化全球化的蔓延和互联网的急速变化，“四地”出现了艺术家在生存、创作空间上不断位移的现象。这种空间流动性包括：一是从以往的生存地到另一个不同文化环境中的迁徙、游牧，包括“四地”艺术家各自在其他“三地”的栖居与行旅；二是频繁地到世界各地驻村和以类似工作坊的形式从事创作、举办展览；三是先后旅居海外，而近些年又频繁回到故乡，在来往穿梭中从事艺术创作活动。具体到当代艺术创作领域，全球化造成了艺术家的流动和各种文化在某种场合的碰撞，使艺术家在非母文化的环境中创作与当地发生联系的作品。这种创作状态和以前在母文化环境中创作作品，再走出去举办展览相比，已经有很大区别；特别是国内社会从封闭到开放后，在这方面体现得尤为明显。例如参展艺术家尹秀珍在20世纪90年代的创作基本上是在自身的成长经验和生活处境中去寻求创作的构想和媒介依据。按美术史家、策展人巫鸿先生的观点，尹秀珍的创作是北京的“市井后现代”。[2] 而她参展的作品《中转站》，利用生活中被丢弃的包装泡沫箱和箱包配件，重新制作了一批新型的拉杆旅行箱。旅行箱是流动的随身物品，也是全球化时代带给我们最为直接的感受。她不断地往来于国内外，创作作品和参加展览，既保持了一定的对外或对“之间”场域的向往，同时又延续了她本土文化和以往作品媒介的品格。而当时旅居美国的徐冰的参展作品《转话》，根据哥伦比亚大学教授刘禾女士的著作《语际书写——现代思想史写作批判纲要》中的一段文字，进行了“一个关于不同语言间转换的可能性及程度的实验。方法是：从一页中文开始，译成英文，又由英文译成法文，再由法文译成俄文，以此方式再译成德文、西班牙文、日文、泰文，再译回到中文。最后将前后两篇中文做对比，看看与原文的出入有多大”。[3] 即通过以一个正常的文本为起点的可靠性实验来验证作为一种文化交流，在“翻译”过程中出现的缺失、误读等问题。我以为这种创作、展示已经不能简单地被评价为其创作是从某种传统的、现实的文化中派生出来的某种现代性，而是文化全球化的一种再现形式，也正是我提到的空间位移后的一种本土

2. 巫鸿：《“市井”后现代》，《读书》，2003年，第3期。

3. 徐冰：《多种语言的纸本连续翻译》，《交叉口·异空间——四地艺术交流计划》，深圳：何香凝美术馆，2013年，第48页。

与全球化碰撞、磨合的结果。这种新的、带有差异性和流动性的存在，不仅仅意味着生存空间的位移，更是一种生活、创作观念及表述语言的生成，它引发了对流动或变化的新栖居地的思考。物理的、精神的空间位移过程，已成为创作新观念生成和创作自由扩大的关键所在。因为，当代艺术已经从观念艺术发展到了“上下文”的艺术，“原创性”已被放到了次要地位。策展人要判断、评价此类艺术，就需要借助新的描述才更能把握住这种新的发展趋势。过去谈艺术，认为是观念赋予了作品意义，现在更多的是从上下文中发现作品的意义。我们已经不能简单地把“传统”作为批评的主要依据，而是要更多地看到它与异文化之间的交流、沟通和理解等。这或许就是空间位移带来的艺术领域的变化之一，抑或也是如在“交叉口·异空间”中的文化游牧一般，意味着“进”是一种离开，“出”也是一种进入。从一个空间到另一个空间的位移，或在“之间”的栖居，携带着两个空间和“之间”的迁徙痕迹，其外延的扩展具有多种可能性。同时，作为艺术家，在生存空间不断位移的过程中，他们的创作、展示也是通过一系列时间和空间的体验、想象来完成的。对展览本身和参展艺术家来说，这既是一种空间替代、位移的交流，又是同一作品在“四地”空间呈现的不同结果，并显示出一种新的多元表达方式和叙事话语。而这种结果、方式，则是我们此时此地、身临其境的现实感受。

二　递进式、“强策展”的深化交流

以往或当下流行的艺术交流性展览方式，基本上是在一个较为虚饰的主题框架内，将不同国度、不同地区艺术家的作品并置展示，似乎起到了某种交流的作用。但我以为，这种策展只是呈现了交流的表象，缺乏深度的沟通，难以发现不同“在地”文化在艺术上的共性与差异，甚至难以实现相互交流的启发性作用。因为，美术馆不仅仅是被动地接受已有的相关艺术家、作品及现象，策展的目的也不仅仅是简单地梳理、归类“四地”混杂的艺术生态系统，而是要针对并提示出关于当代文化艺术因地域的不同所具有的特殊性关系。所以，策划具有实验性、深入性、纯粹性的展览，更具有现实文化针对性。为此，我们试图根据现有经费、场地等条件，通过一种较小规模的策展实验——从前期的考察、研究、讨论，到策展的具体实施、落实过程，带有“强策展”的递进式逐步延展、深化的作用——显示我对“四地”艺术交流的认知和判断。

从“四地”艺术家创作方面考量，我尝试着利用这一交流计划项目，具有一定规定性地提供给他们命题创作新作品的机会与平台，并以点带面地逐步建立起各地方艺术交流的机制。

2010年的交流计划“蝴蝶效应”展览是借助于“蝴蝶效应”的概念与寓意，强调参展艺术家的作品以艺术的视觉语言表现相互关联与影响。滥俗地讲，就是“求同存异”地展示“四地”艺术家相互之间的认知与表达，从而在他们之间建立起某种超越历史、现状的象征性关系。在策展上，我采取的方式是在“四地”广泛考察艺术家工作室，分别举行座谈讨论策展和新作品方案，提供如“你有文化身份上的困惑吗？你觉得‘四地’在文化认同上的共同性与差异性是什么？”“你能用几个关键词概括对内地、香港、澳门、台湾的印象与感觉吗？”“作为艺术家，你对‘四地’文化交流的未来趋势有何想象？”等问题试卷的调查、访谈。并且，在座谈讨论中获得共识的前提下，由艺术家根据讨论和自我思考进行创作，最终将艺术家对这种共性与差异性的认识进行视觉上的艺术转换。同时，还包括研究与交流之后创作的新作品展示，以及以文本记录沟通过程和呈现讨论结果。“四地”的异质同构在今天的社会和文化生活中日渐突出，这种相互依存的互文性可视为艺术上的“蝴蝶效应”，其隐喻在于：在保持区域性文化多元化的同时，对当下中国艺术所具有的互文性进行探讨和视觉转换，从某种角度上说则对应了自然生态中“蝴蝶效应”现象的界定，也为以2009年为界看待“四地”的当代艺术状况提供一种参照。对“四地”艺术家来说，其经验、相互的交往仍然是在他们生活的地方、在他们的具体艺术行为中展开，其具体的经验仍然是与具体的地域、场所相联系。如同台湾艺术家姚瑞中的作品《历史的幽魂》，对在内地的我们来说，有着相似的历史记忆和反讽所带来的快感。而现实的状况又如台湾艺术家吴达坤的参展作品《32个字的梦幻》一样，将现实关系锁定在32个字的“箴言”上，并“漂浮”在水中随意地碰撞与组合。香港艺术家林岚的创作在我看来，正是香港的经济与社会根源构成了她创作过程的一部分，成为社会空间变更后的具有现实针对性的介入手段；这也是我对她将自己的作品归为“社会雕塑装置”的一种解读。这种由“殖民化”到“本土化”的过程，清晰地显示了一种独特的、挣扎着的“香港经验”与本土意识。周俊辉的《武松景阳冈打虎》系列摄影装置作品则是一个启示，因为他借此抓住了另一种真实，一种已超越了模仿或戏仿而成为历史寓言的真实：如果过去不再存在——这对香港这样的地方是一个常见的比附——那么它需要借此被重新创造，与过去建立新的连接。这些作品都牵涉到了“本地或本土意识”中“空间”（本土）与“时间”（历史）之间的复杂关系，牵涉到了“调节记忆”与“无法遗忘”以及“混生现实”之间的矛盾。在某种意义上，这些作品里也透出一种“此地是他乡”之感。[4]

随着这种策展探讨和“策展批评”的推进，[5]在我看来，不同地域，乃至人与人之间的交流沟通，具有三种基本形态：一是交流顺遂的愉快；二是相互妥协的尴尬；三是试图交流而又

4. 许子东：《“此地是他乡”的故事》，《读书》，2002年，第12期。

5. 冯博一：《策展或策展批评：一种新的批评话语》，皮道坚、鲁虹编，《艺术新视界》，长沙：湖南美术出版社，2003年。

难以交流。我们往往欣喜于或宣传于第一种，而忽略第二、三种。但其实，在现实中，后两种才是常态。俄国作家陀思妥耶夫斯基在他的《地下室手记》一书里，用“2+2=4”来象征那种缺乏思想、令人窒息、彻底遭外力控制的日常世界，用“2+2=5”来表达独立创造的喜悦和对抗权威的愿望。[6]我借助于这样的数学符号，将2011年的“艺术交流计划”比附于“1+1”的策展中，因为，数学的方式最简洁、明确和纯粹。在这次策展中，我有意强调策展人在展览中的功能、作用，“强策展”地提出了展览的规定性。我首先预设了一种游戏规则，即由来自“四地”的五位策展人分别邀请所属地的年轻艺术家参展，在自愿的前提下进行不同地区的“1+1”配对。如果艺术家认同这种策展方式，就参与到这样的游戏规则里，否则可以拒绝。这既是一种相互的选择，也是一次博弈的交流。“四地”的策展人包括平面设计师在为共同展览项目工作的过程中，亦应和策展方式，以使所有与这一项目有关的我们和他们的交流共同构成了一个完整的展览项目。这是策划“1+1”这一展览的初衷，也是一种带有乌托邦的理想与期待。

为使交流充分，我提前半年召集参展艺术家相聚于何香凝美术馆，考察场地、与策展人沟通和自我介绍以往的代表性作品及创作思路，以便“四地”艺术家认同策展理念，并在策展人协调下开始了解、相识和寻找合作的对象。第一回合给我留下突出的印象是，港澳台地区的艺术家表现得内敛、谦和、规矩，不事张扬；内地艺术家比较高调、自我，有种指点江山的革命气概。这种差异性与不同的教育背景、文化环境有着直接的关系。在“1+1”配对中，有一个有趣的现象：港澳台地区艺术家之间很快达成了默契，寻找到了“心仪”的合作伙伴；而

6. 徐贲：《文化批评往何处去——八十年代末后的中国文化讨论》，长春：吉林出版集团有限责任公司，2011年，第335页。

内地艺术家就显得有些散漫，从而造成两位内地艺术家梁远苇（北京）与白小刺（深圳）的“近亲”配对。这与我们预设不同地域的搭档“伦理”有所偏移。“四地”间潜隐的角力使我不禁有些无奈和尴尬。尽管我预料到了这次交流的三种形态和结果，但内心还是期冀着他们彼此合作愉快，更希望看到他们在原有创作的基础上有所超越：既有着以往创作的根基和延承，又通过探讨，互有裨益与启发，进而锦上添花。在“1+1”的各个组合创作的作品中，来自内地的刘俐蕴与香港的黄卓轩的交流合作比较理想。他们合作的“介乎”与“之间”的作品，不仅意味着地理的“间隔”，也是文化环境与个人境遇的“隔膜”的反映——“悬空的人偶，由轻的外表、沉重的内在构成”,[7]象征着文化、社会的负累；而来自深圳、香港、台北三地的沙子和在“三地”公共空间的巡展，通过不间断的流沙隐喻出历史与现实的流光碎影。这件作品反映出他们对“交流”概念的艺术转化，其认真投入的工作态度和较高的技术性含量，是这一项目成功的视觉样本。合作不成功的案例则当属北京的赵赵与台湾的单凯蒂，因意外的结果而只好分室展出旧作，“试图交流而又难以交流”的谶语，不幸而言中了！合作差强人意的是梁远苇与白小刺。其实他们各自的作品各有优长与特点，只是为“合作而做”的牵强附会，就有些相互妥协了。当然，我的个人判断抑或揣测并不意味着其他组合的合作就不好，我这里只是提示出几个具有代表性、典型性的个案，用以说明、验证交流合作产生的多种不同的结果和样态，正如我将这次展览概括为“1+1 = 2，或≈ 2，或≠ 2，或 < 2，或 > 2 的 N 次不确定方程式”的数学符号所表述的。作为策展人，我是想强调“四地”艺术家的异地配对、合作创作一件作品而体现整个“交流”

7. 刘俐蕴、黄卓轩：“交流记录”，《1+1——四地艺术交流计划》，深圳：何香凝美术馆，2011年，第 124 页。

过程的诸多环节，包括观念、方式、习惯、品质，甚至情感、修养等共通性与差异性，以至于产生出了合作交流的顺遂、相互妥协、不合作等几种不同结果，甚至牵涉到了非艺术范围的一些细节“意外”之事。作为一种展览策划的实验，我试图超越一般惯常的、流行的异地联展中不同地域作品之间简单化、单向度的对话，从而具有“艺术创作＋日常行为规范”的多维度、立体化的广泛性交流的诉求。《新京报》2011年在报道冬季达沃斯论坛时，曾提出并预测各国经济之间的合作会产生“1+1=11”的乐观结果。[8]我敏感于这样的数字排列，但我策划这一展览的体会却是，艺术还是各自的“1”与“1”。

在2014年的第六届“艺术交流计划”中，我以“因地制宜”为主题，强调参展作品“就地创作、就地展示”，具有即时性、历时性的特征。其策展方式是，要求参展艺术家依据对“四地”文化现实的认知、判断和感受，从澳门艺术博物馆的首展开始创作，并相应不断地扩展、演绎、丰富各自的参展作品，以使作品既具有一条基本思路与脉络主线，又携带有“四地”不同痕迹的呈现。当一件不断叠加或递减的作品在香港最后一站展出时，才构成了参展艺术家一件完整的作品形态。例如，内地艺术家陈蔚携带与自身成长情感紧密相关的旧物从首站澳门出发，与在当地寻找之物共同展出。这种方式就像多米诺骨牌的游戏，一站结束之后，此地作品将带到下一站，如此延伸到其他地方……最后“这些随着捡拾找寻而自然‘长出’的碎片将枝节相连为一件完整的作品。这些‘被唤醒’的旧东西被作为储满中国人含蓄而朴素的情感的‘特殊底片’而存在，它是一种新的历史叙事的‘再生’”。[9]香港艺术家李天伦的作品《发展中的音域》，以“四地”的地图作为起点，在经历转变的这些

8. 《新京报》，2011年1月27日。

9. 陈蔚：《拾荒者笔记》，《因地制宜——四地艺术交流计划》，深圳：何香凝美术馆，2014年，第115页。

地点录取环境声音，通过撷取声波信息去重塑出每一段立体的声音结构，并通过地图的折叠交织来重新呈现声音与城市变化的关系。通过记录生活中不同时段、不同地方以及不同群众的声音变化，借着计算机程序把各种声音转化成高低抑扬的声波形态，这些声音景观“不但反映了我们每一天生活中的各种体会，其高低起伏的形态更呼应了我们城市中新旧共融的建筑特色，呈现出我们的城市剪影。同时还见证着一个个取舍的过程，更是一个个有机演变的城市生命体”。[10] 因此，这种具有一定命题性、规定性和实验性的策展，对应邀参展的艺术家来说，也是一次尝试、挑战和竞赛。或许他们所发现和通过多媒介方式进行艺术表达、表现、转化的作品，并没有完全游离于传统中国文脉和现在具体生活区域的系统之外，而他们所呈现的可能是一个有关“四地”“社会日常空间”的现实依存和逻辑交织的图像、装置或影像形态。

“蝴蝶效应”“1+1”和“因地制宜”三届展览的策展，可以说更多的是从艺术家创作方面提供了逐步深入合作交流的有效性条件与机会。同时，在此基础上，我也开始尝试着将“四地”策展人的资源加以整合，以建立并延伸策展人与艺术家在“四地”之间的合作交流关系。我曾于2009年在台湾的“艺术与策展论坛”上提出，策展人与艺术家之间的关系类似于电影导演与演员；也曾在一次媒体采访中调侃地说，策展人更像个厨师，而艺术家们就是厨师手中的一道道“菜”，策划的展览仿佛是一场“盛宴”。这些是我对策展工作方式的比喻。如果说2011年的展览“1+1”是艺术家在“偶对”的过程中交流，那么，2012年的展览“四不像”可以被视为“四地”策展人在“隔岸相望”的不同地域，就当代艺术“策展”方式的一次具有

10. 李天伦：《发展中的音域》，《因地制宜——四地艺术交流计划2014》，深圳：何香凝美术馆，2014年，第185页。

针对性的实验。

我邀请来自这些地方的四位策展人进行跨地域的策展——内地策展人策划澳门、香港策展人策划内地、澳门策展人策划台湾、台湾策展人策划香港的四个单元——想强调的是，四位策展人在跨地域策划独立单元展览的过程中，从单元主题到艺术家和参展作品挑选上的差异性，并由此构成“四地”策展人之间的对话交流。在“策展交流”过程中的认知与碰撞，更多地体现了“四地”策展人之间的共同与差异。这样的展览策划，一是强制性地要求应邀的“四地”策展人，自愿挑选感兴趣的“异地”艺术家，从“在地”的文化背景、策展经验的边缘和旁观者的视角出发，获得不同策展人对某一“异地”当代艺术生态的考察、了解和判断。二是使不同策展人的学术水平、认知能力在交流的层面上得以体现，以避免在复杂多变的艺术领域延续或接受一些简单现成的“罐装思维”的定式，从而对“四地”的艺术状态提供别样的展览视觉呈现。三是探究“四地”策展人如何通过这种跨地域的“自我”策展方式，提示出对“异地”的、“他者”的当代艺术的检视。在这里，策展人自认为是他选择了“异地”的局外人，却又对其做出判断，并以一个艺术展览呈现出他的认知，将个人经验提升到所谓的“异地”经验的层面，那么，策展人也就吊诡地以从边缘到中心的心态折射出对“异地”的目光，使展览成为一个具有实验性的艺术展览。因为，“自我”与“他者”所带来的距离感，反而会在“四地”之间建立起某种超越历史、现实的艺术上的象征性联系，构成“四地”当代艺术视觉识别的一个组成部分。恰如来自台湾的策展人张晴文，她负责香港单元的策展，她在《艺术及其面对的现实——“B计划”策展后记》中说：“身在台湾，对于香港艺术环境的认识是极其有限的。因为这次策展计划，有机会接触香港当地的艺术创作，同时了解与他们创作相关的各种社会现状。这些艺术表现和社会现象对我来说并不难理解，因为这不是香港的问题，而是在台湾也不会陌生的局面。”[11]这就是我将这届“艺术交流计划”的主题规定在“四不像”比喻中的一个理念或关键词。尽管都认祖归宗，各地却有着不同的文化归属感。历史的嬗变、社会的变迁、文化记忆的断裂而导致的社会形态，如今已是物非物、人非人，在身份认同与未来归属上有着价值观的差异，存在更多的是纠葛或维持一种现实处境而保留各自的“边界”。

然而，“自我”策展与“他者”的艺术假若是一个连接方式的话，它又何尝不是一次有意为之的机缘！在当前纷繁甚至喧嚣的艺术生态面前，在进行重新讲述与编码的同时，我们试图借助策展人的“自我”与“异地”艺术的资源来回顾、审视、反省自己，由此思考自己的定位和动力，并在找寻和交流的过程中建立自己策展的空间与方向。不过我倒是希望在这个明显的“自我”策展——把自身对艺术的思考依托在一个“他者”的艺术家及作品身上——的背后，看到更多的是文化艺术上的纠结之处。而在另一方面，我们所看到的是发生在选择与成像上难免残缺不全或有所偏颇的“舞台”上的一出充满误读、误会的艺术游戏。所以，香港中文大学的策展人陈育强在《哈啰！陌生人！——标签与越轨》一文中提出：“‘四地’的根为中华文化，因着不同的历史因由，各自发展了自己步向未来的轨道；艺术作为文化的重要内容，建立了文化轨迹的同时，亦以‘越轨’的方式铺向未来。这个展览实验了策展人以‘摸错’的方式来挑选异地的艺术家，实践了不同地区的策展人对异地文化的观察和想象。其中想象与现实间的落差离不开‘文化标签’以自身权力为异地做出概括而简易的判断。”[12]

---

11. 张晴文：《艺术及其面对的现实——“B计划”策展后记》，《现代美术》（双月刊），2012年，总第162期。
12. 陈育强，《哈啰！陌生人——标签与越轨》，《四不像——四地艺术交流计划2012》，深圳：何香凝美术馆，2012年，第86页。

三　交流的障碍来自对交流的期待

在2008—2014年的六届“艺术交流计划”中，共有“四地”的94位艺术家参展，有30位策展人、策展助理参与其中，先后与港澳台地区10家美术馆、艺术机构合作，召开过8次研讨会、座谈会，出版了6本画册。这一量化的统计或许能够说明交流的规模和辐射的范围。至于这种交流的效果，究竟是桥梁，还是沟壑？是心心相印，还是远隔千山万水？是纽带，还是绳索？我想参与者各自会有不同的体验和解读。在我看来，交流意味着沟通与了解，而不在于试图打破你我的界限，或超越、克服彼此的障碍；交流也不是坚守自己的地盘，坚持自己的理念并向对方施加影响；交流的快乐也许就在于交流本身的过程，其结果可能圆满，也可能在了解的基础上反而增加了隔阂，如同人与人的交往一样。我策划的五届“艺术交流计划”的主要目的之一，当然是希望通过“四地”艺术家、策展人和机构的合作，以及他们的艺术创作在深圳何香凝美术馆的聚集，呈现出一种彼此抱有相互理解和宽容的态度及方式，并反映“四地”艺术家用视觉语言进行“交流与对话”的结果。然而，也许交流的鸿沟是无法回避的，即使是面对面的合作，所使用的对话方式也是碎片和断续的连接。因此，心中期待的交流对象，也许永远不能够和实际完全一致。把直接共享真相托付于交流，至多只是进行效果的操作，以激起对方最真实的形象，或再现未经修饰的真相，这可能本身就属落花有意、流水无情的一厢情愿。而衡量交流是否实现的一个比较实际的尺度，就是看后续的行动效果是否协调，因而交流不应该成为难以承受的尴尬、纠结和荒诞，更不必把试图交流而又无法交流视为无望的虚妄。其实，交流的障碍正是来自对交流的期待。

交流的障碍除了历史文化的差异，以及“我”与“非我”的隔离之外，还来自交流的手段或形式；或者说交流的效果有赖于手段、方式的保障。联合国教科文组织交流委员会将人类传播历史的整个发展和走向概括为："在整个历史进程中，人类一直在设法改进其对于周围事物的信息的接受和吸收能力，同时又设法提高自身传播信息的速度、清晰度，并使方法多样化。"[13]因为地理上的相邻性构成了在空间上的一种相邻关系。由何香凝美术馆牵头主办的"艺术交流计划"似乎可以作为这一提法的注脚和理想期待，即通过持续不断的、不同的策展方式，去搭建一条"四地"艺术交流的通道。

从中国传统文化的延承与地理的相邻性来看，"四地"处于这种近与远、共性与差异的情境中。因为差异，才需要正义或公正，这是经济和政治领域分配正义的道义要求。但这一原则并不能简单移植到文化领域。文化的生产是具有地域性的，文化的差异也不可能通过分配或重新分配来实现文化公正。文化是不可强行分配的，它只能通过不同文化系统或层面的相互交流、相互理解而达到相互共享。所谓文化的公正，不在于平均化甚至齐一化的接受效果，而在于交流和理解的过程；更深一些说，在于不同文化之间相互对待的主体态度。因此，它比经济和政治上的公正更依赖于人的意愿、情感、理智、判断、心理、立场、态度等主体性因素的反映，这正是文化多元论所具有的一个独特特征，它与经济市场化和政治民主化相比，其差异的内在性和不可克服性要深刻、复杂得多。现在来看，交流的过程与结果如何并不重要，积极的介入和在这一过程中的艺术体验至为关键。这种种不同选择的结果，其实是植根于"四地"的多种不同的文化教育、社会风尚，乃至个人的趣味、品格等诸多因素的反映。因此，呈现在展厅中的作品、实施过程的文字记录、影像的瞬间，正是参与这个项目的所有人对"四

13. 肖恩·麦克布赖德：《多种声音，一个世界：交流与社会·现状和展望》，北京：中国对外翻译出版公司，1981年，第4页。

地”交流性的多种不同形态的表述方式。是耶？非耶？或许因人而异。只是复杂而已，但绝不是简单的二元对立。因为，历史与现实、个人的处境与身份等，往往比我们想象、预测和梳理的更为混杂、微妙。事实上，同一文脉下的人与人之间也难以沟通，更遑论不同文化环境的、社会化的人与人之间了。也许这就是深入交流或真正意义上的交流状态吧，也可说是理想的“乌托邦”在现实中的“异托邦”呈现。

因此，我试图从展览策划的角度，为“四地”艺术家、策展人和艺术机构设置一种交流的机制，使其纳入这一艺术的交流范围。最终，不同环节、层次交流的结果，与其说是艺术家通过多媒介方式构成的一次实验性展览形态，不如说是我们一起对文化记忆和现实景观觉知所做的表达、折射和隐喻。表达需要理由，表达就是理由。过程即全部，结局却在无法把握的不确定之中。策展的意义不仅在于用视觉表现所处的生存环境，还在于为自身的存在记录精神和情感的历史。创作，或想象，或虚置，不是记录“物理”事实的活动，而是观照历史在个人生活中的境遇并阐释在这样的境遇中的直觉感受以及态度的活动。呈现这些作品，似乎也在回答人们对于如何真正交流的疑问，它不仅告诉观者发生了怎样的状况，而且勾勒出了不同社会空间、背景的关系；或许还可以令我们感受到，静止的画面、动态的影像、立体的装置只能凝固瞬间，而那些向往的、丰富的和混杂的景观，甚至是令人不安的矛盾、冲突，仍在继续发生着。

（原文刊载于范景中、严善錞主编，方立华、郭伟其执行主编，《艺术及其历史》，北京：商务印书馆，2018年，第259—278页。）

人名、机构名索引（按首字母拼音排序）

G

H

J

T

W

X

Y

Z

图书在版编目（CIP）数据

我与前面的未来在一起：冯博一策展往事 / 冯博一著 .— 北京：北京大学出版社，2024.1
ISBN 978-7-301-34029-5

Ⅰ . ①我… Ⅱ . ①冯… Ⅲ . ①展览会－策划－文集Ⅳ . ① G245-53

中国国家版本馆 CIP 数据核字（2023）第 091819 号

书　　名　我与前面的未来在一起：冯博一策展往事
　　　　　WO YU QIANMIAN DE WEILAI ZAIYIQI: FENGBOYI CEZHAN WANGSHI
著作责任者　冯博一 著
责 任 编 辑　张丽娉 李冶威
标 准 书 号　ISBN 978-7-301-34029-5
出 版 发 行　北京大学出版社
地　　址　北京市海淀区成府路 205 号　100871
网　　址　http://www.pup.cn 新浪微博 : @ 北京大学出版社　@ 培文图书
电 子 邮 箱　编辑部：pkupw@pup.cn　总编室：zpup@pup.cn
电　　话　邮购部 010–62752015　发行部 010–62750672　编辑部 010–62750883
印 刷 者　北京启航东方印刷有限公司
经 销 者　新华书店
　　　　　787 毫米 ×1092 毫米　16 开本　23 印张　300 千字
　　　　　2024 年 1 月第 1 版　2024 年 1 月第 1 次印刷
定　　价　140.00 元